幼儿园里的哲学

启蒙课

创意活动设计与实施　　高美霞　著

华东师范大学出版社
ECNUP
全国百佳图书出版单位

图书在版编目（CIP）数据

幼儿园里的哲学启蒙课：创意活动设计与实施／高美霞著.—上海：华东师范大学出版社，2020

ISBN 978－7－5760－0202－7

Ⅰ.①幼 ... Ⅱ.①高 ... Ⅲ.①哲学—学前教育—教学参考资料 Ⅳ.① G613

中国版本图书馆 CIP 数据核字（2020）第 043634 号

大夏书系·全国幼儿教师培训用书

幼儿园里的哲学启蒙课
——创意活动设计与实施

著　　者	高美霞
责任编辑	卢风保
责任校对	殷艳红
封面设计	淡晓库

出版发行	华东师范大学出版社
社　　址	上海市中山北路 3663 号　邮编　200062
网　　址	www.ecnupress.com.cn
电　　话	021－60821666
客服电话	021－62865537
邮购电话	021－62869887　地址　上海市中山北路 3663 号华东师范大学校内先锋路口
网　　店	http://hdsdcbs.tmall.com

印 刷 者	北京密兴印刷有限公司
开　　本	700×1000　16 开
插　　页	1
印　　张	16
字　　数	238 千字
版　　次	2020 年 6 月第一版
印　　次	2023 年 10 月第二次
印　　数	6 101–7 100
书　　号	ISBN 978－7－5760－0202－7
定　　价	49.80 元

出 版 人	王 焰

　　起初想要在幼儿园做哲学启蒙的课程，源于一届又一届的孩子入园时无力、无奈的眼神。那眼神中的无数个诉求，慢慢淹没在成人认定的正确当中。

　　生命的舒展，在于真实感受的流通。可是，当一个孩子面对一个大人的时候，自然就有了一种渺小感、自卑感，大人什么都懂，大人什么都会，大人什么都对，我的不愿、我的不会、我的不能等一个个的"不"都被淹没了。孩子们怎么流通自己的真实感受！更何况人生来就有相当长的时间必须依赖他人才能存活，这形成了人最初的无力、自卑和渺小。

　　心理学家阿德勒说，人因自卑而生超越之心。基于生存，人被触发对周围万物的好奇，人被这种生命存在的需要激发着去建立在这个世界中的自我力量感。这种力量感的建立，首先就是对自我的认同、认可。而这个自我反映在日常生活中就是孩子那有可能笨拙的好奇行为，以及与人、与物互动中的真实感受。这些生活细节，经由周围他人的回应，回到自身，形塑这个自我。

　　因此，想要营造这样一种哲学课程生活：足够支持孩子对周围事物的探究，足够支持孩子充分表达自己的感受和认识，甚至促使孩子们内心深处无法用言语表达的生命感受能够经由课程得到共鸣，引发思辨，建构一个理性自我。

　　所谓理性，就是"去自我中心"的有意识性。当孩子与世界融为一体、无法分离主客体的时候，他们只能浑然一体地去感知、捕捉当下的、即时的、真实的感觉。一开始，这个"我"与世界处于浑浑然的整体"冥"状。但是，随着这种当下的、即时的、真实的感觉越来越丰富，那个感觉的主体——我，也就越来越在世界里成形并鲜明起来。慢慢地，孩子们意识到这一切都是这个"我"在感受这个世界。主客体从这里开始分离了！

自我意识的萌发往往是伴随着主客体分离的发生而发生的，但并不是人有了自我意识就开始了哲学性的思考。因为有意识的世界里未必都是朝向生命本质的思索，有意识往往会遮蔽和掩盖生命的真实。童话暗示我们，有意识想要觉知自己的生命真实，就需要走进自己的无意识世界。

那么，我们得通晓在孩子的世界里，他们有着怎样的生命直觉，他们在与世界互动的过程中，有着怎样的真实感受。或者换一种方式来说，哲学这一深奥的命题，正以某种形态在孩子的生活中存在着，我们需要发现它。

还记得自己的孩子二十几个月的时候，我们每每叫他的名字，他都非常着急地跟我们辩解："我不叫子由，我叫小羊！"每一次都那样的急赤白脸，每一次都那样的认真严肃。人的思维是多么的奇妙，他是怎么将"小羊"作为自己认定的名字的呢？我们从来没有叫过他小羊。难道是因为他属相是羊吗？有可能！这中间的神秘关联又是怎样发生的呢？这可是一个孩子对"我"的觉知的开始啊！这可是一个孩子在自我觉知中的"我"之坚持啊！

一个刚刚出生的孩子，无法表达自己的诉求时，会情绪崩塌吗？

一个被妈妈叫着各种昵称的孩子，会怀疑哪个才是真正的自己吗？

一个刚刚入园的孩子，在群体中间，会感觉到孤单吗？

一个开始和同伴交往却发生纠纷的孩子，会发觉人与人的不同吗？

……

当这些生命直觉抑或真实感受淹没在幽暗的无意识世界里的时候，我们需要做的就是将它们唤起、唤醒，通过各种形式的言说表达，将这种模糊的直觉和感受明晰起来、固着起来。比如帮助孩子将"有意识的目光"变得清朗一点、锐利一点，使目光日益能够被有意识所捕捉、把握和驾驭，并且需要尽可能早地开始，就在孩子们开始有了自我意识的时候。

那么，这些生命直觉或真实感受要如何唤起？从经典艺术文本中去寻找，不管是文学的，还是音乐的，还是美术的……只有切近人性真实感受的艺术文本才有可能在岁月的长河里沉淀并传承。比如绘本故事《爱的表白书》里有一只小企鹅，在广袤的天地间，站立着那么一个小小的它。生命如蝼蚁，要如何美如神？当故事中这样一幅图呈现在你面前的时候，那种生命的渺小感会立刻击中你的心。正处在生命之初的孩子又怎么能不产生共感、共鸣？

"我是只小企鹅，走到西，跑到东，世界真大。世界那么大，我是那么小，我是那么小。"在课程生活里，我们的歌唱是带着一种深沉的感触的，是带着一种生命深处传递出的忧虑的，甚至还有一丝丝宣泄的表达感。

生命如此卑微而渺小，我们又要如何构建我们自己？我们不能仅仅止于唤起这样的真实感受，充分表达这样的真实感受，否则就会陷于深深的虚无之中。我们需要在这样的"无"中构建一个"有"，那将是一个有关爱和历经的故事。

人，一生，一个故事。

但未必能讲成一个自己的故事。

我们常说，前人就是这么过的，他人也是这么过的。于是，我们下意识地重复着他人的人生故事，世世代代无非不断地重复而已！绘本《我叫皮皮菲莉比》中就是这样，世世代代的海鸥都叫艾玛，你怎么可以打破这样的习俗？每一只海鸥都讲述着艾玛的故事，可你怎么能偏偏想讲皮皮菲莉比的故事？这样的故事内含了生活的真实冲突，内含了我们身陷冲突时的真实心境，更内含了和我们日常生活中不一样的面对，发人深思。

啊！还可以这么做！

啊！还可以这么活！

经典故事就有这样的一股力量，它给予我们面对冲突的内心能量，它给予我们面对冲突的应对启迪。当我们自居于经典故事中的时候，我们的精神自我无形中被塑造；经典文本协助孩子们拥有一双"有意识的目光"去看待日常中的自己，去看待冲突事件中的自己；经典文本协助孩子们去思索该如何应对冲突与困境。

幼儿园的哲学启蒙课程，从经典故事出发，去感受，去表达，最终落到孩子们的日常真实中，去遭遇，去生活。纠结、退缩、犹疑、痛苦……蜕变总是这样的。但这将是一个有关爱和历经的不断超越的故事，理解、欣赏、呵护、欣喜……随着不断地历经而涌现。每一个伟大的故事，都拥有强大的冲突以及全新的突变。它是否伟大，取决于作者——"我"。

每一个故事里都有一个"我"。

你是否深深地感觉到，在无数个生命的选择关口，你多么渴望有一双能够穿透生命的眼睛，去洞察一切，给予自己一个最好的选择？怎样才能如此清明？

从当初的呱呱落地，到生命的最终，人无数的好奇，人无数的探索，都只是为了了解这个万物和人群中的自己。人总是在努力寻找和认识那个本来的自己，去满足那个本来的自己本来的需要。就在这不断的认识自我、厘清自我的历程中，就在这不断寻觅、不断满足的过程中，或历经无法清明的囚困，或历经顿悟超越的欣喜，最终或深或浅地踏出自身的生命之路，写出自身的生命故事。那个自己的"本来"也发生了静悄悄的本质变化，新的"我"蜕变而成。真正地历经了，真正地活过了，这个"我"才真正地从"无"中塑造起来了，成了一个立体的真实存在的"我"。

这个"我"是立体的，是前路上的所有历经塑造而来的，是当下的偌大的世界中正在汇聚、生成的，而且就是当下的每时每刻都还在不断塑造、不断生成着的。"我"就是那个原点，因"我"而起的整个场，因"我"而起的整个因缘世界，会影响"我"，"我"更会影响它。

那么作为《幼儿园里的哲学启蒙课》这个故事中的主角"我"，可以是主持课程的老师之"我"，可以是促动课程发展的孩子之"我"，每一个"我"都是一个以"我"为原点的动态发展着的世界。而在这个因缘世界里，每一个他者对"我"的成长塑造都有着关键的作用。老师重要，孩子重要，场域中的每一个人都很重要，平等的重要。

你的脑海中是不是有一个以"我"为原点的立体坐标系？请看看这两个坐标系中的"我"是谁。

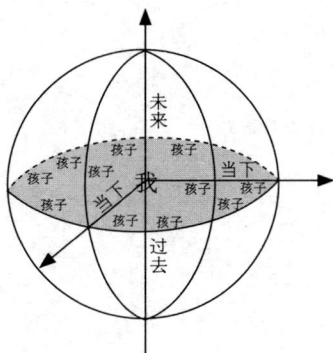
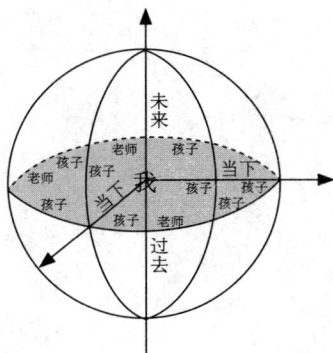

图（1） 　　　　　　　 图（2）

　　图（1）中的"我"显然是老师，图（2）中的"我"显然是孩子。一个个"我"像不像一个小宇宙？每一个"我"都是一个小宇宙，老师是，孩子也是！

　　故事的主角出现了！

　　我们的故事要开始了！

　　来吧！和我一起走进富有哲思的生活故事！你看、你思之后，你和我或许将创造、生成更新的故事！那时，我及我们的故事将成为引子，你和你的孩子将成为故事的主角。故事将因为思（思索）和诗（有思的生活）生生不息。

第 一 章

小班哲学启蒙：我到底是谁

　　此时此刻，我正站在一个刚刚入园的三周岁孩子的视野当口：一个陌生的地方，一些桌子，好多椅子，妈妈为什么让我叫那个不认识的人"老师"？爸爸为什么把我推到从没来过的地方？我还需要站在门口先看看，这到底是个什么地方？我可以说出自己的感受吗？我可以根据自己的感受决定自己怎么做吗？……基于孩子的视角，他是怎么想的呢？他有害怕吗？他有好奇吗？他想返回去扑到父母怀里，还是好奇地观望每一样新鲜的事物？他是嗷嗷嗷叫着冲向自己看中的玩具，还是站在原地四下里观望？当他独自一个人留在陌生环境里生活的时候，又是一个怎样的内心世界？四下里张望，一个熟悉的人也没有的感觉是怎样的？

　　我们内心的感受往往就像那朦胧缭绕的云烟，似有似无，飘忽不定，而这点点滴滴的模糊的真实感受，经由生活中的人际互动被触发、被捕捉、被拉住、被确认、被回应、被处理，才会变得凝聚起来、清晰起来、明朗起来，才会再慢慢汇聚成一个真实而独立的"我"。因此，协助孩子来感受"我是谁"的问题，首先就是帮助孩子明晰自己的真实感受。困难的是，孩子的力量是绵弱的，并且他们的语言表达也还在稚嫩的发展过程中。当他们感受模糊且无法自我确认的时候，当他们想说却又说不清的时候，当他们以为成人一定会懂却又什么也不懂的时候，当他们以为成人懂了就会支持自己却并没有如己所料的时候，怎么说呢？父母是大人，是无所不懂的大人，在孩子的眼里他们必定懂得自己的内心所想。抑或从孩子"自我中心思维"发展的水平来看，孩子以为自己懂的，他人必定能懂。这是其一。其二，孩子在百依百顺的父母身边长大，支持自己、允许自己是惯常的事情，那么到了学校这样一个场所，为什么会不同呢？为什么我不想做却要我做呢？在大人的眼里，有很多事情是既定的、应该的、必须做的，比如叫老师，比如上幼儿园，没有什么为什么，也没有思考过为什么，更没有想过还可以说"不"。此时此刻，入园这个特殊事件形成的人际互动中，孩子的真实感受要么被削弱，要么被压抑，乖巧的孩子就选择了放弃自己的感受、屏蔽自己的感受、无条件地听话；自我意识强、不轻易屈服的孩子则试图通过哭、通过闹、通过捣蛋甚至通过生病等外在行为去抗议、去宣泄。

意识到了吗？人的自我意识往往就是在这样的特殊事件形成的冲突心理中才会更加凸显、更加强烈，但也正是在这样的时刻，人的自我意识才因凸显、强烈而有机会得到强化和发展。因此，此时此刻，孩子们需要的就是协助他们明晰自己的真实感受，支持他们有机会表达清楚自己的真实感受，聆听并允许他们真实感受的流淌。真实感受往往伴随着内心的真实需要，所以上述过程也可以帮助孩子们明晰自己内心的真实需要，表达自己内心的真实需要。

反观我们成人自己，很多掩埋在生活淤泥中的感受，常常没有合适的言辞来形容。但凡遇到能够表达心声的文字时，那种共振、共鸣的感觉往往令我们魂牵梦绕，正因它切中了我们的内心感受。当我们身陷某种冲突事件当中且无法诉清自己的所感时，想要遇到能够言己心声的一个人、一个文本的需求是不是更加强烈？孩子亦是如此！

那么，小班的哲学课程，就是创造这样一个特定的环境：提供一个跟孩子内心感受能够共振、共鸣的文本，帮助孩子明晰自己的生命感受；提供一个自由表达的宽松环境，允许孩子根据自己的个性特点以各种方式去表达自己的生命感受；创设一个真实的人际互动环境，让孩子体会主动倾诉、主动表达以至于获得积极的回应的成就感。

作为老师之"我"，在这样的课程历程中，期待的是什么？我想要每一个孩子有勇气、有能力用各种方式对自己的真实感受进行表达；我希望每一个孩子内心模糊的真实感受能够因共振、共鸣而得到明晰，能够因真实、实在的积极回应而不断汇聚成那个"独特之我"；我希望每一个孩子都能够深信自己是一个能支配自己的人；我希望在这样的课程历程中，每一个大人能够回溯自己的生命感受，由此对孩子感同身受，并能够尊重、理解、支持孩子真实感受的表达；我希望每一个大人在这样的课程历程中，修习与孩子的亲子互动技能，最终能够让孩子体认到自己是被接纳的、被爱的。独立完整自我的形成，内在觉知的成长、外在的接纳和爱就像人的两条腿一样，缺一不可。最终，我在这样的课程历程中，如果能够看到孩子望过来的发光的、信赖的眼神，如果能够看到父母信服的、佩服的姿态，意义和价值感也就满满的了。我的独立完整的"自我"也是在这样的历程中去丰满和完善的！是的，一个能让生活在其中的每一个人建构自我、完善自我的课程，才算是好的课程。

小班的孩子到底有哪些生命的真实感受呢？这个时期的孩子自我认识的心理水平是怎样的？这个年龄阶段的孩子有了强烈的自主意志，与父母的意志力量之间形成了一种不平衡状态。当孩子的自我意志得不到理性对待和充分表达，那么孩子就很容易发展出羞怯疑虑的生命状态。这种羞怯疑虑不仅仅来自于孩子能够站立起来感受到与大人相比个头、力量上的渺小感，更来自于自我感受、自我意志的无法清晰表达，来自于周围成人对其下意识的忽视甚至无视而造成的渺小感，更谈不上我还有机会和平台去慢慢思虑和明晰自己的生命感受和自主意志了！那么，从这个角度来看，孩子过的就不是"我"的生活，他不可能有一个独立完整的"自我"被逐步塑造起来，因为他萌发的早期自主性并没有因得到环境支持而发展并增强。生命的自我感受被忽视，生命的自主性就得不到发展，生命的自我肯定自然不会形成，在生命成长的旅途中，疑虑和自我否定就成了必备姿态，生命就彰显不了那种充满活力的状态。

小班的孩子一般3周岁左右，正处在这样的"自主性对羞怯疑虑"时期。让我们聚焦于此时此刻孩子的自我意识，凝集于此时此刻孩子的真实感受：除了对陌生生活场所以及陌生老师的观望，除了这种观望之中的不安和忐忑，在意识的更深处，他们能够体会到父母对自己的要求——不哭，做个听话的孩子。可他们更能体认到自己的真实感受——陌生环境与人引发的不安和观望，到底"我要成为谁"？"我可以成为谁"？成为父母期望的那个人，那么我就必然要忽略自我的真实感受；全然表现我的自由意志，弱小的我在大人的评价体系里又是被否定的，会被贴上任性、不听话等标签！另外，孩子们在这个陌生的群体里，面临的是一个新的自己，这个自己到底是谁？在这里，如何在同伴群体中感受到自己？自己有别于他人，或者特别的地方是什么？这样一个我，别人会接纳和喜欢吗？

因此，小班的哲学课程，一开始就从孩子内心深处的这些问题出发，白描他们的疑问："我是谁"？在群体中"我是谁"？

在小班哲学课的第一周，核心就是抛出"我是谁"的疑问，通过故事的方式抛出这样一个来自生命源初的疑问。孩子们通过领会故事《我不知道我是谁》来感受自己的内心，在主人公的不断疑问中思索自己，在主人公的不断感受中感受自己；同时，通过老师和孩子对唱的方式，让孩子们在老师的疑问中，不断思索和歌唱自己的回答，协助孩子们不断地确认自己；然后，通过诗歌、绘画、泥工等各种艺术形式来表达对这个自我的认识，在表达中体会那个作为客体的独特的自己。

孩子们在入园关键期的自我认识，还意味着另一个问题，即这个自我的认识，更来自于周围成人对于自己的认识姿态！以往，我们都是从成人的角度去看待这个问题。也就是，成人如何评价孩子，给孩子贴的是什么标签，那么孩子们就有可能成为什么样的孩子！那么，如果我们反过来，从孩子们的角度去看，孩子们会怎么疑惑和感受呢？

经由多年和孩子相处、观察和感受的经历，我发现，在孩子和父母相处的过程中，有一个紧密联系两者的现象，那就是父母爱着自己的孩子，总是以各种各样的昵称呼唤着自己的孩子！但对于这个孩子来说，自己是唯一的，名字也是唯一的！可为什么爸爸妈妈不知道我的名字呢？

于是在小班哲学课的第二周，核心就是围绕"名字"这一确认独特自我的符号标志展开自我认识、自我确认的课程旅程。在故事《我不知道我是谁》的最后，主人公是用"我到底叫什么"的疑问结束的。我们甚至可以模仿绘本故事《妈妈不知道我的名字》来创作《我不知道我是谁》中小兔子主人公的续集，也叫《妈妈不知道我的名字》。哦！这将是一个非常有意思的旅程。

"妈妈不知道我的名字！"

"妈妈怎么会不知道你的名字！你还是我生的呢！"

谁有错呢？都没有！我想起儿子小时候，我唤他的名字那叫一个丰富："宝贝儿""乖乖""臭臭""狗儿"……可孩子到底是咋想的呢？

"我到底是谁呢？我到底叫什么呢？"

第二周我们开始经由自居故事来探讨这个问题，说一说：自己的家人都叫自己什么？这些都是自己吗？哪一个才是自己？宝贝儿是我吗？臭臭是我吗？哦哦！不是我，我是×××！根据一定的旋律把自己的心声唱出来、表达出来；和自己认可的名字做做游戏抑或用彼此认可的名字做游戏，比如开火车、开飞机等游戏。

活动渐次展开，孩子经由疑惑、思考和表达，确认自己想要的名字，确认那个名字之下的自己。请所有的父母写信来说说自己孩子昵称的由来，老师每天来朗读，传递父母唤昵称所体现出来的温情。在这样的气氛中，明晰那么多个名字都汇聚成那个独特的自己。在这样的基础上，看看每个人都有几个名字，自己最喜欢的名字叫什么。用名字来玩一玩游戏，比如去找找自己的名字，给自己的名字用各种方式进行装饰，等等。

小班哲学课的进展中，从第一周"我"对自己的疑惑，到第二周"我"对大人是否认识我的疑惑，是一个我经由"我自己"来意识到我自己、认识我自己、感受我自己、确认我自己的内在觉知过程。第一周呢，聚焦我对我这个客体存在的困惑，此时此刻还未能在与其他人的关系中认识自己。

而到了第二周，我对标志我这个客体的符号的困惑，虽还是我对我这个客体存在的困惑，但已经过渡到了我与其他人的关系之中去认识关系中的我自己。事实上，绝大多数时候我们依赖于环境中他人对我们的认识来认识我们自己，何况是孩子！周围成人对他们的姿态、评判等所有关乎他们的认识都直接影响着他们对自我的评判和认识。因此，到了小班的哲学课第三周，我们要创造一个机会和平台，让孩子周围的大人来表达他们对孩子的接纳和爱，让自感渺小的孩子们感觉到自己值得被肯定、值得被爱。这不仅仅是给第一周中孩子无法确定"我是谁"一个自我确定，更是给第二周中孩子对大人是否认识自己的疑惑一个总结和爱的确定、提升，由此给孩子们一个暗示性、确定性的自我认可！

天哪！有没有一个承载这样的理念的文本来让孩子们感受、共鸣呢？

是的！你会发现我往往是先从根本处去确定我所做的主题课程活动的理念核心和愿景目标，然后再据此去寻找符合的文本内容。当我们确定要影响孩子成为什么样的人的时候，当我们确定要如何影响孩子的时候，我们实质上就是意识到了不同的文本往往体现了不同的儿童观和价值观，所以寻找儿童观、价值观一致的文本素材也是教育的关键之处。

寻找的过程其实就是一个文献综述的过程，是老师之我的修习、积淀的过程，甚至是一个创造过程。因为当我明确价值核心是什么的时候，就不是漫无目的地看到某个所谓好看的、优秀的文本就拿来开展活动。

那么，在你的印象中，有没有什么绘本故事能够体现人生来的渺小感呢？有没有什么绘本故事能够体现在这种渺小感中的超越呢？当一个孩子感觉到来自于与大人比较、与世界比较之下的渺小感时，他又要从哪些方面才能够超越这种渺小感？父母的接纳和爱，老师的接纳和爱，唯有它们，才能够让小小的生命感觉到自己大大的存在价值。如此这般，让孩子们在自我确认、自我认可中感受到安全和接纳，由此步入自我成长之旅。

哦！我找到了它！我找到的是哪一本绘本故事呢？这将在下面的活动方案里给予揭晓！

创意活动的设计
与安排

小班的哲学课将历时三周。

（一）

第一周将以绘本故事《我不知道我是谁》中的主人公达利 B 和孩子们的互动为线索展开活动。

第一天：

活动 1：孩子们入园时认识了《猜猜我有多爱你》中的小兔子，小班哲学课程就从孩子们熟悉的小兔子切入，介绍绘本故事《我不知道我是谁》封面上的小兔子，讲述并感受这个故事，体会小兔子关于自己的疑惑：我是谁？我长什么样？我吃什么？我住在哪里？……自居于小兔子的角色，触发自己心灵深处这些根本性的生命疑惑。

活动 2：尝试和孩子们用橡皮泥塑造一个大脚长耳的小兔子！在塑造的过程中，自然会有故事文本中小兔子"我的脚为什么那么大"的疑惑。让疑惑弥漫在生活当中，让疑惑从无意识深处浮游到生活层面。

第二天：

活动1：在孩子们第一次感受绘本故事《我不知道我是谁》的基础上，尝试把小兔子的困惑唱出来，将这种困惑从模糊、朦胧的状态经由唱的语气，越来越走向确定的、大胆发问的状态。有这样的歌曲吗？当然没有，找到好的、匹配的旋律进行歌词创作啊！

小兔子达利B（第一段）

高美霞 词
团伊玖磨 曲

哎 呀 呀，哎 呀 呀，我 的 脚 啊 为 啥 这 么 大？
哎 呀 呀，我 的 脚 啊 为 啥 这 么 大？

活动2：小兔子困惑自己为什么有一双这么大的脚，在唱出内心困惑的基础上，找一找我们自己有什么特别的地方。

第三天：

活动1：第二次感受和领会绘本故事《我不知道我是谁》，厘清故事的情节内容，能够清楚意识到小兔子的几个困惑——不知道是什么动物，不知道自己吃什么，不知道自己住在哪里，不知道自己的大脚有什么用，不知道自己叫什么。

在孩子们的厘清中尝试用图示来表示！

活动2：主人公小兔子生活中最常见的活动是什么？当然是拔萝卜了！大家一起去户外进行体育活动拔萝卜吧！双脚跳，是当然的了；孩子们就是小兔子，是毋庸置疑的；老师是大兔子，前方的田野里有大兔子种的好多好多萝卜，大家一起去拔萝卜吧！

至于拔完了萝卜，坐下来洗啊、切啊、煮啊，开展一系列扮演游戏，不是自然而然的吗？

第四天：

活动1：根据孩子们对绘本故事的进一步理解，开始用歌曲的方式来告诉小兔子"他的脚为什么这么大"。

小兔子达利 B（第二段）

高美霞 词
团伊玖磨 曲

1=F 3/4

1· 6 5 | 1· 6 5 | 1· 2 3 5 | 3 3 2 1 2 |
小 兔 呀， 小 兔 呀， 你 的 脚啊 真啊 真正 大！

5· 5 3 | 6 5 3 1 | 2· 3 6 5 | 1 − − ‖
小 兔 呀， 那是 为 了 赶 跑 大坏 蛋！

活动2：老师按照周二"每一个孩子长得特别的地方"的记录，让孩子们根据小兔子对自己大脚的认识，来说一说自己特别的地方有什么特别的本领！

第五天：

活动1：围绕小兔子的几个困惑，说说小兔子是什么动物，吃什么，住在哪里，并说说他的大脚有什么用，并通过儿歌来体现；然后说说我们自己是什么，爱吃什么，住在哪里，我有什么样的特别之处，它能干什么，并用事先打印好的背景图进行记录；尝试在晨谈抑或其他空余时间朗诵孩子们的叙事儿歌，让他们体会创作出自生活的由来！

活动2：在整周体会小兔子和自我的基础上，画一画那个特别的自己！我认为，这个倾向理性自我认识的美术作品，更适合用线条而不是色块来表现！老师根据每一个孩子的线条走向来尝试朝向孩子的直观评价，以及朝向理解孩子的理性分析！

（二）

第二周以绘本故事《妈妈不知道我的名字》的昵称事件展开活动。

第一天：

活动1：老师可以讲述根据《我不知道我是谁》创作新的《妈妈不知

道我的名字》的故事，也可以直接感受原版绘本《妈妈不知道我的名字》的故事！

但是，不管是哪一种版本，故事总是要先从《我不知道我是谁》最后的那个疑问开始："难道，我的名字叫英雄？"是啊，小兔子到底是叫达利B呢，还是叫英雄？由此疑问进入新的故事，感受新的故事中主人公在此问题上进一步的迷惑！

活动2：和孩子们用橡皮泥塑造大脚长耳的小兔子的方法，尝试捏塑一个我自己。

第二天：

活动1：回顾在绘本故事《妈妈不知道我的名字》中妈妈都喊汉娜什么名字，然后大家一起根据这些名字开始唱歌，问图片中的汉娜，"小小老鼠是你吗？小小南瓜是你吗？"

老师扮演汉娜唱着回答："不是，不是，都不是，我的名字叫汉娜！"

两个昵称一段，将故事中所有的昵称都问一遍的时候，和汉娜的对话也就完成了！

你的名字叫什么（第一段）

1=♭E 2/4

高美霞 词
刘文伍 曲

3 5	3 5	1·2	3 -	3 5	3 5	1·2	2 -
小 小	麻 雀	是你	吗？	小 小	南 瓜	是你	吗？
小 小	猴 子	是你	吗？	小 小	鳄鱼	是你	吗？
…	…						

X X	X X	X X X	5 6	5 3	2 2	1 0 ‖
不 是	不 是	都 不是，	我 的	名 字	叫 汉	娜。

活动2：在第一次感受绘本故事《妈妈不知道我的名字》以及对唱的基础上，说一说自己的爸爸妈妈爷爷奶奶都会叫自己什么，自己觉得自己应该叫什么，自己最喜欢哪一个名字。

老师对孩子们的个性化的表达进行准确记录，然后进行整理，为下一次活动的开展做好准备。

第三天：

活动1：根据孩子自己在生活中的经验，再一次感受故事《妈妈不知道我的名字》，厘清故事的情节脉络，尝试理解和回答"妈妈知道我的名字吗？她什么时候叫我××？她为什么这么叫我？"

活动2：老师制作教室里所有人的名字牌，和孩子去室外进行运动游戏《看谁先找到自己的名字》，情境可自己设置。

第四天：

活动1：事先让爸爸妈妈写一写孩子每一个昵称的故事，经由老师的传递，让孩子们感受爸爸妈妈、爷爷奶奶为什么那样叫，从中体会家人对自己的爱。

活动2：回顾关于汉娜的歌曲《你的名字叫什么》，从汉娜回到我们自身，说说爸爸妈妈都喜欢叫我们什么名字；老师在整理每一个孩子的昵称并充分了解的基础上，用歌唱的方式尝试和每一个孩子个性化地对唱。通过这样的对唱，再次让孩子感受自己的各种昵称，结合昵称背后的含义，感受对唱中呼唤昵称的语气，体会到那个我被喜欢的感觉；并且在这种感觉中第一次尝试在对唱中下意识地将视角从自我中剥离开来，从别人的角度去感受自己；最终在众多的昵称中、别人的爱护中大胆去甄别出自己最喜欢的名字、自己想要的名字——其实也就是大胆说出"我是谁"，这个"我"是这样一个浑然独立的我！

当然，这样的对唱对于刚刚入园一个月的孩子来说，还有一个彼此认识的辅助功能。

你的名字叫什么（第二段）

高美霞 词
刘文伍 曲

$1 = {}^{\flat}E \quad \frac{2}{4}$

| 3 5 | 3 5 | 1· 2 | 3 - | 3 5 | 3 5 | 1· 2 | 2 - |

小小　　××　　是　你　吗？　　小小　　××　　是　你　吗？

| X X | X X | X X X | 5 6 | 5 3 | 2 2 | 1 0 ‖

是的　　是的　　就是的，　我　的　　名　字　　叫×　×。

第五天：

活动 1：将在故事中感受的和自己在生活中体会到的用儿歌的形式表达出来。如妈妈叫我 ××，爸爸叫我 ××，奶奶叫我 ××，爷爷叫我 ××，哼！你知道，我的名字叫 ×××。

老师先借故事人物汉娜和小兔子达利 B 来创作自己的名字儿歌，然后让孩子们来尝试表达和记录！

活动 2：在两个星期课程历程的基础上，尝试画一画这个叫作 ××× 的我！

（三）

第三周：以绘本故事《爱的表白书：我》中的小企鹅为主角展开课程活动。

第一天：

活动 1：阅读绘本故事《爱的表白书：我》，体会在这个世界里，和世界比的小，和大人比的小！

活动 2：用橡皮泥捏塑线条来表现一个小小的自己和一个大大的世界。

活动 3：请家长阅读《爱的表白书》系列绘本，请每一个家长写一写《自己眼中的孩子》；给家长们示范如何做一本给自己孩子的《爱的表白书》，并请家长制作一本给自己孩子的《爱的表白书》。

第二天：

活动 1：从今天开始，老师每天给孩子们朗读爸爸妈妈写的《自己眼中的孩子》。在刚刚体会到自己渺小的基础上，感受父母眼中的自己。

活动 2：在感受绘本故事《爱的表白书：我》的基础上，用歌唱的方式进一步抒发自己的理解和感受。

我是只小企鹅（第一段）

1=F 3/4

高美霞 词
德国童谣

```
1 1 1 | 3· 2 1 | 3 3 3 | 5· 4 3 | 5 4 3 | 2 - 0 |
我 是 只   小 企 鹅， 走 到 西， 跑 到 东， 世 界 真   大。

2 - 1 7 | 1 2 3 | 4 - 3 2 | 3 4 5 | 5 4 3 2 | 1 - 0 ‖
世 界   那 么 大， 我 却   那 么 小， 我 是 那 么   小！
```

第三天：

活动1：和孩子们第二次感受故事《爱的表白书：我》，进一步理解和领会故事。紧接着，老师重点朗诵事先制作的小企鹅爸爸妈妈仿照《爱的表白书：你》所写的爱的表白语，让小企鹅感觉到，渺小的自己在爸爸妈妈这里是如此的"大"！

活动2：老师说说自己眼中的孩子。小小的孩子，大大的老师，看看大大的老师身上能够攀上几个小小的孩子；看看大大的老师的影子里，能够躲几个小小的孩子。

第四天：

活动1：继续去读爸爸妈妈所写的《自己眼中的孩子》，夹杂着表达老师对每一个孩子个别化的爱的表白。

活动2：歌唱《我是只小企鹅》（第一段）充分感受自己的渺小之后，说到小企鹅爸爸妈妈爱的表白，唱出小企鹅的最终体悟。继而，从小企鹅说到孩子们自己，说到每一个爸爸妈妈爱的表白，说到老师对每一个孩子爱的表白，进一步将歌词中的爸爸妈妈换成老师进行歌唱。

我是只小企鹅（第二段）

高美霞 词
德国童谣

1=F 3/4

| 1 1 1 | 3· 2 1 | 3 3 3 | 5· 4 3 | 5 4 3 | 2 - 0 |
| 我 是 只 | 小 企 鹅， | 走 到 西， | 跑 到 东， | 世 界 真 | 大。 |

| 2 - 17 | 1 2 3 | 4 - 32 | 3 4 5 | 5 4 3 2 | 1 - 0 |
| 妈 妈 说 | 我 最 大， | 爸 爸 说 | 我 最 大， | 他 们 最 爱 | 我！ |

第五天：

活动1：今天讲述老师自编自制的完整的《爱的表白书》，从第一部分小企鹅感觉到自己的渺小，到第二部分爸爸妈妈对小企鹅的表白，再到第三部分老师的表白，最终让孩子体悟到"我知道，我虽然很小，但我明白，在你心里，最大最大的那个——就是我"！

活动2：邀请所有的家长带来自己制作的《爱的表白书》当场给自己

的孩子来一次爱的表白。从实实在在的面对面中，感受这个小小的我，被大大的爸爸妈妈、大大的老师、大大的世界包容和接纳的气息，从而以一个大大的我站立在这个世界上。

活动3：活动延伸的部分是将所有父母制作的《爱的表白书》留在教室里的图书馆里，留待孩子们在日常的生活中翻阅。或许会遇到自我徘徊的时刻，或许会遇到自我犹疑的光景，那么经由这种绵延的阅读再次让内心充满能量，行走于成长之路。

创意活动的具体实施

——哲思生活从日常起步

Part1　我真的知道我是谁

10 月 8 日，你知道是个什么日子吗？

国庆节后上班的第一天？是的！

更重要的是，经历一个月的入园课程之后，小班的哲学课程要从这天开始了！

一个月的入园适应历程之后，小班的孩子要开始在园午餐了！每一个日常生活的变化对于孩子来说都是一场突变；每一场突变的面对姿态和方式对于孩子来说，都是觉知"我"、构建"我"的一次历程。

清晨，孩子们陆续进入教室，大人们急切地将午睡的被子送进了卧室。孩子们似乎没有太多的异样！他们的思维还不足以敏锐到捕捉今天的不同！或许有的孩子是有感觉的，但从没有机会去让自己的感受得到认同和理解！所以，有的选择了盲目忘记，有的选择了抑制情绪！睿涵就是有感觉的，他去卧室看了一下以后，一副欲言又止的样子，大人立刻捕捉到他欲说的状态，用严肃的制止和"听话"的标签或者还有某个物质承诺把他的情绪给截住了！我看在眼里！

我是说，没有感觉是不正常的！有感觉但能够通过疏通和理解达到自我超越才是正常的！"我"是如何形成的？途径之一就是我在生活中所有细微、模糊的感觉得到流通、明晰，经由周围他者的积极回应，我的这种感觉得到客观认可，这个"我"也就慢慢汇聚而建构起来。想要孩子实现这种自我超越，需要我们在绵绵的日常生活的细节中慢慢感受、慢慢引导。

▉ 达利 B 的故事走入我们的生活

如何讲述《我不知道我是谁》这个故事来切入主题历程，在脑海里盘旋了很久！对于身陷电子时代的孩子们，怎样的方式更能够唤起他们的注意？怎样的讲述节奏和语气才能够触动他们内心的那根弦？

我早早地把《我不知道我是谁》这个故事的第一页播放在电视里，以吸引孩子主动回到位置来观察。哦！总是最晚回到位置的方怡居然早就坐到位置上了！我弹奏着音乐，不时回头看着他们！她居然轻柔地飘来一句："你给我们讲故事哉！"

我自然弹奏《小鸡小鸡在哪里》的互动歌曲！在小鸡、小鸭、小猫和小狗的对话中，孩子们逐步安静下来！

"你认识他吗？子屹你认识他吗？"他的椅子始终转朝另一面！

"这是小兔子！"周涵抢着说！他被电视中的图片吸引了过来！

"是小狗！"嘉懿说！

"周涵你说是什么？"我问。

"兔子！"他说！

"是猫！"王梓在强调。

"是狗！"是书媛在叫！

"可是达利 B 也不知道自己是什么动物。"我加速语气紧接着说！

孩子们又竞相叫唤"猫！""狗""兔子"，周涵一直坚持是"兔子"！

"我是谁呢？"

"猫！"王梓坚持！

"是狗！"嘉懿叫唤！

"刺猬！"有孩子说到刺猬！哦！因为我的书翻到了第二页！第二页上面是猴子、无尾熊和豪猪！孩子们大概是看到豪猪了，所以说是刺猬！

从第一页转到第二页是有难度的！因为孩子们已经习惯于简单的画面刺激，也就是习惯于看图表达"是什么"的句式！还不懂得这第二页的动物是达利B对自己是什么的疑问！

"我是一只猴子吗？"因为我是以达利B这个主角的口吻说的，所以当我问到这个问题的时候，孩子们有些迟疑，他们不知道该如何回答！图上的确是一只猴子啊，回答"是"，不像，回答"不是"，又似乎不妥！这个问题刺激了孩子们的思索！

"刺猬！"有的孩子就是看着图在说！

"动物！"周涵说！这一页有动物，他意图总结！

感觉到孩子们思维的冲突之后，我把图翻回到第一页，让孩子感受到这是达利B这个"我"问的问题："我是不是一只猴子？"

"不是！"这下孩子有感觉了！他们立刻感受到了达利B的疑问立场！感受到那个"我"是认识自己的第一步。

"是兔子！"周涵口齿不清地说！

"我是不是一只无尾熊？"

"不是！"

"我是不是一只豪猪？"我是紧接着孩子们的回答问的，不能有任何空隙让孩子们散开注意力！

"不是！"

"我是猴子吗？""我是无尾熊吗？""我是豪猪吗？"

——问过，孩子们——回答"不是"。这次语气更加确定了！这反映出思维的厘清，也反映出逐渐进入达利B的角色后对角色之"我"的确定。

"那我到底是什么呢？"我自言自语！

"兔子！"孩子们一起说！嗯！孩子们的思维有些明朗了！

"啊，就是兔子！"嘉懿说。

"你知道吗，我不知道我是什么动物，而且我还不知道我住在什么地方。我到底要住在哪里呢？我要不要像蝙蝠一样住在山洞里呢？"我看图问孩子们！

"不要！"璟轩的声音！能够强烈地感觉到某种共鸣和共通，我不要住在家以外的其他地方，我要住在自己家里的那种强烈情绪，抑或是那种我不要待在这个陌生幼儿园的情绪夹杂其中。

"我要不要像小鸟一样住在鸟窝里呢？"我继续！

"不要！""要！"各种声音交杂！

"我要不要像蜘蛛一样住在蜘蛛网上呢？"

"不要！""要！"孩子们积极回应！在"要"与"不要"的回应中，"不要"的声音越来越明朗和确定，这是对达利B情绪的厘清和理解，也是对认识自己的情绪铺垫。

"那我到底住在哪里啊？"不需要给予答案，重要的是触发对生命有所疑惑。

王梓："家！"果然，孩子一下子就说出自己心中的答案。

"王梓说住在家里，我不知道我要住在哪里。我告诉你哦，我还不知道我要吃什么。"书翻到下一页！

"吃鱼！"孩子们看着图说！

"坚果！"有孩子这样说！

"我不知道我要吃什么，我吃鱼行吗？"

"行！"

"那我吃土豆行不行啊？"

"行！"

"我不知道我要吃什么。"我还是如达利B一样在疑惑！

"萝卜！"很多孩子说！

"那我吃蚯蚓行不行？"

"不行！"孩子们有了主动思考后的判断！

"那我要吃什么？"我追问！

"萝卜！"孩子们如此回答。这体现着孩子们能够站在达利 B 的角度理性思考。而这是对自我进行观照思考的基础。

"我告诉你，我还有一双这么大的脚，我不知道我的脚为什么这么大，我不知道我的脚为什么这么大。"翻到下一页的时候，我通过重复强调达利 B 新的疑惑。

"是用来滑水的吗？"我疑惑，孩子们没有回答！这个时候很是安静，思维在运转！

"我的脚这么大，是为了让小老鼠来坐的吗？"我继续！

"是的！"孩子们犹豫着表示！

"那我的脚长这么大，是不是为了用来挡雨的啊？"

"是的！"孩子们确定表示！

可以从这三次问答中感受到孩子们不断思考的气息历程！

故事再次重复小兔子的疑惑："你知道吗，我真的不知道自己要住在哪里。"翻到下一页！"我看见小鸟都住在树上，哼！我就决定，自己也要住在树上！我砰砰砰就爬上树，住到小鸟的家旁边去了！"对于小班的孩子，讲述故事时我会加入更多的象声词，他们对这些词汇特别有感觉，也能够吸引他们的注意！文本往往就是这样根据孩子的认知特征而稍作处理的，这正是培养孩子们词感的一种途径！

"你看，我看见小松鼠，在吃橡果子，哼！我决定我也要吃橡果子！"我讲述，"哎！我现在要像小鸟一样住在树上，要像松鼠一样吃橡果子！"我通过重复帮助孩子们在思维中厘清故事内容！

"要吃饱！"有孩子自顾说！

"可是，我不知道我的脚为什么这么大，我的脚怎么这么大啊？"我这个达利 B 又开始了疑惑！这是转向下面更带有铺叙味道的故事的信号啊！

"有一天……"在故事铺叙的部分，我的声音开始低沉、有力！当故事讲述到黄鼠狼杰西 D 来了之后我看着图问："所有的兔子都跳进了哪里？"

"洞里！"周涵说！

"每个人都躲了起来，只有谁没有躲啊？"

"兔子！"孩子们指的就是达利 B，但对这个名称还不太熟悉！关于故事角色的名称是否要按照故事中原来的样子讲述也是思考了很久！最后想到孩子们对陌生的词汇往往会比较注意，所以决定就用故事中原来的这个相对比较拗口的名字！

"达利 B 没有躲，他不知道自己是什么动物，他还以为自己是一只猴子呢，他还以为自己是一只无尾熊呢，他还以为自己是豪猪呢，他像不像周涵知道自己是兔子啊？他不知道自己是兔子！"我对文本补充讲述！

"达利 B 像威呈一样坐在树上：我的脚为什么这么大啊？"为了吸引威呈，我把他的名字说进了故事！

"我肯定不会坐到树上的！"威呈听到了，转过来就说！

"黄鼠狼杰西 D 出现了，怎么看不到兔子啊？兔子都躲到哪里去了？"

璟轩说："洞里！"

我稍作发挥，以便孩子们更能理解兔子们的心境："哦！所有的兔子都害怕被杰西 D 啊呜一口给吃掉！杰西 D 没找到兔子，他往上一看，看到谁了？"

"兔子！"孩子们还是意指达利 B，但不能发出这个名字的音！

"达利 B！他认不认识杰西 D 啊？"

"不认识！"孩子们居然明白！孩子们从大多数兔子那里是感觉到害怕的！

"达利 B 害怕不害怕？"

"怕！"孩子们还不能前后联系来感受达利 B 的心境。

"你是谁？"我直接开始达利 B 对黄鼠狼的发问！

"你是獾吗？""你是大象吗？"孩子们都没有回答！

"他是鸭嘴兽吗？"我换了角色问！

"不是！"孩子们有所领会，回答道！

"就在达利 B 发问的时候，黄鼠狼越爬越高了，离雅文越来越近了，也离希瑞越来越近了……"他们的注意力特别容易游离开，把她们讲进故事里，就仿佛他们是一只兔子。

"我不是，我是一只黄鼠狼！"我以杰西 D 的口吻讲述道！可达利 B 却还是毫无戒心啊："哦，你是黄鼠狼啊！你像鸭子住在水里吗？你像水獭住在水坝上吗？你像小狗一样住在狗窝里吗？"

孩子们接连回答："不！"

此时此刻，故事中达利 B 对黄鼠狼的一次又一次的疑惑，是从对自我的疑惑转移到了对他者的疑惑。而自我意识的必要条件就是辨认出他者的自我。这是一种浪漫的熏陶，一种思考气息的熏陶，一种存在性思考的熏陶。

"杰西 D 越爬越近，他咬着牙齿，发出嘶嘶嘶嘶的声音。我住在森林里最黑暗的角落里，我不像鸭子一样住在水里，我不像水獭一样住在水坝上，我不像小狗一样住在狗窝里，我住在森林里最黑暗的地方。要是你遇到我，嘿嘿……"

孩子们因为知道其他兔子的害怕，所以是能够感受到害怕的！可达利 B 却不知道害怕啊！他继续问："那你吃卷心菜吗？那你吃小虫子吗？那你吃水果吗？"教室里很安静，我的讲述也渐次慢下来，在静中，孩子感受到浓浓的害怕和担心。

"我黄鼠狼不吃卷心菜，不吃小虫子，不吃水果！"

"那你吃什么？"达利 B 问！

"他吃什么？"我换个角色口吻问孩子们！

待一小段时间后，我加重语气道："都不是，我吃兔子，就是你，兔子！"

"他吃什么？"再问孩子们！

"兔子。"孩子们的语气里有屏住气息的意味了！

"达利 B 听了脸都变绿了，心里非常的——"

"怕！"孩子们这么说！

而我却又达利 B 式地疑惑起来："我不是猴子吗？我不是无尾熊吗？我不是豪猪吗？我是一只——"我停顿！是啊，就在这样的生命关头，达利 B 居然思索的还是自己是谁的问题。这对孩子是个冲击吗？孩子们当然急了，一个个立刻要告诉达利 B 是什么。

"兔子啊！"孩子们说！

"对，你是兔子，杰西 D 舔一舔嘴巴，然后就朝兔子——"我停顿，孩子们看图！

"啊呜一口吃掉了！"一个孩子说！

"害怕！害怕！"嘉懿叫喊！

"怎么办啊？"

威呈:"奥特曼!"

"我有办法!"

"拿棒子!"孩子们纷纷表示!而我没有表示,只是打开图,因为我知道孩子们虽然这样说,但只是在给自己壮胆而已,他们知道这没有什么实际作用!

我开始讲述达利 B 的反应,之后问:"杰西 D 到哪里去了?"

"到天上去了!"璟轩说道,有欣慰的气息!孩子们松了一口气!孩子们观察得很好,所以就按照孩子们的观察来讲述!

"有没有被黄鼠狼吃掉?"这样问,强调此时宽慰的气息!我继续讲述其他兔子从洞里跳出来的样子,并讲述他们对达利 B 的赞赏:"达利 B,你是一个英雄!"

"还有一个红颜色的兔子!"子屹终于转了过来,他看到了眼前的这幅图,就一直这样强调着!因为他不知道这个与众不同的兔子就是达利 B 啊!

"他就是达利 B!"我只是这样解释!

"啊?我是英雄,我不是一个兔子吗?"哦!达利 B 又开始了新的疑惑!虽然此时此刻,孩子们还不能理解,但这种不理解也正像达利 B 对于自己到底是兔子还是英雄的困惑一样。

孩子们感觉到了故事从高潮落下,我灵机一动转而问:"威呈,你是兔子吗?你是小狗吗?你是小猫吗?"威呈被问住了!

同样问铭章三次,他回答:"我是小兔子!"

嘉懿:"我是小狗。"

问到皓凯,不语!倒是旁边的嘉涵喊道:"我不是,我是嘉涵!"

好吧!让我们来排队一对一地说说看!这是孩子们对"我是谁"这一问题思考的开始!

当一对一问询孩子的时候,就可以感受到每个孩子不同的思维水平抑或自主意识程度啊!当我问到"你是大象吗?""你是小狗吗?""你是无尾熊吗?"等类似的问题时,有的孩子能够笃定地摇头表示不是,最后给一个确定的回答;有的孩子还没等老师提问呢,就直接回答自己是什么;有的则是在老师问到第一个动物的时候,就茫然地回答"是的"……从每个孩子的回答中，可以窥探到孩子的内心世界！

禹逸被问到第一个问题后回答："我是小青蛙禹逸！"

周涵被问到第一个问题后表示不是，然后率直回答："我是海豚！"

刘睿被问到三个问题，连说三个"不是"后，回答："我是小白兔！"

陈真直接说："我是恐龙！"

致远直接大声说："大鲨鱼！"

璟轩被问到第一个问题"你是豪猪吗"后回答"是的"！

孙艺被问到"你是小梅花鹿吗"后回答"是的"！

彦之被连问两次、连说两个"不是"后脆声回答："我是小鸟！"

音婳被问到第一个问题后表示"不是"，然后回答："我是小白兔！"

艺丹直接说："我是大象！"

纪优用正宗的如皋话说："我是小白兔！"

晨曦被连问"你是鸭嘴兽吗？你是大象吗？你是豪猪吗？你是无尾熊吗？"，他都直接摇头！只好继续问："都不是，那你是什么？"他沉稳地说道："我本来就是兔子啊！"

希瑞插进来说："我是小兔子！"

威呈被连问三次，他三次摇头并回答："我是兔子，我属兔子！"

……

我是谁？

我是谁呢？

在茫茫宇宙中，我们到底是谁呢？这个问题，如果问到我们大人们，我们会如何回答呢？也不见得能够回答吧！

那个叫朱浩的男孩拿着用雪花片搭建的某个事物让我看。哦！他搭建了一个吸尘器！这可是一个新的创造啊！这是之前好动的他从来没有呈现过的！这个"我"难道不是日常中一个又一个细小的行为逐渐塑造起来的吗？就像用橡皮泥塑造一个大脚长耳的兔子达利B一样，每个人有不同的专注度，每个人对达利B有不同的印象，每个人对自己所塑造的小兔子持有不同的态度，更重要的是老师对每一个小兔子的欣赏姿态都塑造了那一个"我"。

户外体育游戏《杰西 D 来了》："黄鼠狼杰西 D 来了，我们逃啊！"

■ 达利 B 唱出自己的疑惑

（一）

孩子们对昨天的故事还有印象吗？我要如何解构这个故事，才能帮助孩子们有更深入的理解呢？

晨，紧赶慢赶做了一个动画 PPT。它会有一种梳理的功能：将故事里"我不知道我是谁、我不知道我住在哪里、我不知道我吃什么、我不知道我的脚为什么这么大"这四个疑问的图抠出来，并组合在一起，将达利 B 对自我的迷茫、困惑进行了条理性的结构处理，帮助孩子们在大脑中处理这些信息的时候朝向清晰和明了。唯有"看见"迷茫和困惑本身，才有可能走向自我认识和自我超越的征程。

早早地把达利 B 沉思的样子，呈现在电视里，便于孩子事先观察、思索。

"他是谁？"

"达利 B！"哦！孩子们果然对这个陌生拗口的词汇比较敏感啊！

"睿涵，添锐，你们说，我的脚为什么这么大啊？是用来滑水的吗？"电视画面中慢慢地滑过达利B滑水的图片！

"不是！"孩子说！

"是用来给老鼠坐的吗？"电视画面中慢慢展开老鼠坐在达利B的脚上的图片！

"不是！"

"是用来给添锐坐的吗？"

"不是！"

"是用来挡雨的吗？"电视画面中慢慢跳出达利B用大脚挡雨的图片！

"不是！"

"可是我不知道我的脚为什么这么大。"我用达利B的口吻开始疑惑，并开始清唱歌曲第一段："哎呀呀，哎呀呀，我的脚啊为啥这么大？哎呀呀，我的脚啊为啥这么大？"教室里很静。

清唱后问："你能告诉我吗？"然后再清唱。通过达利B不断唱出的疑惑，感受达利B的疑惑！也从中感受到歌唱的节奏和旋律！就这样在清唱和疑问的反复中，孩子们也渐渐唱出了达利B的疑惑！

"我不知道我的脚为啥这么大，是用来滑水的吗？"再一次演示动画，也是为了吸引孩子的注意力！紧接着每一次的演示，清唱一次达利B的疑惑！

"可以！"哦！孩子们再回答的时候，答案居然发生了变化！是的，不只是要孩子惯性回答"是的"。文本表明达利B的大脚是可以做这些事情的，而孩子们在第二次感受画面的时候觉察到了！

快问："达利B想，我的脚啊为啥这么大？是用来滑水的吗？是用来给老鼠坐的吗？是用来挡雨的吗？"有孩子回应"是的"，有孩子回应"可以"，而我紧接着问："那，达利B的大脚是用来干嘛的？"

"跳的！"有观察。

"爬树的那个！"璟彦，他虽然说不清楚，但意思直接指向黄鼠狼！

"达利B不知道啊，你们告诉我啊！"用达利B的口气向孩子们请求答案，并继续唱出歌曲的第一段！

铭章："踢杰西D。"他的声音很轻！

"他为什么要踢杰西？"我问！

"他要……"孩子们表达不清楚！

"因为杰西D想要吃——"我用语言来梳理，让他们好回答！

"兔子！"他们一起回答！当他们说出答案的时候，我打开PPT的第二张图，开始演唱歌曲的第二段："小兔呀，小兔呀，你的脚啊真啊真正大！小兔呀，那是为了赶跑大坏蛋！"

歌曲的第一段呈现的是达利B的自我疑惑，而第二段恰恰就是孩子们对达利B的语言互动回应！

"达利B，你的大脚就是为了——"通过这样的暗示让孩子感受与达利B的互动回应！

"赶跑大坏蛋！"

"那你告诉他，你指着达利B告诉他——"我们伸出手指唱着告诉达利B的同时也显示自己比达利B"知道"的力量！

"喂，达利B你听懂了没有？"我问达利B。

"我没有懂！"我用达利B的口吻再次演唱第一段，也可以和孩子们进行语言回应的互动！

"哦，他还是没听懂！"回到我老师的身份，"你来告诉他，把手伸出来，彦之！"我们一起演唱第二段！

待到我的钢琴声音弹奏出来的时候，大多数孩子跟唱了起来！

"致雍，我的脚是用来滑水的吗？"我们重复通过动态的三幅画面来体会达利B的疑惑！

"我的脚是用来给子屹坐的吗？是给晨曦坐的吗？我的脚是用来挡雨的吗？"孩子们接连说"不是！"

请大家一起来告诉达利B，他的脚为啥这么大！于是，孩子们一起歌唱！

"杰西D就被——"唱完我问！

"赶跑了！"孩子们说！

"致远你还害怕吗？"刚才他有害怕的眼神。

威呈："以后杰西D就害怕达利B啦！"哈！

（二）

午后，在通过歌唱感受过达利B厉害的大脚之后，我们要来说说自己厉害的地方是哪里啦！

"我是达利B，谢谢小朋友告诉我，我的脚为什么这么大，就是为了赶跑大坏蛋，我有一双比别人的大的脚。小朋友我问你们哦，你们有什么特别的地方？"

"我知道你们厉害的地方，朱浩的手很厉害，能够用雪花片搭吸尘器。那么你的手厉害在什么地方呢？"

冯奕："我的手会跳舞，我最喜欢跳舞！"

威呈："我记得我会打游戏，我就喜欢打游戏！"

可凡也来排队了，可她不说！她还没准备好啊！

馨曼："我的手会弹琴！"

王梓："搭飞碟陀螺！"

誉铜："会打篮球！"

帅成："会做手枪！"他一直摆着手枪的手势，在不断追问下才用语言表达出来！

泽堃："我的手会抓坏人！"

范旸："妈妈坏蛋！"哈！这个小家伙一直在自己的情绪中。

用雪花片来构建小兔子，孩子们自然就想到了达利B。
此时此刻，在他们眼中只要是兔子就是达利B。

感受达利 B 的更多疑惑

（一）

我明显地感觉到，孩子们通过歌曲《小兔子达利 B》，已然把握了故事主人公达利 B 对自己大脚的疑惑，更能够经由对故事的理解，通过歌曲来回答达利 B 的疑惑，会告诉达利 B：你的大脚就是为了赶跑黄鼠狼杰西 D！根据对孩子们理解现状的体会，我决定这一天的故事理解任务，一是能够安静聆听和领会用书来讲述的故事；二是通过讲述的语气来着重感受达利 B 的其他三个疑惑——不知道自己是什么动物、不知道自己住在哪里、不知道自己吃什么！至于达利 B 不知道自己的名字到底是英雄还是兔子这一有难度的疑惑就留到下个星期去理解和领会！

为了在电视和书本之间有一个链接，我把《我不知道我是谁》的封面图放在了电视机里！

最先注意到电视里的这张封面图的是威呈，也是他最先发起了这场看似随意却有价值的讨论。他看到图就说了"达利 B"，紧跟着此起彼伏的"达利 B"！

"那个红色的！"紧跟着威呈话茬的是铭章！我感觉到他在观察，但我没听懂，所以问他："哪个红色的？"

"那个眼睛！"他说！哦！他注意到了躲藏在树后面的杰西 D！我心中一阵慨叹！

"那是杰西 D。"威呈紧跟着回答铭章的观察！讨论就这样自然地开始了！泽堃、周涵也强调那是杰西 D，加入了观察队伍！我只是适时地肯定和慨叹："哦?！那是杰西 D 啊！""哦！泽堃你也知道啊！""周涵你也知道啊！"

"小兔子最怕杰西 D 了！"

"杰西 D 怕达利 B！"威呈的观点！

"达利 B 变得厉害了！"这是谁在帮着解读啊？

"他还竖起了耳朵！"这是谁在观察并解读达利 B 的厉害？

"他是用脚踢的！"这是泽堃！

"脚一踢，踢到天上去了！"

"这是新的小兔子！"子屹转过头来看前面，冒出这么一句！

"这是达利B！"孩子们意在反驳这不是新的兔子！

"对啊！"

"这儿还有一个杰西D躲在树后面，他想干什么？"

"吃小兔子！"孩子们说！

"达利B知道吗？"

"不知道！"孩子们开始理解故事的内在关系了！

当孩子都回到位置上的时候，和他们讲述刚才的讨论，刚才参与讨论的家伙们一个个脸上都是自豪的神情。

紧接着是对封面的讲述："达利B在干什么呢？"我意在提醒孩子们体察画面上达利B的神情姿态！似乎孩子们还没有这么细腻敏锐的观察能力！所以我立刻开始唱："哎呀呀，哎呀呀，我的脚啊为啥这么大？哎呀呀，我的脚啊为啥这么大？"通过歌唱达利B的疑惑和思考，以和图片呼应起来！

歌声触发起孩子们对第二段的歌唱，以形成和达利B的对话回应。

我拿出书来："达利B到哪里去了？"

"到书上面了！"铭章说得太好了！

"小兔子达利B生活在草原上，他有自己的洞，也有自己的家！"通过这样的方式让孩子们学习感受扉页！

"可是你看，他不知道自己是什么动物！"书中的故事就这样开始了！

"小兔子！"好些个静听感受的孩子有思维的流动回应！

当故事讲述到达利B困惑于自己是什么动物、住在哪里、要吃什么的时候，孩子们一个个回应着"不是！"尤其是讲述到"达利B要吃什么"的时候，孩子们如同上一次一样说小兔子应该吃萝卜！

下面分享故事讲述过程中的六个现象：

1. 在讲述到达利B住到大树上时问："他想向谁学？"试图用这样的提问帮助孩子学会运转自己的思维！

"向小鸟学！"一个男孩说！对于其他的孩子来说需要转个弯的问题还不能回答！

2. 在讲述到达利 B 问杰西 D 是谁的问题时问："其他的兔子有没有工夫回答达利 B 的问题？"这次，孩子们有了贯通理解，一起很果断地回答"没有"！

"是啊，不像你们有工夫回答他的问题！"我也回应！当所有的兔子都躲起来的时候，达利 B 却在树上困扰于自己的问题，这样的内在关系孩子在语言上是无法领会的！我通过演唱"哎呀呀，我的脚啊为啥这么大"，可以帮助孩子们感受到这一点！果然，当孩子们看到下一幅图时，一个个清晰明朗地说："杰西 D 来了！"这个声音里没有拖沓，是一种融入了故事的口气！

3. 杰西 D 在草原上转来转去，当然我转而就变成了那个黄鼠狼啰！而眼前的孩子们就是那一群兔子啊！"让我看看这儿有没有兔子！嗯！没有！这儿呢？也没有！"哈！教室里这一刻静极了！

4. 这一次当达利 B 天真地问杰西 D 是什么东西、住在哪里、吃什么的时候，孩子们回答"不是"的声音有些低沉，应和着故事中害怕和担心的气息！还有的孩子自言自语来安慰："他有好大好大的脚""他有大脚"……

5. 当达利 B 脱险的时候，其他兔子对达利 B 说："达利 B，你是一个——"我停顿了！

誉铜居然说道："英雄！"没想到他居然说出了这个难以理解的词汇！

"英雄是什么意思？"我尝试着问！并没有期待回答的意味！果然没有人能够回答！所以我紧接着以达利 B 的口吻重新开始了疑惑："真奇怪，我是不是兔子？"

"是！"孩子们很肯定！

"那你们怎么说我是英雄？"

"达利 B 英雄！"孩子们把称谓连在了一起！

6. 为了巩固对达利 B 的前三个疑惑的理解，我在故事结尾处设计了后续："天黑了！月亮婆婆出来了！"我开始演唱促使孩子们静谧的《月亮婆婆喜欢我》，然后接着讲述："其他小兔子都回到洞里睡觉去了！你猜达利 B

在哪里睡觉？"这个问题是需要思考的呢！

"在洞里！"有孩子说！

我开始一一问："他像蝙蝠一样睡在山洞里吗？他像蜘蛛一样睡在网上吗？他像小鸟一样睡在鸟窝里吗？"孩子们一一回答"不是！"

致远坚持："他睡在自己的洞里！"

我们为达利 B 唱摇篮曲《月亮婆婆喜欢我》！

"天亮了，今天我要吃什么呢？"以达利 B 的口吻问孩子们！

"吃鱼吗？吃土豆吗？吃蚯蚓吗？"

孩子们有的说"不是"，有的坚持："萝卜！"

我们翻到前面去观察，铭章说："橡果子！"

"我向谁学啊？"

"松鼠！"

（二）

午后，我们开始了达利 B 的扮演唱！我来做达利 B，唱着问孩子们，孩子们可以唱着歌曲的第二段回答我！最先有主动意识唱着回答我的是嘉懿！紧接着是致远、吴瑞、帅成！是他们带起了一群小朋友！我更看重的就是这种自主主动的意识，不是被教导下的顺从模仿！

于是，我拿起以前爸爸妈妈们买的小兔子粉红头饰，要来扮演达利 B 了！当然是我先来扮演啰！我来唱着问，孩子们唱着回答！

接下来就是让孩子们来戴着头饰扮演达利 B，因为有头饰道具的参与，孩子们今天参与率高了许多！

■ 我的第一首儿歌《我知道我是谁》

（一）

晨，刘睿来时，教室里才几个孩子，和他、和他奶奶闲聊了那么一会儿！了解了解他上幼儿园之前的情况啊，了解了解他在家的情况，再在心里回顾一下他的月龄，想想他日常活动以及自主活动的状态，就只是闲聊，没有任何判断！

　　奇怪的是，这仿佛就是老师和孩子连接的开始！今天呼他回位置时，他竟然就真的很快有反应了！就在昨天，还要喊老半天，甚至要走到他近前拉他的手才会回来！孩子们幼儿园的生活开始后，每一个孩子和老师有一种真实连接的时刻，都不是可以预设的、规定的，也不是仅凭老师一厢情愿就能够走近孩子的！甚至有时候老师越主动，孩子们的心会逃离得越远！包括我触碰孩子，拉孩子的手，那都是要感受来自孩子身体或手的接纳度。如果没有接纳甚至有躲开的意思，那都是一开始交往和接触正常的反应！只能说明这个孩子天性本能里与陌生人之间有界限！我会立刻轻轻地放开，保持一个对孩子来说安全的距离！

　　咦！就在今天早上的活动中，他居然就没再站起来趴在桌子上！我的眼睛居然能够对上他的眼睛了！更明显的是，今天根据故事联系孩子们自己的生活和思考来做记录时，他居然以那样积极的姿态来到我的面前，眼神里带着一丝想要靠近的神采！尽管，班级里有 49 个孩子，但每一个孩子有这样一种变化，那是逃不过老师的眼睛和一颗感受的心的！

　　面对不能够理解或面对孩子问题的爸爸妈妈，或者脾气比较急躁的爸爸妈妈，当他们的孩子处在游离状态或呈现一些问题时，时常选择保持沉默！只在当孩子有了一丝变化时，才选择适时沟通！因为担心的就是性急的父母草率地去教导孩子，反而使得教育适得其反！

（二）

　　我们首先来厘清达利 B 的四个疑惑！

　　在电视机里播放达利 B 沉思的样子！有几个孩子前前后后地自己唱起了歌曲《小兔子达利 B》！

　　"小朋友们，我是什么动物？"

　　"达利 B！"孩子们一起说！

　　"那是我的名字，我不知道我是什么动物。"

　　"小兔子！"

我出示早晨做的 PPT 动态图，一一呈现猴子、无尾熊和豪猪，当然同时也有达利 B 沉思的样子！

一一问是不是猴子、无尾熊和豪猪的时候，今天有些"兴奋"投入的焱一直抢着说"是的"！

"那我是什么动物呢？"再问！

"兔子！"哇！嘉懿在动脑筋呢！她的状态越来越稳定了呢，有了沉静思考！不再是像之前那样只是为了向老师急切地大声地表达以凸显自己！好吧！让我们学着嘉懿一起来告诉达利 B："你是小兔子！"

"哦！我是一只兔子啊，谢谢晨曦，谢谢周涵啊！"再次呈现达利 B 沉思的样子，"我又有一个新的问题！"

超级"兴奋"的焱："是什么问题啊？"

"我到底应该住在哪里啊？"

"住在山洞里！"很多小朋友这样说。

那我继续问："我应该像蝙蝠一样住在山洞里吗？"

"不要！"

"那我应该像小鸟一样睡在鸟窝里吗？"

"不对！"

"那我像小蜘蛛一样睡在网上吗？"

"不是！"孩子们真的是有直觉的呢！这些住的地方他们都直觉不对，而说到吃的就会表示有的是可以的！

"那我到底睡在哪里啊？"

"家里！"还是炎。

"可我不知道我的家在哪里。"

"在洞里！"

"在山洞里！"孩子们补充！

"晨曦我应该住在哪里？"他的目光里溢着想要说的意思！

"山洞里！"他说！

刚才肯定了焱的答案，他更兴奋了，都跑得"贴近"我了："家里！"我提醒他坐下来说！

"那达利B最后住到哪里去了?"我继续问,孩子们没有答案!

"树上!"致远清楚地说道!

"他跟谁学的啊?"

威呈:"小鸟!"

此时此刻,我没有继续追问达利B应该住在哪里!如果感觉到孩子有这个能力的时候,是可以继续追问下去的。

"那我应该吃什么呢?"

"橡果子!"一群孩子声音中有希瑞的声音!

"我要吃鱼吗?"希瑞摇摇头!

"我要吃土豆?"

焱:"可以!"

"那我吃蚯蚓吗?"

"不吃!"孩子有直觉。

"那小朋友们,我应该吃什么呢?"

茹楠居然大声地说:"胡萝卜!"哦!她要在教室里绽放自己了啊!

"那最后我吃了什么?"

晨曦居然举手,我喊他的名字,他说:"橡果子!"

"因为我向小鸟学住在树上,所以我向谁学吃东西?"

又是茹楠脆脆的声音:"小松鼠!"这声音还真是好听呢!当然,大家为之拍手是因为她说的"小松鼠"这一准确答案!上次讲故事时大家有的说是老鼠,我只是一言带过说是小松鼠!

最后当然是孩子们最最熟悉的达利B的疑惑,关于他的大脚:"是用来滑水的吗?是用来给老鼠坐的吗?是用来挡雨的吗?"大家都表示不是。"那我的脚为啥这么大呢?这个问题我来看看谁会举手回答。"

张雯举手了,我走过去,把录音笔对着她,她轻轻地说:"赶跑大坏蛋!"紧随着她的回答,我们一起唱起了《小兔子达利B》(第二段)!

通过达利B的四个疑惑来问孩子,让孩子回答,并记录在《我知道我是谁》的记录纸上!

"那天我问威呈:威呈,你是无尾熊吗?你是猴子吗?你是豪猪吗?他说：不是，我是兔子。那天我问禹逸：你是无尾熊吗？你是豪猪吗？你是猴子吗？他摇头，他说：高老师，我是小青蛙禹逸！那么今天，我啊，孙老师啊，刘老师啊，都在这里，他们也会这样来问你，然后老师会把你的回答记录下来。"

老师们和孩子们一对一——问一答再记录，并将记录一一展示在走廊里，同时给爸爸妈妈们发了一条信息：

孩子们众多，老师无法一一和孩子们朗读自己的作品，请爸爸妈妈们郑重地和孩子们朗读自己的作品！尤其是"作者"两个字，让孩子初次感受儿歌来自于我们自己的生活或者想法的本质！当然这不是要教导孩子知道，只需要在给孩子们朗诵的这种行动中感受就足够了！

切记，你一定得带着欣赏的、不可思议的、自豪的语气去朗诵和介绍！对这首儿歌的朗诵，也是对孩子自我力量的一种肯定，能够潜在地滋生孩子们的内在力量感！

老师一旦有空余时间也会不失时机地朗诵的！

我知道我是谁

作者：蔡周涵

我知道我是海豚

我知道我住在海里

我知道我喜欢吃飞鱼

我知道我的手能搭积木

所以我知道我是谁

——小二班

我知道我是谁

作者：姜睿涵

我知道我是无尾熊

我知道我住在武定苑

我知道我喜欢吃粥

我知道我的手能搭很高的积木

所以我知道我是谁

——小二班

我知道我是谁

作者：孙彦之

我知道我是鸟

我知道我住在如皋

我知道我喜欢吃苹果

我知道我的手能摘苹果

所以我知道我是谁

——小二班

我知道我是谁

作者：蔡添锐

我知道我是蔡添锐

我知道我住在家里

我知道我喜欢吃鱼

我知道我的手能挡雨

所以我知道我是谁

——小二班

我知道我是谁

作者：孙艺

我知道我是海豚

我知道我住在海豚山里

我知道我喜欢吃蔬菜

我知道我的手能捏橡皮泥

所以我知道我是谁

——小二班

我知道我是谁

作者：潘璟轩

我知道我是小浣熊

我知道我住在荷兰小镇

我知道我喜欢吃土豆

我知道我的手能弹钢琴

所以我知道我是谁

——小二班

（三）

午后，电视里出示了一幅画，一幅达利 B 自己画自己的图，用它作为引子，告诉孩子们今天我们也来画"我自己！"

"画自己"，是了解还不太会用语言表达自己的孩子的最好途径！从"画自己"的线条表达中，可以看到孩子们主动思考的秩序程度，可以看到孩子先天里的秩序现象，可以看到孩子们对绘画主题的执行能力，可以看到孩子们在生活中的操作能力，可以感受到孩子们对自我的认知程度……看孩子们的画，不是去看画的技能如何，而是为了更深入地了解孩子，以便在教养方式上提出可行的方式方法！

诗中的孩子是怎样的？

画中的孩子又是怎样的呢？

周末了，给孩子们每人一份关于"自我"的诗画的描述。

部分孩子的诗画描述：

1. 开始画的时候，就看向老师，眼神里露出"我不会"的神色了！因为老师的眼里只有笑意没有任何鼓励抑或帮助的淡然，所以她不得不自己下笔了！平常一定是被教育要做听话的孩子哦，所以才会费力地想要画出手啊，脚啊，但又深感内力不够！画面形象缩在纸的中间，线条也显得不舒畅！就像她的儿歌一样，有思维能力表现自己真实的生活，却又有一把铠甲勇士的刀！不过在这里的生活可能会慢慢让她舒展开来！

2. 这个小姑娘有线条表现能力，用《走进孩子的涂鸦世界》这本书上的画人标准来说，她到了这个月龄需要达到的水平！用圆圈、线条画出了自己，从头发到身体，还有身体前面小小的装饰，不错！她的诗歌也是写实派的，基于自己的属相表示自己是小兔子，和大多数小朋友一样！

3. 也是一个小小的写实派，上午的儿歌也是！内心好强，看似不作声，其实很想表现自己，经常用自己非常有定力的眼神盯着老师，希望老师能够接上她的目光！是个有主见的小姑娘！画面一看也是能够自如用圆圈和线条来自由表达的，有头发、有眼睛，有四肢！不错！

4. 拿着笔和纸，无从下手！不过记录儿歌时，感觉到他对老师有那么一些靠近，或者一丝丝熟悉度之下的温暖目光！他就那样看着老师，我说什么，他都点头！好吧！我就记录他点头的我说的事物吧！他需要温暖的理解和对话让他能够走出自己，他的目光在渴望这个！

5. 通过慢慢地观察，倒是慢慢体会到他是一个动作先于语言的孩子！他的画就是例证，流畅地用线条和圆圈自如地表达自己，还给自己画了一个生活的环境，恣意、自由地构图。

6. 有足够强烈却不想表达的内心情绪，所以坚决不画！早上和他承诺与父母聊一聊，所以他定心说出了自己的儿歌，他有想法，有思考，也有表达能力！他哪里知道大人的狡猾，老师可只是答应聊一聊！

7. 内心似乎有着一些不安全感，总是急于表现自己来感受到一种安全感，这是她屡屡大声叫唤老师，非要老师听到的心理根由！她很会对老师的提问做出自己的选择，但"画自己"这个需要独立思考和表达的任务就有些难了！不过她不会乱来，她画了一条流畅的线条！慢慢来！她会学会守住自己，表达自己！这几天她就心定多了！

8. 一个内心其实很脆弱的男孩子，总是用发狠和哭来保护自我的男孩子！由儿歌可见他有表达能力，但一定要在他情绪良好的时候；由画面则可看到他能用这个年龄普遍做到的圆圈和线条来表现自己！但形象缩在一个角落里，显出他内心拘谨的一面！

Part2　妈妈不知道我的名字

一周的课程生活中，感觉到孩子的变化了吗？

爱，何其难！大概有很多爸爸妈妈爷爷奶奶不会同意吧！爱，其实需要爱的能力啊！很多大人包办孩子的各种生活事务，还下意识希望环境中的其他人都围绕着自己的孩子转，这样的溺爱，其实是对孩子身心的一种忽视，这样的孩子可能任性，可能脾气坏，那都是因为他们缺乏爱，更因为他们已经被包办，削弱了天性里自然发展就能够拥有的基本能力，促使他们内心脆弱、能力低下而无法面对外界真实的生活，"不能"滋生"自卑"，"自卑"滋生假扮强大，以至于各种行为问题就这样涌现了出来！这些孩子不仅没有获得无条件的真实诚恳的爱，并且还面临着"爱着"自己的父母对自己脆弱和能力低下的训斥压力！

这个相悖的问题由来已久！对孩子的生活、心理和个性无限纵容、溺爱，却对孩子看得见的学习能力无限苛求！大人们总是活在自己的期望里，大人们始终是以自我为中心的！

所以说，假如你爱孩子，你便会无条件地观察他，感受他，倾听他，领会他心灵的需要，给他安全和信任，给他自由和创造，这就是孩子们的根和翅膀啊！拥有这些的孩子，才是幸福的！

有时候，很多孩子很小时已经会揣摩大人的心思，然后通过各种小技巧迎合大人的心思了！他们会囚禁于这样一种模式，最终学习也是为了迎合他人，一旦他人离开，他们的人生也就再无目的，更不可能有任何创造性行为！

孩子还小的时候的心思，做妈妈的真要慢慢细心地感受啊！做父母的都做不到，能够做到的其他人就稀有了！

老师需要给予孩子们一种力量，一种表达自我的力量。比如我们在晨间谈话的时候说起沉默寡言却目光流转的可凡做操时那般精神的样子，说起她活动中那般认真聆听的神情，我们掷地有声地学说："爸爸妈妈，爷爷奶奶，请你相信我，我会动脑筋，我会思考问题，我会……"

因此，在小班哲学课的第二周，我们的课程生活，就是为了触发孩子们自我意识的发展从生理层面进入社会层面！照理，孩子们入园的这个年龄，应该是孩子们自我意识进一步萌发的一个重要敏感期，应该会出现很多"我要自己来，我要这样做"的欲求，可感觉上这些孩子的自我意识已经很弱很弱了！总是在他们身上呈现很多大人的痕迹！有多少孩子如同《妈妈不知道我的名字》里的那个汉娜，还敢于质疑妈妈、还敢于跟妈妈生气呢？只是要要脾气、故意任性来期求获得更多的注意罢了！

■ 孩子的心思，妈妈你要耐心地猜

介绍故事《妈妈不知道我的名字》中的小女孩汉娜，是从孩子们认识的达利 B 开始的！

"达利 B 学小鸟睡在大树上，很安静，很安静，就像可凡一样，就像嘉懿一样……我要摸摸禹逸的头，我要摸摸浩凯的头，我要为今天最安静最安静的小朋友唱《月亮婆婆喜欢我》——月亮婆婆我要回家了，我回家天就亮了！达利 B 醒了，你看他遇到谁了？你认识吗？"我打开 PPT 出示故事《妈妈不知道我的名字》中的小女孩！

嘉懿："小宝宝！"

"嘉懿说是小宝宝，我告诉你，我可不叫小宝宝，我有我自己的名字，就像嘉懿有自己的名字叫嘉懿，就像苏涵有自己的名字叫苏涵一样，我也有自己的名字。达利 B，你的名字叫什么？"

"小兔子！"是炎。

"达利 B！"誉铜趴在桌子上说。

"那你知道我的名字叫什么吗？"我指着小女孩以她的口吻问！

"月亮婆婆！"是炎！

"才不是呢，月亮婆婆喜欢我，晚上睡觉的时候它会给我唱歌！"

"我要告诉涵宁和达利 B，我告诉你我的名字——"我继续，"不叫冯奕，不叫彦之，不叫艺丹……我的名字叫汉娜，我的名字叫什么？"

"汉娜！"大家一起说！

介绍了汉娜，我们开始观察故事书的封面。

"你看我高兴吗？"

"不高兴！"孩子们一下子觉察了出来！

"我告诉你，子屹，我有点生气，我不高兴，你知道我为什么生气吗？"我以汉娜的口吻问道！

"不懂！"孩子们说！

"我真的很生气，你知道我生谁的气吗？我生我妈妈的气！"孩子们愣了！小孩子居然还可以生妈妈的气，真的可以吗？

"你看哦，这是我画的画，平常我在家里喜欢画画！"通过这样的故事式叙述感受书的扉页。

"我还是在生气。我是要生威呈的气吗？（暗示他不要不停地敲击）"

"不是！"孩子们轻声说！

"我是在生我妈妈的气！你看，我还在生气，方怡你看！"

"生妈妈的气！"焱重复！

"你知道我为什么生妈妈的气吗？你知道我的名字叫什么吗？"

"汉娜！"希瑞说！

"是的，希瑞你知道！可是你知道吗，我妈妈居然不知道我的名字！"故事从下一页正式开始了。

"这是我的？"引导孩子们观察图！

"妈妈！"孩子们这样说！

1. 妈妈喊我小麻雀，我生气！

"昨天她还唱了一首月亮婆婆的歌，让我安安静静地睡觉了！可是当我早晨起床的时候，妈妈来喊我起床：'喂喂，我的小麻雀，快点起床啰！'你知道吗，我生气了！'哼，妈妈，我不是小麻雀，我才不是什么小麻雀呢，我是——'"

"汉娜！"馨曼很专注！

"妈妈，我才不是什么小麻雀呢，我是——"我重复汉娜的话，引导孩子们以汉娜自居！

"汉娜！"孩子们说！

2. 妈妈喊我小南瓜，我生气！

"好吧我起床，穿好衣服，我们吃早饭了，我的杯子没拿好，杯子里的果汁洒了出来！妈妈说：'小南瓜，没关系，谁都有不小心的时候！'"我相信讲述到这里的时候，有很多孩子是不敢相信的！这是一个多么善解人意的妈妈啊，知道孩子泼洒的刹那会害怕，为这份心情而宽慰孩子！这就是父母能够体察和感受孩子们的心绪啊！

"我生气了，哼，妈妈，我生气了，我才不是什么小南瓜，我不叫小南瓜，我叫——"故事继续！

誊铜："汉娜！"

茹楠："汉娜！"

嘉涵："汉娜！"

孩子们渐入佳境，进入了汉娜和妈妈的对话语境之中。

3. 妈妈喊我小鳄鱼，我生气！

"很快，我们来到我朋友的家门口！妈妈说：'今天你在小妹妹家玩，我过会儿来接你好吗？''好的，我就在这里玩一会儿！'"这里把故事里的简单语句改成了生活对话，更适合孩子们感受和理解。"妈妈亲了我一口：'一会儿见，小鳄鱼，我亲爱的小鳄鱼，一会儿我就来接你！'嗯？妈妈叫我什么？"我变成汉娜的口吻！

"小鳄鱼！"孩子们回答！

"我是不是小鳄鱼啊？"我是汉娜！

"不是！"孩子们回答！

"我有点生气，妈妈，妈妈，我才不是——"

"小鳄鱼呢！"孩子们能够意识到汉娜的语气并自居其中了！

"我才不是小鳄鱼呢？我叫——"

"汉娜！"重复两次，是为了帮助孩子们强调内在的自我意识！

4. 妈妈喊我小魔头，我生气！

"可是妈妈没听见，晚上我们回到家，妈妈开始做晚饭了，妈妈给我做香喷喷的晚饭，因为我在朋友家玩了很长时间，肚子早就饿得咕咕叫了，我拿了个东西就想吃。妈妈说：'哎呀，不行不行，你真是一个小魔头，快去洗洗你的小脏手！'嗯？怎么又叫我小魔头？我是不是小魔头啊？"

"不是！"孩子说！

"我的名字叫——"内在深埋的自我意识需要不断地刺激和唤醒！

"汉娜！"

"汉娜生气了，妈妈你怎么回事？我不是什么小魔头，我是汉娜！"我们再次重复！

5. 妈妈喊我小怪兽，我生气！

"我去轻轻地把手洗干净，吃过晚饭，就和妈妈一起玩拼图，妈妈要自己去看书，可是我还是想和妈妈玩会儿！可是妈妈想干什么？"

吴瑞："看书！"

"不行，不行，妈妈，你要再陪我玩会儿，"我大叫，"你不能走！"这挺像孩子们的模样，孩子们很有共鸣的感觉！

"妈妈说：'不行，我要去看书，你可以自己玩会儿！''我就要你陪我玩！'"嘿，这也符合平日里孩子们的形象吧。"'天啊，'妈妈也大叫，'真是一个难缠的小怪兽！'我真的很生气，妈妈，你怎么叫我小怪兽？我才不是什么——"

"小怪兽呢！"孩子们慢慢滋生了汉娜的口吻！

"我的名字叫——"

"汉娜！"

"你的孩子名字叫——"

"汉娜！"

6. 妈妈喊我小猴子，我生气！

"妈妈放了点音乐，说，那好吧，那我陪你一会儿。我们转了一圈又一圈，妈妈说：'我都累死了，转不动了。'妈妈坐到了沙发上。可是我还是浑身有劲儿，又扮鬼脸，又转圈，妈妈笑着说：'哎呀哎呀，真像一个调皮的小猴子。'我才不是——"

"小猴子！"孩子们回应得更自如了！

"我的名字叫——"

"汉娜！"孩子们说！

"我才不是什么——"继续重复强调！

"小猴子！"孩子们说！

"我的名字叫——"

"汉娜！"孩子们说！

7. 妈妈喊我小老鼠，我生气！

"好吧，睡觉的时间到了，天已经很黑了，妈妈给我讲了一个我喜欢听的故事，还哼了一首《月亮婆婆喜欢我》。"有的孩子自然自居进入了故事角色趴在桌子上睡了。"可是妈妈，我还想听一遍，妈妈说，不行，快闭上眼睛，就像书媛一样，快静下来，要睡觉了，像添翼一样，像灵菲，像吴瑞……刘睿，快点啊，那妈妈再唱一遍哦——"再唱《月亮婆婆喜欢我》。

"嘘！"妈妈的口吻。

转为汉娜的口吻："妈妈，我还想再听一遍！"

又转回妈妈的口吻："嘘，要做一只安静的小老鼠，希瑞，灵菲，就是一只安静的小老鼠！"

转为讲述的口吻："汉娜又生气了，她说，我才不是——"

"小老鼠呢！"孩子们说！

"我的名字叫——"

"汉娜！"孩子们说！

"我从床上坐起来！（下面的孩子们也立刻坐了起来）妈妈，妈妈，我才不是什么小老鼠呢，我的名字叫——"

"汉娜！"

8.原来妈妈知道我的名字啊！

"妈妈说：'是啊，我知道。'妈妈紧紧地把我抱在怀里：'你就是汉娜，你就是我那个又快乐又有趣的小宝贝汉娜，你就是我最亲爱的小宝贝汉娜！''谢谢妈妈，那我就要睡觉啦！'小汉娜上床了，轻轻地轻轻地，妈妈又唱了一遍《月亮婆婆喜欢我》。"

"醒来"的孩子们大多去上厕所了！书媛这个小家伙，上次就在观察我，说她吃糖了，把牙齿都蛀掉了！今天可真是一头就扎在了我的怀里！我都有些不好意思了！

我羞涩地问："你是我的小宝贝儿汉娜吗？"原本我想传递你可不是我的孩子的意思啊，或者是想婉转地表达某种界限抑或距离来着，没想到她丝毫没想就直点头："是的！"哦！我的天啊！我的脸是不是绯红绯红的？

这不，好啦，引来了一群！茹楠就在不远处盯着我看！我只得问："你是我的小宝贝儿汉娜吗？"她居然也是点点头！

好吧！一个接着一个地来啦！那边是吴瑞期待的眼神，我照旧问，她照旧点头！希瑞也是，馨曼也是，铭章也是，艺丹也是，苏涵也是……

嘉懿更是不甘落后，一个劲儿地朝前挤，当然要问了！慢慢地我也自如了，所以捧着他们的脸蛋儿一个个亲昵地问！

灵菲看似羞涩却执著地看着呢！冯奕也看着，孙艺也是！哦！刘睿居然也来了！那是谁？皓凯居然也来了！好吧，一个个地问过去！一个个满足地走了！

嗯！？禹逸居然也在那里看着我呢！这还是那个调皮、爱钻空子的他吗？我照例问，他眼中闪着一丝亮光："我不是汉娜，我是禹逸！"

所有的连接，所有的进展，就从这小小的变化开始啦！

■ 我的名字叫汉娜

为了唱出汉娜的那种心声，我是颇费了一番心思的！不断感受《你的名字叫什么》这首歌曲，又因为昨天好些个孩子就那样成了"我亲爱的宝贝儿汉娜"，心中立即将歌词改编成对唱的结构："小小麻雀是你吗？小小南瓜是你吗？不是不是都不是，我的名字叫汉娜。"

小麻雀啊、小南瓜啊、小猴子啊、小鳄鱼啊等都是汉娜妈妈给予汉娜的昵称！改成这样对唱的方式，那么说唱"不是不是都不是"这种有力的节奏型，可以触及和呼唤孩子们内心的自我意识！更有利于在班集体还不够凝聚的氛围下，通过对唱来集聚孩子们的注意力，也增强孩子们的互动反应力！

想着是否呼唤那些个"我亲爱的宝贝儿汉娜"，个性矜持的我却又不好意思了！毕竟跟他们还没有那样厚度的心灵连接啊！

首先，我们在对唱中感受节奏型"不是不是都不是"。

照旧是以生活情节导入活动："天黑了，汉娜小朋友上床睡觉了，月亮婆婆唱起来——嘘，汉娜小朋友睡着了，就像添锐，就像彦之，就像馨曼……天渐渐地亮了，早晨，妈妈来喊我起床，我的小麻雀，快快起床了，我的小麻雀！汉娜——"

铭章："生气了！"

"我才不是什么小麻雀！"许多投入其中的孩子这样说！

我直接弹奏钢琴唱着问："小小麻雀是你吗？"然后提问暗示："是你吗，汉娜？"把孩子们问成了汉娜的身份！

"不是！"孩子们自然回应！然后就直接和孩子一起说"不是不是都不是"，感受最基本的节奏型！

"小小南瓜是你吗？"继续唱着问，再提问暗示，"是不是？"

"不是不是都不是！"几个孩子知道用这样的模式回应了！

"对的，你要回答我哦！"我继续唱问，"小小麻雀是你吗？小小南瓜是你吗？"让孩子们在回答的过程中自然练习"不是不是都不是"的节奏型！

"要拍清楚，妈妈才听得清楚！"我提醒孩子用拍手来控制自己发声的节奏型！

其次，我们学着用唱的方法来回答"我的名字叫汉娜"。

"那你的名字叫什么？"就把孩子的角色定位为汉娜！

"汉娜！"孩子们回答！

"我的名字叫汉娜。"我示范唱，孩子们跟随，"我来唱着问，你来唱着回答！"

看我为歌曲《你的名字叫什么》制作的 PPT 清唱。

继续看 PPT："那你不叫小麻雀，也不叫小南瓜，是不是叫小鳄鱼？"

嘉懿节奏清明地唱："不是不是都不是！"

"小小猴子是你吗？"顺着她的接唱，我自然清唱问！

"不是不是都不是！"孩子们接唱！

"我的名字叫——"这一句孩子们还不能自主接着，我得唱前面，他们接着唱后面的"汉娜！"

"到底是不是呢？让妈妈来问问你！"我继续弹奏钢琴，把第一段第一小节的"小小麻雀是你吗？小小南瓜是你吗？不是不是都不是，我的名字叫汉娜"和第二小节的"小小猴子是你吗？小小鳄鱼是你吗？不是不是都不是，我的名字叫汉娜"连起来唱问！

接着，进入第三小节歌曲的对唱！

"汉娜说，妈妈天黑了，妈妈说，嘘——要做一只安静的小老鼠！要做安静的小老鼠。"去摸一摸每一个安静的汉娜的头，并开始轻柔地唱："小小老鼠是你吗？小小老鼠是你吗？"

孩子们自然唱接："不是不是都不是，我的名字叫汉娜。"

最终妈妈说："我知道了，你的名字叫汉娜！"

最后，我们用今天带来"昵称介绍"的孩子的名字进行对唱！

"天亮了，达利B醒了，汉娜醒了！汉娜告诉达利B，我妈妈真好玩啊，叫我很多个名字！妈妈叫我小麻雀，小南瓜，小鳄鱼，小猴子，小老鼠！"介绍后，完整地唱歌曲的第一段！

拿出今天方怡奶奶带来的红色卡片和添锐妈妈带来的绿色卡片："哦！我的妈妈不叫我小麻雀，也不叫我小南瓜，她叫我果果。"我开始看着方怡唱："小小果果是你吗？小小果果是你吗？"她直点头，那我接着唱："是的是的就是的，我的名字叫果果。"

"我妈妈不叫我小麻雀，也不叫我小老鼠，我妈妈叫我锐锐，因为我的名字最后一个字是锐！"我唱的时候，他就手捧着脸了，这表示他知道是自己的意思啊！我唱起来："小小锐锐是你吗？小小锐锐是你吗？是的是的都是的，我的名字叫锐锐。"

添锐还有另一个名字"当当"，于是我唱起来："小小当当是你吗？小小当当是你吗？"

"是的是的就是的，我的名字叫当当。"

在这样的对唱中，让孩子来感受自己，感受爸爸妈妈眼中的自己！

空余时间，给所有的爸爸妈妈发了条给孩子写昵称的信息，一天就在有时秩序井然、有时挠躁不安中结束了！

妈妈不知道我的名字

好些天了，孩子们对"鼠小弟系列"的书总是情有独钟的！每天总有那么几个孩子在那里埋头翻看着它们！上午，添锐和方怡就径直去了看书的地方，各自捧着一本书；彦之、泽堃也是各自加入了进来；午后，方怡和泽堃一来也是直接去了那里，甚至在对面积木区的栏杆上也坐上了一些看书的孩子……

这些身影都会留在老师的脑海里，到了某个时刻，比如晨谈的时刻，就会从闲谈中冒出来，细细地描述它们，给这些孩子最好的惊喜，也给其他孩子最好的引领！

洋溢着专注探索的教室，才可以足够静谧！而唯有这样的教室气息，才是实施主题课程的背后力量！

在《妈妈不知道我的名字》的故事阅读中，我已经感觉到眼前的孩子们，是能够感觉到爸爸妈妈对他们的昵称是饱含着爱意的！而他们还不能像汉娜一样极力想有一个"我"！

所以午后，当我唱着"小小毛豆是你吗？小小毛豆是你吗？"时，灵菲直点头！

不过，不管如何，我们在阅读这个故事的过程中，孩子们总是能够从自居于汉娜角色中感受到些什么！毕竟汉娜就如同生活中的他们，因为这个故事讲述的就是他们的日常生活！

所以当故事讲述到妈妈喊着小南瓜，说着"没关系，谁都有不小心的时候"，能够感觉到教室里孩子们中间有着倾听的倾向，他们也渴望这样的细腻理解；当故事讲述到汉娜缠着妈妈再一起玩会儿，叫着"不行，不行"的时候，也能感受到故事对于孩子们心理的细腻把握，给孩子们带来的那种好奇和关注。

今天，我们准备通过提问看看孩子们知道汉娜有哪些昵称，去感受故事主人公汉娜的自主意识，同时看看孩子们的已有思维水平！

在讲述故事前，我尝试提问："昨天我们认识了这个小女孩，这个小女孩名字叫——"

"汉娜！"孩子们一起说！

"你知道，我的妈妈喜欢叫我什么吗？请举手！"我问。

哇！好多孩子举手了！我一下子没有反应过来，喊了举手的添翼，他愣怔着看着我！哦！我明白了，好多小朋友原以为我是叫小朋友"举手"啊！

"我的妈妈喜欢叫我什么？"我重新问！

嘉懿："小南瓜！"

泽堃："小麻雀！"

铭章："鳄鱼！"

陈真："小猴子！"

致远："小麻雀！"

"妈妈还喜欢叫我什么？"我强调一个"还"字！

刘睿："小老鼠！"

因为昨天新授的歌曲，孩子们对汉娜的"小麻雀、小南瓜、小鳄鱼、小猴子和小老鼠"的昵称都比较熟悉！是不是把所有的昵称编入歌词，也是想了又想，觉得对于暂时还容易浮躁的孩子来说，还是放弃小魔头和小怪兽这两个昵称为宜。

"让我们来看看妈妈还叫我什么。"今天再次感受汉娜的故事。

当翻到扉页的时候，铭章说："这是我在家画的画！"他已经自然自居于汉娜的角色！

然后介绍这个故事的名字——妈妈不知道我的名字！

当故事讲述到汉娜把果汁不小心洒了的时候，孩子们啊，自然地说："没关系！"其实足见孩子们的心啊，要比我们大人的柔软多了！所以当讲述到妈妈安慰汉娜的时候，突然也能够感觉到孩子们内心的渴望了！或许我们在生活中也会说没关系，却没有这样足够的心意。

其实故事讲述到不同昵称的时候，也是根据当时的心境和体会而进行讲述语气的改变的：

当讲述到妈妈喊小麻雀起床的时候，汉娜的那个生气就有点起床气的样子：气呼呼的，还带着一声"哼！"因为不愿意起床的时候有着一股任性，不去想昵称背后的爱，反而因此生气了。当讲述到妈妈喊小南瓜的时候，汉娜的那个生气是温柔的、羞涩的，想要表示自己不小心做错事妈妈却还原谅的一种矜持心情，又表示自己坚持自己的名字叫什么。当讲述到妈妈喊小鳄鱼的时候，汉娜的那个生气是开心的、欢快的或者是卖嗲式的，因为妈妈亲了她，那样温柔的口气汉娜是能够感觉到妈妈的爱的，不过还是想要向妈妈强调自己是汉娜。当讲述到妈妈喊小魔头的时候，用的是反抗的语气，表示着汉娜内心对这个名字的抗争。而讲到妈妈喊小怪兽的时候，则带着一种温柔的语气，因为妈妈迁就了小汉娜陪她多玩一会儿。当讲述到妈妈喊小猴子的时候，汉娜的生气又是一种欢快得意中的抗议。最后讲到妈妈喊小老鼠的时候，汉娜确实就是生气了，汉娜就是想要强调自己是汉娜，心境的起伏到了一个高潮，所以她才从床上一下子坐起来表示抗议！

我对汉娜的表达稍作总结性的处理：

"我真的很生气，一会儿叫我小麻雀，一会儿叫我小南瓜，一会儿叫我小鳄鱼，一会儿叫我小魔头，一会儿叫我小怪兽，现在又叫我小老鼠，我真的很生气，我的名字叫汉娜！"把整个故事串起来的同时，也在孩子的脑海里进行了一次梳理！

嘉涵尤其能够自居于汉娜的角色之中，她屡屡等着汉娜回应妈妈的时刻，坚持着："我的名字叫汉娜！"

当讲到妈妈和孩子玩拼图时，稍作处理丰富了妈妈和汉娜拼了哪些东西！而在拼图之后，茹楠紧接着表示妈妈要去看书了！当汉娜表示不行的时候，徐逸也表示"妈妈要去看书"，也有的孩子表示"你自己玩一会儿"。从这些细节之中可以看到孩子思的流动。当讲到妈妈放音乐和汉娜跳舞的时候，我们哼唱了儿歌《娃哈哈》。到了最后，当我以妈妈的口吻说"嘘，要做一只安静的小老鼠，就像彦之一样啊，就像张雯一样啊……"，孩子们就真的安静下来，像汉娜一样睡觉了！唱一首《月亮婆婆喜欢我》吧！

"哦！汉娜妈妈都叫汉娜什么呢？"这一次啊，孩子们从小麻雀、小南瓜，到小鳄鱼、小魔头、小怪兽，再到小猴子、小老鼠，都一一说了出来！我们通过 PPT 一一验证，果然是啊！

剪了一些粉色的爱心，留着星期五来记录孩子心目中家人给自己的爱称！

已经有很多小朋友的爸爸妈妈把自己、家人对孩子的昵称一一写了出来！不仅仅写的内容那样的丰富和充满爱意，用来书写的色纸也做得各式各样！一一读过，真的可以通过这样的书写来了解孩子和孩子背后家人的细腻与爱意啊！

我的爸爸妈妈这样叫我

孩子们陆陆续续带来了家人介绍昵称的卡片！因为今天我们就要一起阅读这些充满爱的卡片了！在班级里集体读自己家人给自己的爱，是一种不同的感受，仿佛在一个公共场合对这份爱进行确认！

孩子们聆听老师读父母写给自己的爱时，教室里足够安静！

当然，在朗读爸爸妈妈写的孩子昵称时，我稍稍做了一些讲述的修饰：比如用爸爸妈妈的口吻来直接呼唤孩子的昵称——妈妈我就喜欢喊你××，爸爸我就喜欢喊你××。比如用孩子的口吻来叙述——我叫××，可妈妈喜欢喊我××，爸爸喜欢喊我××。不断变换讲述的方式，促使孩子们有持久的朝向！

我也从孩子们的朝向中当中感觉到，爸爸妈妈们真实的心意从笔端诉诸出来并被我讲述出来的时候，孩子们对真实的心意有着自然想要倾听的需要！

午后，继续讲述剩下的昵称卡片，并配合着演唱那首对唱歌曲《你的名字叫什么》。

讲述完一个孩子的昵称，我们就用歌曲的方式开始唱问这个孩子："小小××是你吗？小小××是你吗？"慢慢地孩子们会用"是的是的就是的"这样的节奏型来回答我的唱问，然后我们一起唱："我的名字叫××。"

有时候，我们一起用手指指着某个小朋友一起唱问"小小××是你吗？小小××是你吗？"让孩子们用节奏型来回答！哦！馨曼小姑娘是最先用完整的节奏型来回答的呢！

就这样我们一边讲着，一边唱着，把所有孩子的昵称卡片都讲完了，并将所有讲完的卡片粘贴在了教室的外面，这样便于孩子们带着爸爸妈妈去找一找自己的卡片，有利于爸爸妈妈们带领孩子们在聊聊看看中认识更多的小朋友！

当然，今天所讲述的是爸爸妈妈给予孩子的，那么到底孩子们感受到了什么呢？那就要看明天孩子们自己的表达啦！

■ 我的"名字诗"

舒缓的音乐过后，给孩子们唱了一首《听妈妈讲那过去的事情》！

方怡抬起头："真好听啊！"

我笑笑回她："谢谢！"

"天亮了，汉娜醒了！妈妈来喊汉娜起床的时候，她叫汉娜什么？"直接转入梳理故事情节的提问！

"小麻雀！"孩子们一起说！

"汉娜吃早饭不小心弄洒了果汁时，妈妈喊她什么呢？"

"小南瓜！"孩子们回应！

"妈妈把汉娜送到好朋友家玩和她再见时喊她什么？"

"小鳄鱼！"

"妈妈做了好吃的晚餐，我去拿时她叫我什么？"

"小魔头！"孩子们对这种回忆式问题的回答已经有一些娴熟了！

"我要让妈妈陪我玩拼图时，妈妈叫我什么？"

"小怪兽！"

"妈妈看到我不停地转圈跳舞时叫我什么？"

"小猴子！"

"我睡觉的时候妈妈叫我什么？"

"安静的小老鼠！"茹楠使用了比较完整的表述呢！

梳理完汉娜的昵称，接着进入我们自己的昵称回忆。

"那你的妈妈叫你什么？"喊了好几个小朋友回答，都回答得不错，有的说的是自己在家的小名，有的说的是自己喜欢的小动物！

"刚才说过妈妈了，那你爸爸喊你什么呢？"

"那奶奶喊你什么呢？"

"那爷爷喊你什么呢？"

没想到孩子们对这些问题的回答比较自由！所谓自由就是已然有各种各样答案的呈现，比如有的说蝴蝶，有的说宝贝，等等，说时的感觉是更加清晰和确定的，而不全然是机械模仿式的！好吧，那我们来记录吧！今天记录的模式相对上一周的《我知道我是谁》稍微开放了些！所谓开放也就是孩子们可自己表现的内容更多了，句式之间给予孩子的自由略微变多了！这样一步步逐渐从依照老师给的模子走向全然孩子们自我创作！

基本的结构是：爸爸叫我××，妈妈叫我××（这里说多少家人孩子随意）。然后问"这些都是你的名字吗"，如果说"是的"，就记录"是的是的都是的"；如果说"不是"，就记录"不是不是都不是"。根据孩子的回答情况进行实际记录。最后可以根据孩子回答的情况进行总结，可以记录孩子最喜欢的名字，句式："我的名字叫××"或"我最喜欢的名字叫××"。

记得第一次记录《我不知道我是谁》的儿歌，大多数孩子只能对老师的选项做选择，而今天他们则能够对老师的提问进行回答！这是一个自我意识、主动思考上的进步！孩子们进行回答的总体感觉也是更轻松和自如的！

部分孩子的"名字诗"：

我的名字

妈妈叫我蝴蝶仙子

爸爸叫我小老虎

爷爷叫我小呆瓜

奶奶叫我小老虎

是的是的都是的

我的名字叫吴瑞

我的名字

妈妈叫我曼曼和小肉球

爸爸叫我小乖乖

爷爷叫我小白兔

奶奶叫我肉乖乖

是的是的都是的

我的名字叫馨曼

我的名字

妈妈叫我老虎

爸爸叫我铭章

奶奶叫我二宝

姐姐叫我小兔子

是的是的都是的

我的名字叫铭章

我的名字

妈妈叫我艺丹

爸爸叫我小老虎

奶奶叫我小馋猫

爷爷叫我小猴子

是的是的都是的

我的名字叫小老虎

有诗也有画

午后，我们欣赏了上一周小朋友"画自己"的画，从部位相对完整的，到观察到自我细节装饰的，到笔触和画面呈现美的，然后在此基础上再来"画自己"，又会有怎样的变化呢？

部分孩子的诗画描述：

1. 和第一次的画面很相似，只是线条更有叙述性了，有了一些关于枪的行为和动作表现！也就是对"我"的表达范围有了拓展，更具叙事性了！线条已然溢到外面去了，就如同他今天记录的"名字诗"一样，豹子、老虎和解放军可能并不是父母真实喊的昵称，而是他要把自己装扮成的形象，他要把自我表现得够大型才够安全！

2. 发纸的时候就屡次跑到我的跟前，跟我说"我不会画这个"。我没有什么表示，谨守规则的他没有办法就在纸上留下了一些隐隐的线条痕迹！是不是思维具象写实导致的呢？是不是拘谨恪守导致的呢？还是动手能力较弱导致的呢？就如同他的"名字诗"一样，他强调不叫那些个小名，而是自己原本的大名！要做进一步观察和领会！但是有一点，"慢走"的孩子有可能是需要体察自我学习过程的，而这正是思维走向更深更清明的必经之路！

3. 大概就如老师预料的那样，他就是这样大大咧咧、马马虎虎的个性，无法把自己的心安定下来，整个游离在活动之外！而他足够大的月龄让他今天的画上终于有了一些圆形表现的痕迹，但这些类似圆形的东西却是铺排在纸上的，有模仿老师之前评价的一个孩子的画面的倾向！就如同他的"名字诗"一样，的确是个胆小鬼，无法坚持自我的胆小鬼，行为模仿他人，表达也模仿他人！

4. 今天的"名字诗"表达得很随意、很率性，这恰恰就是诗歌需要的姿态！大一些的她有足够的思维和表达能力，老师欣赏评价了一些作品对她的影响有些"过"了！比如她着意表现老师最后讲述的彦之的头发！可以感觉到她的画面刻意想要把老师暗示的每个人的东西都表现全，显得有些局促，反而失去她本来的率性！不过这恰恰彰显了她的记忆把握能力！

5. 上一次画了自己和哥哥两个人，但今天意识到了"画自己"的任务，所以线条流畅地画了一个自己，有眼睛，有嘴巴，有头发，有双脚，有耳朵！在这么大孩子的画中，他是第一个画耳朵的！没有手，却有耳朵，可能更善于倾听？他今天没有来记录"名字诗"！

6. 他画了很多纵横交错的线条，表示自己画了一条鱼！他第一次的线条是模仿他人的，而这一次他真正表达了自己真实的样子！感受自己，用线条表达自己是个抽象的思维过程，他的思维可能更善于模仿，这在他的"名字诗"中有所体现，他不是表达自己生活中的名字，而是完全模仿了故事中的名字，故事中的这些名字都是有暗喻的，奇妙！

7. 很贴合自己生活的"名字诗"，对"名字诗"和绘画的要求都有清明的领会和把握！她的画面比起上次来更放松、更随意了！四肢、头、大大的眼睛、头发都是那样清新、流畅地表现在整个画面上！

8. 像一条自顾自的泥鳅，老师总是抓住每一个可以沟通的刹那尝试和他沟通，他偶尔会有走出自己的世界向老师表达自己的时刻，可很难聆听别人的回应，会有故作恶作剧的笑和行为！小朋友记录"名字诗"都是排着队在那里主动等待记录，而他却不知跑哪里去了！硬是被喊来轻轻地拉住，才勉强记录一些！不过这一周比上一次有一丝倾听状态了，他开始尝试在画面上表现人物形象了！

9. 他在活动中的行为还处在不断反复之中！有时会朝向倾听，有时会回到说笑游离状态中去！不过这个星期，他朝向倾听的时刻变得多了一些！月龄较大的他"名字诗"贴近自己的生活，表达很自如！不过，明显他手头的表达不如口头！今天他的画面少了一些涂鸦，线条之间有了一丝秩序感，这是一个进步！

10. 他也是能受暗示、能受影响的孩子，在老师对第一次的"画自己"进行评价欣赏之后，他今天的画面形象更加大胆、更加匀称、更加细腻了！老师欣赏的其他小朋友表现的长长的手在他的画面中体现了出来！

Part3　世界很大，我却很小

第一周，孩子们通过达利 B 来感受自己，包括自己是谁、自己住在哪里、自己爱吃什么、自己的手能干些什么等识别自我的最粗浅的方面。第二周，自我认识慢慢从生理层面过渡到社会层面，通过小女孩汉娜来自我确认：我的名字是什么？我为什么拥有这些名字？通过自己的名字来感受与他人之间的第一关系——亲子关系！处在这个年龄的孩子往往是通过身边成人对他的认知和态度来确定自我价值的！于是由此我们自然进展到第三周：在散文式的绘本《爱的表白书：我》中，孩子是那样的小，世界是那样的大，孩子们有过这样的迷茫吗？面对我们大人那样大的体形，面对我们大人有可能无法改变的意志，他们的内心惶恐过自己的小吗？不管是哭闹，还是应和，不管是任性，还是刁蛮，都是孩子们在尝试、在感受自我的力量到底有多大，能否掌控眼前的大人们！那么，如何引导这些力量的健康成长，正是我们大人应该考虑的问题！其实当孩子们在尝试和感受的时候，他们就在观察我们的回应，试探我们的态度，他们的自我力量会根据我们的回应和态度进行调试与生长！对于小孩子来说，身边的第一成人——父母眼中的他们是怎样的呢？这对孩子来说是至关重要的！

因此，周末深思之下给爸爸妈妈们发了校讯通："你可曾站在一旁，望着你的孩子，感受那个小不点在你的眼中是怎样的一个形象？是不是诸般与他有关的事情涌上心头？请你写一写你眼中的自己的孩子，感受加上具体时间，便于孩子听懂，让孩子从你的描述中认识自己！明后两天带来！"

于是，立刻就有家长咨询如何写，怕写得不好！细细想来，就是我们做父母的，想要诚恳表达对自己的孩子的真实看法，也是不容易的！这往往还意味着大人对自我的认知和态度！其实，孩子们有让我们满意的时候，也有让我们生烦的时候，如何在这些时刻表达自己对孩子永恒的爱，真是难哪！当我们不遵从自己真实心意而说出违心话时，孩子们也是能够感受到的！当我们说出的话和我们的行为有所相左的时候，孩子们通常会更迷惘、不安！其实我们只要做到像《爱的表白书：我》里一样：你犯错的时候，你调皮的时候，你……不管你是怎样的，因为这就是你，所以我们爱你！因为爱你，所以当你犯错的时候，我们会和你一起面对，努力改正！和孩子始终站在一条战线上，和他一起面对，一起纠正，而非纵容他，过度夸奖他来诱惑他，对很多爸爸妈妈来说，正是需要修炼的功课啊！

所以，想来想去，给爸爸妈妈们又发了一条校讯通，不知是不是多余的："我们阅读绘本故事《爱的表白书：我》就能感受到，不仅在偌大世界，就是在小小家庭，孩子是最小的那个，这个最小的他，往往会仰望着大人，在乎大人对自己和自己行为的态度。那么你认为你的孩子是个怎样的孩子呢？孩子很在意你融合着真实心意的回答！下个星期老师将和孩子一一朗读，请您尽快将《我眼中的孩子》带来！"

■ 世界里的那个我

（一）

直接呈现《爱的表白书：我》的封面，这足以引来孩子们的注意力！

"小企鹅！"小朋友看到封面直接说！

"我是小企鹅，这是我的——"

"妈妈！"孩子们自然说是妈妈，其实更可能是爸爸！向来孩子们都喜欢了解动物的生活习性，仿佛洞悉他们生命的本原一样！于是我简略地介绍了企鹅生活在哪里，吃什么，等等！大多数孩子是知道企鹅吃鱼的，我稍稍讲述了企鹅妈妈如何离开爸爸和孩子到很远的地方、潜到很深很深的海里捕鱼的情形！

翻开扉页："这就是我，我是一只小企鹅。我住在冰冷冰冷的雪地里……"讲述总是带着更多的絮叨！

翻到第一页，这是一个体现大世界和小我的宏大场面！果然孩子们看到之后立刻感叹："太多企鹅了！"

"你知道我在哪里吗？"我顺势问，"音婳你来找，找找我在哪里。"音婳到前面来随便点了一只企鹅，我说："嗯！这不是我！苏涵，你来看看我在哪里。"她也是随便一点！"这也不是我！"她听我这么说，真正开始专注地看。哦！一下子就看到了那个小小的我！

"这才是我，天啊，你看，我怎么样？"我问！

"找妈妈！"看到偌大的世界，孩子们第一个想到的就是找妈妈，这下把王梓的眼泪说出来了！

"我不是在找妈妈。哦！你看，世界这么大，我却那么小！"我用小企鹅的语气说！

"非常的冷！"有的孩子这么说！或许吧！在这么大的世界里，一个人的确也是很冷的！

正文第二页："你看，这就是我的爸爸妈妈！他们好大啊，我却——"

"小！"有孩子抢先回答！

"太小了！"很多孩子意识到了！

"他们滑雪滑得那么快，我却那么小！"我讲述！

正文第三页："爸爸妈妈等等我，他们怎么那么快啊，我却那么那么的小，爸爸妈妈跟许多企鹅跳进了大海深处，一起去抓鱼了！我在哪里啊？王梓你来找找！"他一下子就找到了小小的我！

"是的，我在这里。哦！大海那么深，我却那么小，我有点——"我讲述！

"害怕！"孩子们认为！

"大海那么深，我却那么小！我行吗？"我表示怀疑，诱发孩子感受小企鹅的感受！

"不行！"有的这样说！

"行！"有的孩子这样回答。而小企鹅强调的则是"大海那么深，我却那么小！"

正文第四页："爸爸妈妈从高山顶上刺溜一下滑得看不见了，小企鹅心想，高山那么高，我却那么小，我行吗？"

"行！"很多孩子表示！

"不行！"茹楠表示！

"我也不知道！"我表示！我们就是在发出生命的感慨！

正文第五页："天下起了很大很大的雪，风呼呼地吹，狂风那么猛，我却那么小，我能挡得住那么大的风吗？"

"能！""不能！"挺好，孩子们都能有自己的想法，不趋同是上课回答问题时培养思辨能力的根本！

"冬天好长好长啊，我却那么那么的小！"我直接看着图这样抒情！铭章却通过观察表示："他找不到妈妈和爸爸了！"

正文第六页："雪停了，太阳出来了，白云出来了！"这一页天空下的我更小了。"天啊，我在哪里，你看得见我吗？彦之你来找找我在哪里。"

"没有啊！"孩子们在下面已经在观察并通报结果了！

"她找到了！彦之找到了那个小得不能再小的我！添翼你也来找找我在哪里。"

"可能找不到吧！"他表示！

"找找看！"我表示！他还是找到了："这么小啊！"

"晨曦你来找找！"他也找到了。我问："他怎么样啊？"

"这么小！"孩子们接！

"是啊，他说：'天空这么高，我却——'"

"很小很小！"孩子们接！

正文第七页："太阳公公回家了，天渐渐地黑了，星星出来了，我站在雪地里望着星星，天啊，星星好远好远啊，星星那么远，我却那么——"

"小！"孩子们感觉到小企鹅的心声了！

正文第八页："他赶上自己的爸爸妈妈。妈妈：'快点，我在等你，我永远都在等你。'啊！他们好大啊，我好——"

"小！"孩子们接！

正文第九页："天慢慢地要黑了！小企鹅我也要找爸爸睡觉了！你知道我睡在什么地方？"

"很冷！"有孩子表示！

"可是我一点都不冷，因为我睡在我爸爸的身体下面，那里一点也不冷，他长长的毛就像我的被子，让我非常非常的暖和！"这个是孩子们感到意外的！一般不都是找妈妈吗？小企鹅怎么找爸爸呢？不过的确如此啊！而睡在爸爸身体下面的小企鹅还在沉思："我为什么这么小呢？"

接下来，我们用那样简洁的语言自然沉思式地回顾：

"世界那么——"我说！

"大！"孩子们接！

"我却那么——"我继续！

"小！"孩子们接！

"他们那么快，我却那么——"我说！

"小！"孩子们接！

"大海那么深，我却那么——"

"小！"方怡接！

"高山那么陡，我却那么——"

"小！"孩子们接！

"狂风那么猛，我却那么——"

"小！"孩子们接！

"冬天那么长，我却那么——"

"小！"孩子们接！

"天空那么高，我却那么——"

"小！"孩子们接！

"星星那么远，我却那么——"

"小！"刘睿也参与进来了！

回到小企鹅躲在爸爸毛茸茸的肚皮下的沉思："天黑了，我躲在爸爸毛茸茸的肚皮下面，唉！我怎么就那么小啊？"因为从孩子们的回应中深深地感觉到他们体悟到的那种自我生命的渺小，我们顺着这种感悟像刚才那样又回顾了一次，使得"世界的广袤，生命的渺小"这样的感受更加明晰。

然后翻到正文第十页："小企鹅从爸爸的肚皮底下钻出来问爸爸：爸爸，爸爸，我怎么那么小啊，你能告诉我吗？"

"方怡你小吗？"

"小！"

"晨曦你小吗？"

"不小！"

"苏涵你小吗？"

"小！"

"禹逸你小吗？"

"小！"

陈颉："我不小，我大。"

艺丹:"小。"

彦之:"不小。"

致远:"我大,我不小。"

皓凯:"我不小。"

方怡:"小。"

誉铜:"我不小,我是大哥哥。"

张雯:"不小。"

睿涵:"大。"

添翼:"我大!"

......

好多孩子觉得自己大啊!可是小企鹅觉得世界那么大,自己却那么小,他们没能进入到小企鹅的感受中去。其实我能够感觉到方怡投入到了文本之中,所以她感觉到了自己的小!而更多的孩子可能还在自己的某种生活感觉中,毕竟在他们的生活中,周围的大人所营造的氛围让他感觉到自己是大的!可是在生活中,他们真的是"大"的吗?

那种感觉不是非要今天就要厘清的,让我们和小企鹅一样:"今天天晚了,你快钻到我的身体下面去睡觉吧,我们明天再去找答案,今天让我来给你唱一首月亮婆婆的歌吧!"故事和活动都回到了《爱的表白书:我》的最后一页!

(二)

有时,你……

有时,你……

有时,你……

......

不过,不管你是怎么样的,我对你都一样……

我虽然很大,你是那样的小,可跟你在一起,比什么都好,我的爱永远在你身上绕啊绕!

爸爸妈妈们能够用这样的结构来制作一本给予孩子的《爱的表白书》吗？每一个"有时"可以配一张那时的照片，一张一张叙述下去，到最后表白并配图，变成一本完整的《爱的表白书》！这样来向孩子表白，是不是过于难呢？

我是只小企鹅

随着小班哲学课程历程的进展，我们在体会《爱的表白书：我》里小企鹅的"世界那么大，我却那么小"的感受！当我们内心的感受集聚到一定程度，它就必定通过某种方式迸发出来！小企鹅对自我生命的这种感受，用什么样的旋律足够表现出来？假期里想了很久很久，最终选定了《我是只小小鸟》的三拍子旋律！至于歌词如何来诠释和表达小企鹅内心的细腻情感，昨天我们一起讲述故事之后，才对歌词做了最后的定稿！

"我是只小企鹅，走到西，跑到东，世界真大。世界那么大，我却那么小，我是那么小！"这样的歌词恰恰能和故事《爱的表白书：我》应和的！

在偌大的企鹅群里，在广袤的天空下，小企鹅——我，是那么的小，那么的小！这是孩子们在阅读之后自然发出的感慨——太小太小了！但我也感受到，孩子们却还没感受到"自己"的小！因为他们还未能让自己真正进入到故事当中去感受那个生命本来的感受，还未能体察自身与这个世界之间的关系。孩子们在穿越一个又一个的主题课程之后，这样的能力会逐渐形成！

为了让孩子们感受这个广袤的世界，以及这个世界里渺小的"我"，我在电视里播放《爱的表白书：我》的第一页，从视觉上刺激孩子们的感官，让他们对世界的广袤有所感觉！找一找小企鹅在哪里，讲述小企鹅的感慨"世界那么大，我却那么小"，不过不是用说的方式，而是用唱的方式！

直呼孩子："小企鹅，伸出你的鳍来，我们准备去看世界了！"就这样我们进入了跟唱的历程！"世界那么大，我却那么小，我是那么小！"三拍子的悠扬恰恰映衬了小企鹅那绵长的感慨！

我们一次次地出发，一次次在清唱中去发现世界的大，自己的小！

当我们用唱歌的方式来表达内心对生命的感慨时，那是一种更为流通的滋味。我眼前的孩子们啊，什么时候才能够体会到这样一种生命的通达而变得自主、自由呢？

午后，唱过《我是只小企鹅》之后，我们开始一一读小朋友爸爸妈妈们写的《我眼中的孩子》。每个孩子都那样期待读到写自己的！

每个父母都没有想到吧，不管写得如何，只要充满真情实感，孩子们都那样想要听啊！调皮的铭章可真是等了好长好长时间，一直端坐着，旁边的嘉懿也是啊！

每读到一个小朋友的时候，总是尽可能挑孩子能够意会的部分展开读，并用眼睛看着他，用表情暗问他"是不是"，等待他的各种回应，保证每个孩子都有这样一个和老师一对一眼神交流、询问暗示的时刻！

慢慢地，我们都要在这里学会真诚地敞开自己，和他人沟通、交流！而这样传递父母的真实心意，就是慢慢滋养孩子们静心聆听习惯的开始！唯有真实的心意才能够让孩子们的心静下来！

当读到有些孩子调皮捣蛋的时候，那是孩子们最为凝神的时刻！孩子们啊，都很想知道自己做得不够好的时候，大人们是如何看待他们的。当读到有的孩子发脾气而大人生气时，那是孩子们感同身受的时候！因为孩子们啊，都很想知道发脾气和犯错后他们自己能不能被接纳！

别小看这些小小的孩子啊，他们渴望的是真实的心意、真实的欣赏！可我们这些大大的父母啊，要做到将错误行为和孩子分开看待，还真是不容易啊！

教室里的每一个孩子，都有自己细微的变化和进展：昨天和孩子们尝试用雪花片搭建圆圈花园，今天一早嘉涵就用雪花片尝试了，还真完成了一个不规则的圆圈；方怡、陈颉、刘睿可在图书区看了好一会儿书了；嘉懿和孙艺用木头积木搭建了一栋好高好高的建筑……

孩子们啊，当然是渴望来自我们大人发自内心深处的真诚有力的欣赏，而不是空洞的、夸大的表扬和鼓励。

所以心里一直在犹豫小班哲学课程结束的时候是否来一次亲子告白。一是感觉到爸爸妈妈们做一本给予孩子的《爱的表白书》有难度；二是教室里的群体气息似乎还不够稳定，全班性的亲子活动是否会让教室的气息更为动荡？配班却很坚定地认为这样的活动对于爸爸妈妈，尤其对于孩子们来说很有意义！就这样简单的一句话坚定了我继续思考该如何做！随即，给爸爸妈妈发送了校讯通，并在教室门口制作了《爱的告白书》样本；配班回家制作了她给予自己孩子的《爱的表白书》，提供给爸爸妈妈做范本。这是一本描述父母自己感受的爱的告白，尝试去除教导下意识的自我告白，就如同《孩子，把你的手给我》这本书里所说的一样，仅仅是坦述自己的心理，无形中就把孩子当成了一个倾诉对象，这就体现了对孩子作为一个人的尊重！并且这是一本照片书，孩子们在书里可以看到自己，在父母的感受中真正确认自我。同时，让孩子们在阅读的路上，慢慢感觉到书原来是离自己的生活那么近的事物，甚至自己也可以创作一本书！

因为决定做这样一次活动，就要开始考虑整个活动流程以及所要做的准备工作了！那就先来制作活动所需要的 PPT 吧！

■ 爸爸妈妈的表白书

小班哲学课的课程历程至此，孩子们感受了《爱的表白书：我》，读了爸爸妈妈写的《我眼中的孩子》，今天就轮到书里小企鹅的爸爸妈妈对小企鹅发出自己爱的表白了！

是啊，自己在爸爸妈妈眼中是这样的一个孩子，那么他们对这样的一个孩子是怎样的一个态度呢？这才是孩子最有兴趣的！

故事和生活就是这样彼此交错在一起的！

今天我们开始讲述基于《爱的表白书：你》改编的企鹅版本！原版《爱的表白书：你》里是大猴子和小猴子的故事，我只是把人物形象改编成了大企鹅和小企鹅，以体现故事情节的一致性！不过故事还是从《爱的表白书：我》开始讲述的！

从封面开始，辨认出那其实是小企鹅和他的爸爸，而不是和他的妈妈！

翻到扉页，小企鹅去看世界了！

从正文开始的讲述，我没有再展开，而是依据书上对仗的语言，我讲述前半句，孩子们接后半句！不管是专注投入的孩子，还是那些游走在活动边缘的孩子，他们或主动或跟从地紧随着小企鹅行走于世界之中，体会着"世界真大、我却很小"的生命体验。他们用低沉的声音那么真切地表达着"我却那么小"。

当这一部分结束的时候，我们一起跟着小企鹅用歌唱的方式来表达内心深处的生命体悟。就这样，说、唱融汇在了故事讲述当中。

我们要进入第二部分《爱的表白书：你》了！

是啊，小企鹅的爸爸妈妈就要对小企鹅表白了！这种表白能不能让小企鹅在这广袤的世界里感觉到自己的存在呢？能不能让小企鹅在这偌大的空间里不再显得那么小呢？

> 我爱你的小嘴巴，我爱你的小小脚，你的眼睛鼻子全是我的宝！
> 我爱你身上的每分每寸，从你的脚尖到你的发梢！
> 我爱你跳跃奔跑、攀爬滑倒，
> 爱你一会儿笑，一会儿恼。
> 还有你的轻言细语，你的大声喊叫。
> 我爱跟你玩藏猫猫，即使你这个小迷糊总把事情弄糟。
> 我爱你闭眼睡觉，爱和你亲吻晚安、抱你在怀中摇。
> 无论你是满心欢乐，还是伤心懊恼，
> 我爱你的乖，我爱你的淘。
> 哦，是啊，我爱你——每一点，每一滴，每一分，每一秒……
> 我的爱永远在你身上绕啊绕……
> 我虽然很大，你是那样的小，可跟你在一起，比什么都好！
>
> ——小企鹅爸爸妈妈的表白书

当小企鹅的爸爸妈妈开始对小企鹅表白的时候，我深深地感觉到孩子们刹那间的为之一动。他们眼睛里有着好奇、有着怀疑——小企鹅的爸爸妈妈真的这么想？爸爸妈妈们真的能够做到这样吗？

最小的我，在爸爸妈妈那里是最大的

（一）

昨天讲完小企鹅爸爸妈妈给小企鹅的表白书之后问孩子们："在爸爸妈妈那里谁是最大的？"我清清楚楚地记得致远和嘉懿那样脆声地告诉我："小企鹅！"刚刚转过头来的铭章听了还表示反驳呢！怎么会是小企鹅？在孩子们客观物质的世界里，小企鹅当然是最小的，怎么可能是最大的！这可是需要足够专注地投入到对故事的聆听当中，更需要在聆听的同时有足够的理解意会能力才能明白！

今天，基于对孩子们聆听小企鹅爸爸妈妈的表白书的直觉，我决定以小企鹅爸爸妈妈的口吻再一次带着小企鹅其实也就是小朋友感受《爱的表白书：你》。当我从《爱的表白书：我》开始讲述的时候，专注投入的孩子更多了！当我说"世界那么大""他们那么快""大海那么深""高山那么陡""天空那么高"的时候，他们接"我却那么小"的声音因为聆听感受更真切了！

到了《爱的表白书：你》的部分，为了吸引更多的孩子，每一句爸爸妈妈的表白前，我都加上了眼前孩子的名字！当故事中讲述到他们的名字的时候，他们下意识地转过来！是的，不知不觉地，小企鹅就被替代成了眼前的一个个孩子。

当小企鹅的爸爸妈妈一次又一次地向小企鹅表白之后，小企鹅会有怎样的感受呢？

故事讲完的时候，我尝试清唱了《我是只小企鹅》的第二段："我是只小企鹅，走到西，跑到东，世界真大。妈妈说我最大，爸爸说我最大，他们最爱我！"这正是小企鹅感受到了爸爸妈妈的表白之后新的生命感受。在爸爸妈妈营造的爱的天地里，"我"是最大的那个！孩子们最初的安全感、信赖感都来自于此。

此时此刻，我就是那个小企鹅，我自然地表达，孩子们自然地跟随着。

是的，我们就是小企鹅啊！午后，教室里的所有小企鹅伸出了自己的小手，我们要去世界里行走了！我们开始滑水进入大海去抓鱼，我们会遇到冰山，我们会遇到鲨鱼，我们去寻找自己的爸爸妈妈，然后我们这群小企鹅在爸爸妈妈的表白之后自然地唱出《我是只小企鹅》的第二段："我是只小企鹅，走到西，跑到东，世界真大。妈妈说我最大，爸爸说我最大，他们最爱我！"

这次，更多的孩子们感受到了在爸爸妈妈眼中最大的那个就是小企鹅了！

清唱，跟唱，表演动作唱！都是为了渲染小企鹅发自肺腑的真切表达。

（二）

感受着每一个孩子活动中的状态，脑海里总是在想着如何调整位置，以让孩子们彼此不干扰，更好地投入到活动中！感谢那些能够体会到老师如此心意的家长！包括今天嘉懿的奶奶！彼此共同生活在一个群体之中，这个群体成为一个怎样的群体，对于其中的个别孩子总是影响深远的！

添锐的妈妈带来了她给孩子制作的《爱的表白书》，我告诉她第二天下午亲子活动时带来当场和孩子一起共读！我先欣赏了她用心制作的书，真是写得好极了！

课程生活，纵横交错着各种各样的关系：孩子和文本中的小企鹅的关系；老师和文本中的小企鹅的关系；老师和孩子的关系；父母和文本中的小企鹅的关系；父母和孩子的关系；父母和老师的关系……在每一个不同的关系中，自己的位置在哪里？在每一段不同的关系中，如何让孩子感觉到自己的位置？作为一个老师，时常是这诸多关系中的主导。在班级中营造朝向积极美好的关系，对于终极目标——让孩子感受真实的关注，体会自己的位置，非常关键。

■ 爱的表白书

（一）

今天我们讲述我制作的完整版《爱的表白书》，从第一部分的《爱的表白书：我》，到第二部分《爱的表白书：你》中爸爸妈妈的表白书，再到今天融合讲述的第三部分——老师的表白书！

有时，你笑得仿佛飞上了天。

有时，你又那样胡搅蛮缠地哭。

有时，你会把玩具收拾得整整齐齐。

有时，你也会把鱼洒了一地。

有时，你是个胆小鬼，不敢和大家一起去滑冰。

有时，你也相当有胆量，敢于和好朋友道歉说对不起。

有时，我们在雪地上画画的时候，你很迷茫，不知道画什么。

有时，你在大海里贪玩忘了回家。

有时，你安静排队守规则。

有时，你弄得浑身都是泥。

有时，你对小朋友很温柔。

有时，你又无礼又倔强。

不过，不管你是怎么样的，我对你都一样……

我虽然很大，你们是那样的小，可和你们生活在一起，是我生命的一部分！

——老师的表白书

表白的对象是小企鹅，还是当前的小朋友，早已经分不清了！可能更多的是眼前的小朋友吧！甚至最终表白的对象就完全是眼前的小朋友！所有的表白，都是更有针对性地就眼前的孩子进行具体的行为描述，进行更为恳切、肃然的情感表白，眼睛凝望着眼睛的那种。

事情的是非对错（严肃）和情感的信赖与安全（接纳），不是彼此对立的。恰恰因为有了后者的接纳和爱，才有了前者的认真对待。

（二）

午后，教室里座无虚席，我们小班哲学课程末的亲子告白要开始了！

电视机里早就播放了 PPT 的第一页，就在这一页里也隐藏了一些信息：一是爱和原则的面对："我不喜欢你这样做！""我不喜欢你！"两句话几字之差，传递的信息却千差万别！后者意味着对孩子的爱是有条件的；前者意味着无条件地爱孩子，意味着理解和认同孩子的内心感受，但只是不认同错误行为，要一起面对错误行为！

二是认识自己的重要：认识自己，是一个一生的课题，从当初呱呱落地，直到生命的最终！或者说，人的一生总是在努力寻找和认识那个本来的自己，人就在这样的不断认识自我、厘清自我的过程中，挖掘出属于自身的生命之路！

三是爱的重要：让孩子知道你对他/她的爱，让他/她的内心充满安全感，让他/她对你，也对这个世界，更加信赖。从小被爱浇灌的孩子，长大后也会更加有爱心，有接受爱的信心，也有付出爱的能力和勇气，并在内心永远对这个世界葆有希望。

以配班对爱的理解的发言开场：

当高老师和我商量这个主题结束时要不要举行这样一个亲子活动的时候，我立刻就说"要"！因为当时我立刻想到了我和我儿子相处的六年里，我对"爱"这个词从纠结、困惑到慢慢理解的过程。儿子小的时候，我对他是无原则地溺爱的。后来，发现孩子非常任性，但是也不知道怎么确立规则，觉得一限制他，他不乐意了，哭闹了，是不是就表示不爱他了？其实那时我对"自由"这个词有很大的误解。慢慢地，我对他的行为越来越不满，感觉他极度以自我为中心，很不会考虑别人的感受，那段时间很不喜欢他，欣赏他的时候越来越少，两个人经常闹矛盾。那时我怎么也无法理解"无条件接纳"是怎样一种状态，怎么可能孩子犯错的时候还接纳他、爱他？慢慢地读了一些书，尤其是一些绘本，比如《我永远爱你》，我有点懂了，我不喜欢的是他做的那些错事，不管怎么样，他都是我最爱的那个孩子，但是我可以告诉他我不喜欢他怎么怎么样，就像高老师的PPT中说的那样，要无条件地爱孩子，要理解和认同孩子的内心感受，但不认同错误行为，一起面对错误行为。

有了这样的决定，我们又商量了具体的做法，我当时特别激动，晚上回去就把我的想法做成了一个《爱的表白书》，正好我儿子马上要过生日了，想作为生日礼物送给他。今天，我们特地邀请你们来，来对孩子表达你们的爱，永远永远不变的爱！

然后我和孩子们通过 PPT 穿越哲学课程历程：共同讲述故事《我不知道我是谁》，从达利 B 的困惑到达利 B 唱出自己的困惑，到小朋友用唱的方式给达利 B 解惑；用提问的方式讲述《妈妈不知道我的名字》，并唱出《你的名字叫什么》。

讲述《爱的表白书》小企鹅系列，表演唱《我是只小企鹅》，然后一起感受小企鹅爸爸妈妈的爱的表白、小企鹅老师的爱的表白；最后当然是我们告白活动的核心部分——爸爸妈妈和孩子一起阅读自己制作的《爱的表白书》！

孩子们状态不一：有的因为爸爸妈妈来了，为了表现给大人看，刻意坐得很好；有的孩子则因为父母来了黏糊在父母身上；有的孩子则是因为父母来了，更加兴奋，所以注意力分散；有的孩子则状态比较稳定，原本投入专注的还是投入专注，原本好动游离的还是好动游离……也可以从孩子的状态中窥探到孩子日常的亲子教养关系！

细想，教室里的生活还没有真正形成，彼此还都是松散的气息！就让一切在这不断的主题课程历程中萌发、积淀和彰显吧！

课程是什么
—— 小班哲学启蒙课程小结

（一）课程观的发展

小班哲学课的课程历程结束了。走在还没有秋感的林荫小道上，感受我自己，生命又循环至曾经某个似曾相识的认知关口！

就在远方朦胧的混沌处，在这个哲学课程历程的远端，我突然意识到自己对"课程"这个概念进行再厘清的需要！

在曾经的下意识里，课程就是教材！教材取向以知识体系为基点，课程内容就是学生要学习的知识，而知识的载体就是教材！其代表人物就是生于1592、死于1670年的夸美纽斯！仔细体察，我们自己包括我们周围的老师和父母，其下意识就是这样的课程观，这样的观念导致他们不自觉地问"今天你学了什么？""你唱个歌听听？""你表演个儿歌？"……但是，只要言说者稍稍加以思考，以自己的理性说话的话，那么他就立刻意识到课程即活动的概念！要说课程是教材，那是以成人为中心的，单向灌输给孩子的意识！而说到课程是活动，那就意味着开始把关注从成人那里朝向孩子那里，意味着根据成人一定的教育目标，思索孩子如何在活动中主动地学，即运用各种策略引导孩子学习！这里的课程概念已然包含了教学目标和教学目标之下的教学内容，以及为了达成这个教学目标所展开的活动！

我时常在思考这当中的一个潜在问题：作为裹挟于课程中的当事人——教师，在课程中该是一个怎样的状态？我觉得这是传统课程观和新课程观的一个重要的区别标志！

这里有一个不断发展的历程，最早"课程就是教材"的时候，这个教材是专家核定的，而教师则是遵从教学的！回溯到二十世纪九十年代初，当时包括我在内的老师们，根本没有意识去思考如何看待教材本身，重要的是如何去让孩子们懂得这个知识体系。当时的知识体系是按照学科本身的特点形成的！在这种课程观下，天赋智力观是很流行的，所以学得好的就天生禀赋，遗传智商高！

紧接着人们开始意识到课程不仅仅是教材，意识到孩子在教学中的主动作用对学习本身的至关重要的作用！于是"课程即活动"的课程观产生了！人们开始大量地探讨教师"如何教"才能调动孩子最大的能动性和兴趣！在这种课程观念下，开始强调环境的作用，强调策略学习！但教师作为教学生活中的一员，根本没有意识思考自身和教材内容的关系！

就在人们突破了课程就是教材的狭隘的课程观念之后，各种活动课程如雨后春笋一般出现！从某种角度来看，这是一种进步！教材终于从云端落到了更多人的视野里！而对于教学生活中的当事人教师来说，各种教材的接触和借鉴，也让老师们从"一种教材说了算"的顺从模式中解放了出来，开始了实施过程中的下意识比较，哪一种教材更好用，哪一种教材更好理解，哪一种教材更好借鉴和实施……那么，就在这样的无意识比较中，教师对教材的反思意识就慢慢萌生了出来！

人们开始在琳琅满目的教材堆中，寻找适合本土本园本班的教材，教师这个主体在教学生活中的自主意识问题被日益重视了起来！如《教学勇气》中所言，教师自身的生命如何与教材融合？考虑园本课程就必然考虑本园特质，本班孩子的特质，甚至教师自身的特质！自然而然地课程的观念就发生了悄然的变化：自然就涉及了教师自身、孩子自身及环境自身！进而自然就要涉及我们要培养什么样的孩子，我们有怎样的教育远景，基于这样的远景，我们可以通过什么样的课程内容，经由怎样的方式达到这样一个远景和目的！可以看出，慢慢地，教育生活中的教师日渐发挥了自身的主动意识，因为他自身作为教育的环境之一，如果全然是被动的，是不可能培养出一个主动思辨的孩子的！教师开始有自我生命的省察意识。

（二）我所理解的课程

我觉得课程的关键在于处于此在的教育者是否带有明确的目的，是否自主自觉地去思考、设计、历经实施并取得一定的结果！基于传统的课程观念，我以为起于甄别，更需要强调教师发自内在的自主自发！旧有的教学生活中，教师其实也只是传递知识体系中的一个工具！你这个工具是否利落，取决于你的磨刀技巧，即教学策略！至于你传递怎样的知识，培养什么精神品质、什么意识形态的孩子，是没有思考过的！

新的课程观念，强调教师自我的内在觉醒，强调教师发自内在的自主自发、基于教师内在的需要和追求，包括对自身生命的觉察，对自身专业素养的觉察，对孩子们心理认知水平的觉察，对当下大小文化环境以及物质环境的觉察，对教育远景和目标的觉察……基于这些觉察，就会有主动的计划、行动，达成远景和目标的措施与实践，然后穿越这个历程。课程就是这样一个"道"，道中的一切，即历程中的一切的总和！从起初到结束，从起点到终点所包含的所有，即课程！

即使是教室里的一个小小事件，如果教师带着自己明确的教育目的，有自己明确的育人远景，主动去观察、思索，寻找最佳应对方式，然后去经历，最终解决问题，那么这个历程就可以称为一个小小的课程。

新的课程观念中，要培养什么样的孩子，也就意味着教师自身要过怎样的教育生活，意味着教师如何去设计和计划，以实现既定的教育远景和目标！

那么，我的心目中到底要培养怎样的孩子呢？熏染一群自由、有序、安静、热烈、真实的孩子！自由——个人表达和行动之自由，每个孩子都有以各种方式表达个人内在的自由；有序，公共秩序、群体生活的秩序等经由生活细节诸如排队等渐成自觉；安静，能够投入、专注地做自己要做的某件事，群体之中回答问题时尽量举手，答前沉静思考；热烈——思辨的热烈，即活动专注中体现思维的热烈，回答问题时体现言词之热烈，游戏中善于发展游戏情节并体现情节发展之热烈；真实，意在拥有真实自我，有一颗感受真实之心，感受内在良知，客观认识自我，形成自我的内在力量感，足够安全和自信！这是我所有主题课程设计背后的理念基础！

从这样的课程意蕴来看，从小班哲学课程背后的远景、目标，到对当下孩子自身认知水平的分析、把握，到教师自身对认识自我这个话题的理解和突围，到活动方案的整个设计，到穿越主题课程整整三周之历程，到最后孩子们在哲学课程末亲子活动中所展现的思考能力、表达能力、专注能力、秩序能力，以及孩子们在历程中所表现出来的表达真实感受的能力，这一切的总和，就是达到这一阶段目标的小小课程！从纵向来看，到中班的哲学课，再到大班的哲学课，便是更大教育远景和目标下的课程方案，穿越它们之后，又是更大范畴下的课程！从横向来看，就在这小班的哲学课程历程中，当然也不全然就是依据主题课程方案设计所穿越的历程，它更多地融合在偌大的日常生活之中！你能说这主题课程历程结束之后的周一，孩子们都坐在图书区里看《爱的表白书：我》，不是课程穿越的一部分？你能说在这主题课程历程过程中，孩子们真实地表达自己在园午餐的感受，不是课程穿越的一部分？我甚至感觉到教室里的整个动态都牵一发而动全身，深深与小班哲学课程历程彼此影响着！它们当然也是课程的一部分！课程就是这整个的生态体系！

（三）回看小班哲学课程

从和孩子们用雪花片搭建兔子的情形来看，他们对达利B是印象深刻的！一说到兔子他们就想到了达利B，甚至认为就是达利B！

对故事《我不知道我是谁》的解构是成功的！对于小班的孩子来说，就应该在下意识中去自居故事角色，感受对自我的迷茫和困惑，而不需要客观言明！但就是这个关于自身的困惑，如何感受到自己对自己有困惑，对于陷于简单视觉刺激和过多包办替代、少有内心觉醒的孩子来说是困难的！

而在故事之后对孩子们"你是什么"的提问中，可以体察到每一个孩子的自我意识水平和程度，包括思维的主动意识程度、对这一问题清晰思考的主动意识水平！

第一周的故事中达利B有四个疑惑：对自己是什么动物、住在哪里、吃什么、为什么脚如此大！每一个疑惑都通过不同的方式来达致和孩子生活融合的目的！比如第一个疑惑，通过一对一的提问来感受；第四个疑惑，通过艺术歌曲的方式来感受，并且迁移到孩子们的生活中，让孩子感受最早掌控的手到底能干什么。通过一遍又一遍的感受故事，通过PPT对达利B四个疑惑的重新梳理，让孩子们在脑海中不断厘清！最后通过儿歌记录的模式来记录每一个孩子的《我知道我是谁》：基于达利B的四个疑惑，孩子们来表达自己是什么，住在哪里，吃什么，手能干什么！文字表达融合更真实、更下意识的画面表达，一方面让老师更加了解眼前的这个孩子，一方面通过这样的方式让孩子更加真实地表达自我！

可以看出，故事和生活是彼此交融着朝前的！

第二周亦是如此！自我认识从第一周的生理层面逐步过渡到社会层面：代表我的符号——名字！恰恰《妈妈不知道我的名字》是个非常好的故事题材：既充分表达了母亲所有的爱，又充分体现了充分爱之下的孩子才会有如此敏锐的自我觉醒和反抗！在讲述这个故事时，我明显地感觉到，教室里的孩子们感受到了一个全然不同于他们自身母亲形象的妈妈！这是一种不同的生活方式和意识形态！这是对孩子们现有生活方式和意识形态的侵袭和熏染！原来生活还可以是这样的！

基于第一周对达利B困惑的自居角色解构，第二周我们进行音乐活动的对唱，就容易得多了！我们把故事《妈妈不知道我的名字》中妈妈所称呼的各种名字，用来问自居汉娜的孩子们，他们用节奏型和歌唱来尝试回答！并且在不断感受故事的同时，开始尝试群体秩序的建设——提问等待、举手发言！

汉娜有那么多的名字，孩子们当然也有！给孩子们一个又一个读他们爸爸妈妈写来的给孩子的昵称！孩子们是感受不到汉娜那份在爱之下的自我觉醒和反抗的！他们没有这份内在的觉醒力量！但是孩子们在这第二周的"名字诗"记录中，有了明显的自我觉醒变化！这体现在孩子们对自己生活中昵称的真实表达，第一周的表达还真称不上是表达，更多的是顺从的意识不明的选择和判断！第二周的"画自己"，能够更鲜明地看到孩子们在画面中对自我的印象！

第一周聚焦自我认知部分的困惑，第二周聚焦自我社会认知部分的觉察，第三周就是从更大的视野里来看待这个自己！即使是大人，是否有意识在更大的世界里来省察这个自我呢？怕是没有多少人有这个意识吧！我想起《小小地球何其小》的PPT，人在这个浩渺的世界中是何其小！我期盼通过《爱的表白书：我》中的小企鹅来触发孩子内心最初的那份哲心，抑或说那份自我认识之心——世界那么大，我是那么小！

而且我相信对于孩子来说，觉察到自己生来的小，小之下的那种下意识自卑，是天性，是生存的必然！我可以感受到在孩子们的生命成长中，有多少个时刻，他们根本拗不过身边的大人们，尽管大人们看起来满足了孩子一个又一个的要求！事实上满足的这些要求是大人内心认为可以满足的才满足的！主动权永远在大人手里！所以小企鹅只不过是道出了孩子们内心隐隐的感受！也正因此，孩子们才会那样自然地接出、唱出"我是那么小"，因为这就是他们真实的内在！不过这也是经由整个课程历程之后才慢慢滋生的，第一次感受故事后，大多数孩子都言称自己不小的！

让爸爸妈妈说说自己眼中的孩子，在小企鹅们觉察到自己很小的时候！

也不能责怪不那么会表达的父母们，因为他们也是受了没有触发他们真实表达的教育而成长起来的！很多父母都不知道该如何去形容自己眼中的孩子，更不知道孩子想要他们表达真实的感受和印象！只有真实地表达彼此生活和相处的感受，孩子才会有心灵的触动，才会触发潜藏在他意识深处的更为真实和丰富的感受！甚至，孩子们更想知道自己在大人眼中不够理想的时候，大人是如何看待的！自己有时候是不优秀的，是不够好的，那么这个时刻父母是如何看待的呢？这是孩子最为关心的！

读大人们写的《我眼中的孩子》，有的不那么好读，因为无法化成孩子们心有感受的话语！

　　小企鹅的爸爸妈妈却是通过《爱的表白书：你》来讲述自己的爱的：小小的你，在爸爸妈妈那里却是最大的！

　　小企鹅的老师又是如何进行爱的表白的呢？根据日常生活中对孩子的观察创作了一本老师对孩子的《爱的表白书：你》！

　　是的，这最后一周，就是告诉孩子们，不管你是怎么样的，不管小小的你是怎样的，大大的大人们对你都是一样的！而这些都是通过最终的主题课程末的亲子活动来呈现的：通过对三周的故事的梳理，经由老师的《爱的表白书：你》，以及爸爸妈妈倾心制作的《爱的表白书：你》再一次让孩子确认大人眼中的自己！当然不同的父母让孩子感受到有着各自的差异！

　　由此回看小班哲学课的整个课程历程，课程故事随时随地地切进孩子们自我的生活，恰恰切合了"一切教育就是为了更好地生活"的课程理念！我以为课程永远是有生活特性的，就是为了孩子们拥有能够更完整幸福生活的能力。对于教师来说亦是！

第 二 章

中班哲学启蒙：我和别人不一样

第一节

思带来生命的力量

　　我上中班了，走进一个陌生的教室，老师说我小班的时候来参观过，可我记不得了！我只是在陌生的教室门口看到一张熟悉的笑脸，我把手轻轻地放在她伸出的手心里，我心里笑了！我只是心里笑了！我习惯性地扭过身子看周围。进来的都是熟悉的脸庞，冲淡了刚刚陌生的感觉，我笑了。我很快在熟悉的小朋友中间想起了我在教室里和他们一起做的喜欢的事情。

　　还是那个熟悉的声音，讲述了《小魔怪要上学》的故事。这真是一个与众不同的小魔怪啊！他的爸爸妈妈都要吃人，他偏偏是个爱看书的小魔怪。喜欢看书的小魔怪居然能够让爸爸妈妈不吃人了，小孩子的力量真的有这么大吗？我喜欢用丝巾铺在地上，像提姆莎兰那样在春天里野餐，别人也会喜欢吗？别人和我不一样吗？如果我喜欢别人和我一起玩，我怎样让他们来和我一起野餐呢？娃娃家的锅明明是用来炒菜的，可别人为什么会用来当盘子呢？我们用积木一起来搭火车轨道，明明那个长方形的积木是用来做山坡的，对面的小朋友为什么会用它来搭建轨道？老师说我朝她微笑就是最好的打招呼，我才不要像别人那样大声吵着说呢！可老师为什么也朝着那个大声打招呼的人笑呢？

当小凡走进中班教室的时候，她那双眼睛里似有无数情愫的流转、无数疑惑的沁溢，虽然她始终没有说一句话。

中班了，经由一年小班的生活，孩子们认识了彼此，熟悉了彼此，更感觉到了这个群体对于自己的接纳，就连小羽这样敏于觉察但沉默寡言的小家伙也在这里整个儿地放松，充满了信赖。

要说小班，更多的是老师主导了一个安全、接纳的环境氛围，去影响小小的孩子在大大的世界里充分感受来自大人的呵护和相信，在这样的氛围中有机会充分感受内心在诸事中慢慢蔓生的力量感，最终全然地放松，直到打开自己。人天性是渴求互动的，渴求在互动中获得的共鸣、共振带来的快感。这种感受，最初是在婴儿初生时期，与母亲在身体与身体的碰触中、在目光与目光的碰触中、在母亲对自己哭声敏锐的呼应中获得的；慢慢地，会发展到与带养人共同捕捉到相同的注视物，发展到带养人能够领会到自己的注意、体会到自己对事物摆放需要归位秩序的感觉——一种万物皆能成我所愿的互动感；慢慢地，发展到孩子与带养人能够通过早期的语言互动而达成心灵的互通；慢慢地，孩子能够与更多的人、更广阔的世界达成这种心灵互动的流通；最后的高峰则是一个人能够与代表过去、现在和未来的人类作品达成心灵的互动。

在这个过程中，最重要的是主动感受的能力。在小班的哲学课里，想要达成的目标有"我有能力感受老师和爸爸妈妈的爱和信赖（你会注意到重点是老师和父母能否有能力爱和信赖）""我有能力去感受那个做着各种事情的自己（这正是小班哲学课的内容）"。那么，到了中班呢？随着孩子们心智的发展，感受的范畴逐渐拓展，感受的能力也逐渐延伸，孩子们从小班的平行游戏中走出来，开始渴望真实的交友，希望有真实的互动，基于这种互动的内在需求，"我有能力去感受与别人交往中的自己"及"我有能力去感受与自己交往中的别人"，显然就是当下最为重要的事情了。

每一个个体因为各自不同的境遇，形塑而成的总是不同特质的自我。哪怕是克隆出完全相同的另一个你，从他被克隆走进生活的刹那，他就成了他自己，他就不再是你。就像电影《丈夫一箩筐》中所体现出的现实一样。

个体从母亲那里出生之后，他就因来自母亲和父亲的两方基因，开始有了外在的不同；他因他自身的生活境遇，不仅外样不同，心灵的内在也不再相同。于是困境也就产生了，我怎么会和他们不同？人的天性中有一种趋同性，我不同于他们，我就不会被相容；我不同于他们，我就不会被接纳。此时此刻，当认识到这些不同的时候，我们的内心充满的是什么？当然是害怕，当然是恐惧。这是潜伏在人类心灵深处的一种不安全感。而在庸常的日子里，更多的人，只是在茫然中麻木了自身对这种不同的辨识，从而获得了一种类同的伪安全、伪信赖。

哲学课的任务就是唤起人内心深处的这种害怕和恐惧的有意识层面，通过理性辨识它们的根由、辨识它们的机制，果敢应对它们，而不让它们在潜意识深处啃噬心灵、消融生命活力。

到了中班的孩子认识范畴和认识水平有了发展，他们已经慢慢脱离开"以自我为中心"的思维模式，开始脱离掉"只是期求他人关注和呵护"的心理层面，开始转向理性层面的关注他人，无形中与他人有了自我镜像的比较。因此，中班的哲学课，就开始了"我和你不一样"的辨思历程。

这种不一样，最初源于外在物象的不一样，比如和父母长相的不一样，比如和同伴长相的差别性。其实对于中班年龄的孩子而言，外在的不一样，还未必能够引起孩子内心强烈的冲突而诱发纠结和思索。因为对于个体而言，所有的思索都必然来自心灵的困境。成人也大致如此。除非是长相上的缺陷才会导致心灵的纠葛。

但是淹没于繁杂心绪中的外相辨识，却又是中班的孩子认知能力能够企及的。所以中班的哲学课我们要做的就是来感知我们每一个人外相的不同。什么样的经典文本能够承载这样的一种辨思意识和能力的触发呢？其实这一方面的经典绘本有很多，比如《一只与众不同的乌鸦》《勇敢的克兰西》《田鼠阿佛》《奥莉薇》《有个性的羊》《与众不同的菲特》……我们想要感受这份外表不同带来的外在纠葛和内心冲突，想要感受在这种纠葛和冲突之下的种种尝试，最终给予孩子超越过后的成就喜悦和欣慰。

最终我选择了《宝儿》这一经典绘本，主人公是一只天生没有羽毛的大雁，这是一只天生与其他大雁不同的大雁。就像我们每个人，其实生下来就和别人长得不一样。我们只是没有那么精微地去辨识这份不同。这只与众不同的大雁，放大了人与人之间本就不同的特质。不同当然会导致同伴的特别对待，甚至是歧视和欺负。这样的情况下，沮丧、失落、挫败、难过，大雁宝儿又要如何表达这些情绪？又要如何面对这些情绪？又如何在表达中能够绵生坚持和希望？故事是把我们的注意和思导向生活的引子。大雁宝儿的伤心、难过足够唤起我们内心的心绪激荡，大雁宝儿和别人不一样，我们和别人一样吗？外表的不一样给我们带来了什么？

除了这外表的不一样之外，我们还有什么不一样呢？当然，我们的所思、我们的所想、我们的所做，都会有不同程度的不同。体会到这些不同，是从经典绘本《我叫皮皮菲莉比》开始的！别的海鸥都叫艾玛，可为什么不能叫其他的名字？我想叫皮皮菲莉比可以吗？不可以！你怎么可以有和大家不一样的想法？！大雁宝儿因为生理上和别人的不一样而招致排斥，但她却是一心渴求大家认同的姿态。她更多的是被动地出发、被动地生长。但是到了海鸥皮皮菲莉比这里，却有了本质的区别，她是主动选择想要不同，主动选择建构这种不同。由此我们去感受各自社会性方面的更多不同，在这种不一样的比较中，逐渐能够打开"内在之眼"去观照这个群体中的自己，观照这个群体中的他人，尝试人生之初的"阅读自己和阅读他人"的旅程。

你觉得每一个人真的能够对这种"不一样"视若无睹？你真的觉得每一个人都对这种"不一样"无所谓？如果你能够细细感受自己在群体中的诸多细节，你一定不能这么确定了！你会发现我们成人的世界里，我们都是趋同的，我们害怕不同。我们随波逐流，我们入乡随俗，我们随遇而安，等等，都是我们趋同的不同体现。

不一样，有关系吗？孩子们的价值观、人生观需要导向哪里？这是哲学课需要思索的问题。课程生活需要在潜在意识层面给予孩子们感染和熏陶，一种生活方式的感染和熏陶。

比利时绘本故事《折耳兔奇奇》告诉我们："不一样，没关系！"面对耳朵的"不一样"，其他小兔子和小兔子奇奇的想法真的一样吗？故事会在耳朵长得不一样的基础上，进一步告诉我们小兔子彼此的想法居然也不一样，这恰恰概括了《宝儿》和《我叫皮皮菲莉比》的内涵要义。在此基础上，继续探讨如何理解和看待"不一样"。

世界其实是你自己看到的样子，未必是别人看到的样子。小兔子奇奇的软耳朵，在他看来是不好看的，总是想要将它竖起来以和别的兔子一模一样，可是在别的兔子眼睛里呢？未必是这样。我们要如何对待自己的不一样？我们要如何对待群体中他人的不一样？小兔子的生命遭遇给予了我们很好的参照和启迪。

天地间这个小小的我，长相和别人不一样，喜欢的、不喜欢的、会的、不会的、想的和别人不一样，这就是我本来的样子！这是在和别人比较之下感受到的不一样。小兔子奇奇的遭遇让我们感受到，这个"不一样"正是我们富有吸引力的独特之处！这就是我们新型的看自己、看世界的视角。所谓积极、乐观的生活态度莫非如此。

要充分表达这样一个"不一样"的我，有很多种形式，比如制作《不一样的我》的小书；比如写一首《不一样的我》的小诗；比如画那个独特的不一样的我自己；比如将"不一样"的这个我那豪迈的气势通过歌曲旋律去充分体现出来……

《小小的我》这首歌在我脑海里铺陈开来的恢弘光景，一如"大漠孤烟直，长河落日圆"，让我的视线再也离不开它。我也直觉到，对于中班的孩子而言，这样的歌词略显生涩。但是，我也知道，当我的生命能够深深地感受到天地之间这个小小之我焕发出的那种韧劲之力量，当我能够经由歌唱将这种韧劲之力量喷薄而出的时候，它就一定能够引发孩子触及心灵的震撼。因为我们不是去教授字面的内容，我们去体悟的是字面背后裹挟着的整个气息和意涵，乃至整个世界。

第二节

创意活动的设计
与安排

中班的哲学课将历时三周。

（一）

第一周的哲学课将从认识绘本故事《宝儿》中那只一生下来就没有羽毛的大雁开始，体会大雁宝儿的种种遭遇，引发对自己外表的观察，体会每个人长相的不同。

第一天：

活动 1：进入中班，孩子们认识了与众不同的《小魔怪要上学》中的小魔怪。中班哲学课就从"与众不同"这个特质开始，来认识同样与众不同的《宝儿》中的大雁。观察封面，猜猜大雁宝儿可能与众不同在哪里，带着猜测带领孩子进入大雁宝儿的心境，以这种心理自居故事角色来体会自我。

活动 2：安排户外体育游戏"我和你来赛跑（抑或其他运动）"，无形中感受我与他人的不同。

086 幼儿园里的哲学启蒙课

活动3：安排橡皮泥活动抑或雪花片构建活动，来造型大雁宝儿。

第二天：

活动1：经由对《宝儿》故事的回顾，再次体会大雁宝儿的心境，尝试在歌曲的第一段把宝儿那种迷惘心境以及心境之下的追寻心声唱出来。

大雁宝儿（第一段）

1=D 2/4

高美霞 词
嘉评 曲

```
6 5 3  2 3  | 6 5 3  2  | 5 5 3 5  5 1  | 2  -  |
大 雁 宝 儿 没 羽 毛， 不 会 飞 来 只 会    跑。

3 2 7  6 6  | 3 2 7  6 6  | 6 1 2 3  2 1 6  | 5  5  |
大 世 界 啊， 去 往 哪 儿 啊？ 我 要 寻 找 我 的    城 堡。

6 5 6 5  3 3  | 3 2 3 2  1  | 6 1 2 3  2 1 6  | 1  0  ‖
哎 吆 哎 吆 吆 吆， 哎 吆 吆 吆 吆， 我 要 寻 找 我 的 城    堡。
```

活动2：从今天开始每个小朋友带一个小镜子来，老师引导孩子们在一日生活中的各个时间里观察他人的头部长相，用镜子观察自己的头部长相，体会每个人的不同，表达每个人的不同，有能力者尝试用各种方式来记录这种不同。

第三天：

活动1：第二次感受和领会故事《宝儿》，尝试厘清宝儿的几段遭遇，尝试提出自己的问题。

活动2：在领会故事的基础上，尝试折纸大雁宝儿。和孩子一起观察找出示意图懂与不懂的地方，观察、讨论并尝试，最终将孩子们的大雁展示在老师事先制作的小河背景图中。

第四天：

活动1：在第一次观察彼此长相不同的基础上，继续体会手、脚乃至体形的不一样。根据孩子们第一次的记录情况，选择更适合孩子的记录方式。

活动2：回顾故事《宝儿》，体会宝儿从伤感、迷茫到上路的历程，感受宝儿在旅程中慢慢经由自己的本领而衍生的自我力量，并通过歌曲的第二段去歌唱出来。

大雁宝儿（第二段）

1=D 2/4

高美霞 词
嘉评 曲

6 5 3 2 3	6 5 3 2	5 5 3 5 5 1	2 -
大 雁 宝 儿	没 羽 毛，	不 会 飞 来 只 会	跑。

3 2 7 6 6	3 2 7 6 6	6 1 2 3 2 1 6	5 5
我 会 干 活	还 会 游 泳，	我 有 我 的 好 朋	友 哦！

6 5 6 5 3 3	3 2 3 2 1	6 1 2 3 2 1 6	1 0 ‖
哎 呦 哎 呦 呦 呦，	哎 呦 呦 呦 呦，	我 有 我 的 好 朋 友	哦。

第五天：

活动 1：测量活动"不一样高"。带领孩子初步感受测量，通过寻找合适的测量工具，来体会测量的基本要求。老师提出问题："我们不仅眼睛、鼻子等长得不一样，手和脚长得不一样，体形不一样，个子也不一样。那么，如果两个人都不能离开位置，怎么才能知道谁高谁矮呢？"在问题驱动下，探索教室里可以用来测量的工具，明确测量工具的选择要求及具体的测量方法，最终选择一种测量工具，彼此进行测量并记录。

活动 2：美术活动"我有这么高"。在上午的活动的基础上，画出和自己一样高的我。

老师需要准备和孩子身高差不多的牛皮纸，与孩子探讨如何画出和自己一样高的自己并尝试作画。

（二）

第二周以故事《我叫皮皮菲莉比》中的主人公海鸥想要有一个与别人不一样的名字展开对自我的觉知和思索。

第一天：

活动 1：讲述故事《我叫皮皮菲莉比》，和孩子们一起沉浸在故事的情景中，感受故事中皮皮菲莉比与大人、与同伴完全不一致的想法带来的心灵冲击。

活动2：体育活动"我和你，来运球"。在第一周"我和你来赛跑"的基础上自由探索球的各种玩法。尝试两个人一组运一个球，看哪一组最快。

活动3：橡皮泥造型海鸥皮皮菲莉比。

第二天：

活动1：在第一周体会"我和你长得不一样"的基础上继续探索更深层次的不一样，比如"喜欢的不一样"。探讨喜欢的范畴：喜欢玩的不一样；喜欢吃的不一样；喜欢做的不一样；喜欢穿的不一样……从中选择今天我们想要记录的不一样的范畴，制作记录表，并进行记录。最后，阅读每个小朋友的"不一样"。

活动2：在感受故事《我叫皮皮菲莉比》的基础上，体会皮皮菲莉比的心境，倾听、学唱歌曲《故事就是我的美好》来体会皮皮菲莉比自我超越的旅程，给予自身的生命旅程一种熏染和观照。

故事就是我的美好

第三天：

活动1：第二次感受故事《我叫皮皮菲莉比》，根据孩子们阅读领会的现状进行对话式的探索以助理解。

活动2：纸工海鸥皮皮菲莉比。和孩子观察示意图，探讨折叠方法。大家一起折叠海鸥，并如同故事中那样，让海鸥飞翔着来到老师准备的大海背景图之上，各自讲述皮皮菲莉比的新故事。

第四天：

活动1：孩子们根据各自折叠海鸥皮皮菲莉比的情况自主学习，并在自主游戏的时候自主讲述皮皮菲莉比的海上之旅，体现《故事就是我的美好》；老师讲述孩子们的精彩故事，在讲述故事的基础上再次唱起《故事就是我的美好》。

活动2：继续"喜欢的不一样"之探究与记录。如果上一次记录的是"喜欢吃的不一样""喜欢玩的不一样"，那么今天就来探究"喜欢做的不一样""喜欢穿的不一样"。

第五天：

活动1：综合活动"我想叫……"。紧随着对《我叫皮皮菲莉比》的感受和领会，尝试来认识自己的名字，事先请家长写一写孩子名字的故事，老师读一读孩子名字的故事。每一个孩子说说自己最想叫的名字。正式地给自己取一个与众不同的名字，让我们彼此这样来称呼（最好配上名字画或标记方便认识）。

活动2：意愿画《我喜欢画》。每个人喜欢玩的、吃的、做的、穿的都有可能不一样，喜欢画的也有可能不一样，那么这一次就来画一画自己喜欢画的。

（三）

第三周以故事《折耳兔奇奇》中的小兔子奇奇遭遇的生活事件为中心展开系列活动，最终形塑我们自己的生活故事。

第一天：

活动1：讲述故事《折耳兔奇奇》，介绍新的故事主角——小兔子奇奇。在感受小兔子奇奇的故事中体会每个人对于"不一样"的不同心态。

活动2：体育活动"我和你，来划船"。在前两次合作体育游戏的基础上，尝试更进一步的合作。我坐在你的脚上，你坐在我的脚上，两个人手拉手，一方用力拉手，另一方就抬起屁股，使得小船朝前航行。在练习中体会合作的可能，体会不同的我们合作默契的可能。

第二天：

活动1：制作"我的小书"（活动分两次完成，还有一次放在第四天）。在前两周表达、记录"不一样"的基础上，来制作"我的小书"。可以是每个人一本的小书，也可以是一个班一本大书。前者让孩子感受一个个的"不一样的我"，后者让孩子感受班群中"不一样的我"。一起来设计封面、封底及页码等书的基本结构，探索如何制作一本书。制作完毕后，安排时间每日阅读"我的小书"。

活动2：歌唱《小小的我》。从小班的小企鹅，到中班与众不同的小魔怪、大雁宝儿、海鸥皮皮菲莉比、小兔子奇奇，体会每一个个体的渺小，体会每一个个体渺小却又有力量的现实。在这样的基础上，聆听、感受老师清唱的《小小的我》。每一个老师设计适宜自己表现这首歌曲的方式来感染孩子们，协助孩子们领会歌曲带来的力量。

小小的我

‖: i i· i i - | 7 7· 7 7 - | 5 5 5 6 7 7 2 | 3 - - - |
　小 小 的 我，　　小 小 的 我，　　投 入 激 流 就 是 大　河。

i i· i i - | 7 7· 7 7 - | 5 5 5 6 7 7 6 5 | 6 - - - | 6 - - - :‖
小 小 的 我，　　小 小 的 我，　　拥 抱 大 地 就 是 春 之　歌。

第三天：

活动 1：第二次感受故事《折耳兔奇奇》，试图体会体会不同的兔子对奇奇折耳朵的看法。

活动 2：纸工"小兔子奇奇"。老师准备一片草地和兔子折纸示意图，和孩子一起探讨兔子的折法，一起带着兔子来到草地上，演绎小兔子奇奇的故事。

第四天：

活动 1：不断体会小兔子奇奇的故事，在此基础上再次歌唱《小小的我》。

活动 2：将第二天的"我的小书"活动继续完成。

第五天：

活动 1：写诗活动"这就是不一样的我"。继续读"我的小书"，并尝试通过诗的结构来记录自己喜欢的和不喜欢的、知道的和不知道的，来体现一个不一样的我。

活动 2：主题课程末庆典活动。

（1）向父母宣传并发出倡议，鼓励个别家庭来表演故事《大雁宝儿》和《我叫皮皮菲莉比》

（2）预设活动流程：

①家庭表演故事《大雁宝儿》。

②部分孩子集体演唱《大雁宝儿》。

③家庭表演故事《我叫皮皮菲莉比》。

④部分孩子集体演唱皮皮菲莉比的歌《故事就是我的美好》。

⑤老师阅读孩子们的部分小书或体现每一个小朋友的大书。

⑥孩子们一起表演《折耳兔奇奇》。

⑦家长们分别朗诵孩子们的小诗《这就是不一样的我》。

⑧孩子们集体演唱《小小的我》。

（3）老师致结束词。

第三节

创意活动的具体实施
——哲思擦亮我们的内在之眼

Part1　我们长得不一样

9 月 10 日！

哦！今天是 9 月 10 日！我忘了！

我忘了，今天是我的节日！

我只是一直在回顾前一天看的绘本故事《宝儿》，我只是在整个地、浑然地感受着它！

走在路上的时候，妹妹发来简洁却是一字一字打出来的"节日快乐！"

其实我自己越来越羞于过这个节日！

我问儿子："你敢不敢给老师一个抱抱？"儿子立刻有了扭捏之态，反问我："你们班有人这么做吗？"

"有啊！"我们班那些孩子啊，热情得总是投怀送抱呢！我估计儿子是做不到的！

走进幼儿园大门，遇到了家瑞，他立刻从手里的一把折纸中，翻出一个递给我，祝我节日快乐！真是太巧了，正好可以做我手里这本《故事知道怎么办》的书签了！

看到教室里的冒朱浩一个个地把小椅子从桌上放下来，孩子们越发自主和懂事，就是最贴心的礼物了！

稀贝和奶奶进来，带了一个大袋子呢！是什么？

她先后拿出了一大袋餐巾纸，一瓶花露水，给全班孩子用的！真的是可以从奶奶有些不好意思却万分热情中感觉到她的一片诚恳！这"礼"我收了，不再像以往那般一番推辞。

禹季一进门就是请求的语气："有什么事让我做吗？"一看就知道是想在教师节帮老师做点事！

沈昕妈妈也是有些羞涩地拿出一盆正开着细碎的娟秀的花的绿色植物，好像要让人不那么在意似的："在菜市场看到的……"一个个都妥贴观照着老师的这颗心呢！

嘉妮带来了自己做的纸工送给老师！

唐语更是细心，她要看着老师的眼睛，对老师轻声说："老师节日快乐！"

有很多孩子就像这样轻轻地和老师说了一声，情意就到了！

子钰在操场那一头，拿着一朵花！我摆手示意她来！她却不来，这有点奇怪！要是平日里只要这么轻轻一招，她跑得可快了！

不急，在不断地招手示意之下，她还是来了！她低声嘟哝，我凑近她的嘴边。我明白了，花只剩下了一朵，所以才踟蹰着没来！

"没关系，我、钱老师、徐老师是一家人，一朵花就够了！"她放松了！这个时刻，重要的是注意体贴到孩子的心情。

禹季看到别的小朋友送花给老师，有点着急！

配班的钱老师在今天的晨间谈话中强调：送给老师的礼物不见得是看得见的！像丁诣那样看着老师，就是不错的礼物；像高昀那样坐得端正，就是很好的礼物……我们都希望孩子们能够感受到重要的是那来自内心的情意啊！

在这唯物质为是的时代里，一个个小心翼翼地表达着情意，生怕小小礼物亵渎了老师这一职业的"玻璃心"啊，无与伦比的珍贵！

这样的一种关系，这样一种关系中的一个个"我"啊，有着怎样的"不一样"呢?！中班的哲学课就这样从老师的节日这一天正式开始了！

■ 一只没有羽毛的大雁

"月亮在白莲花般的云朵里穿行，晚风吹来一阵阵快乐的歌声，我们坐在高高的谷堆旁边，听妈妈讲那好听的故事……"

哼唱后，我进入正题："今天我要给家瑞、高昀……（一一点名亮着眼睛的期待着的孩子）讲一个故事，我讲过一个与众不同的小魔怪，今天我要讲一只与众不同的大雁。"简单介绍了大雁，以及这两天天气骤然变冷的季节大雁准备要去南方的物候现象。

"她特殊在哪里？"疑问引导孩子们注意观察这封面上的故事主角。

"嘴！"

"嘴巴长长的。"

"脚。"

"她有点像鸭子。"

"平常大雁是飞着的，这个大雁不飞。"观察越来越细致，描述也越来越具体。

"脚扁扁的。"

"像个鸭子。"

淑媛却注意到尾巴："尾巴尖尖的。"

秋儒举手，但答非所问。他只是通过这种表现的方式期盼得到老师的注意！他的关注点在人，不在问题本身。

禹季疑惑："我搞不清是鸭子还是大雁。"他总是很客观。

家瑞："我觉得她的翅膀挺像鸭子的。"他的表述也很精准地表达出了自己理解的状态。

沈昕："她的嘴巴很长。"

……

"看来中三班的小朋友都没有发现她特殊的秘密。"正说着，书的中间掉下来一张介绍这本故事书的导读，灵感顿来，"这个故事里还有一封信，哦，是写给中三班小朋友的。听我的故事时请安静下来。我的名字叫宝儿，中三班的小朋友你们好，我不住在中国，我住在英国，我的主人叫伯宁罕。你们应该认识我的主人，因为我的主人还写过一本书，那本书是你们最喜欢的书，是你们熟悉的《和甘伯伯去游河》。你们听过吗？（孩子们表示听过）你们表演过吗？（孩子们表示表演过）我是一只特殊的大雁，你知道我是从哪儿来的吗？听了我的故事你就知道了！我的故事就要开始了，当然我不像你们是从妈妈的肚子里出来的——"通过这番自我介绍，让孩子们了解作者、我们与作者的联系，以及相关的经验。正说着稀贝接上我的话："她是从蛋里出来的。"

打开扉页："为什么会有这只轮船？"我以宝儿的口气讲述，"这是我远航时坐的一艘轮船。"

第一页："你知道这是谁吗？"

稀贝："爸爸妈妈。"我终于望到了很多孩子亮闪闪的眼睛，看来孩子们一眼就能把捉到画家所要表现的父母的那种气息。因为不仅是新来的沙远跟着说，有很多孩子也表示了认同。

"那时候还没有我宝儿呢……"我开始讲述故事。

第二页："他们住在哪里？"

卢珣："花园。"

我继续讲述："他们住在英格兰近郊的一个沼泽地里……"

稀贝看到孵蛋的妈妈，对向远方探着头的爸爸很好奇："爸爸在干吗呢？"

明哲回应："在找动物，保护他的孩子。"这是很珍贵的一种回应，紧扣思维脉络的回应。而我顺着明哲的回应开始问："这边有没有蛇？那边有没有狐狸？"以爸爸的口吻这样讲述，是因为我感觉到了这个故事在孩子们心中的一种理解脉络，我只是顺着这个脉络讲述而已！我的脑海里当然也浮现了小班时我们图书区里的那本科普绘本《野鸭的故事》。

顺着我的讲述，孩子们也自然地跟随。有个别的孩子叫嚷："我要打它……"我感觉到很多孩子已经少有这种见面攻击的交往方式了！我没有注意到那个叫嚷的孩子是谁！但是故事总是最好的引领方式，故事中的动物们不是以攻击为首要的，而是习惯于发出警告！这或许也应该是我们人类值得思索的！而在我们中三班孩子的交往中，也是以磋商、理论为先，迫不得已时则发出"我不喜欢你这样"的警告！所以在孩子们之间逐渐洋溢着一种谦和的气息！

"在一个风和日丽的春天的早晨，蛋孵化了！""风和日丽"这四个字的呼出是绵长的、柔和的。在空气中能够感受到孩子们对这四个字吐纳而出的那种触感，孩子们柔和着、安静着。

在故事的讲述中，我时常会自然地作出一些处理，比如这个地方，我加入了爸爸的欢呼："我做爸爸了，我做爸爸了！"明显感觉到孩子们对此的触动。这是一种背景生活方式的沁润和渗透——如何做爸爸、爸爸和孩子的关系、爸爸对孩子的爱……

在万花丛中，有一个个新生的宝宝，我们一个个地叫出他们的名字，到最后的宝儿时我故意问她叫什么。这是在考验孩子们思维的贯通，因为我们在封面上介绍过宝儿！

高昀立刻接道："宝儿！"不错，她已经能明显感觉到老师的惊喜表情对她的肯定！她现在变得积极了，身心也安静多了。

"她和别人有什么不同？"提醒孩子们观察这六个宝宝。

稀贝："她是红色的。"

瑞阳："她没有毛。"嗯！他啊就是精力充沛，容易出神，但一旦进入故事，就能够敏锐地捕捉和发现。我肯定了瑞阳的回答并继续讲故事："对啊，只有她没有羽毛，别的宝宝都有羽毛，爸爸妈妈非常担心。"这种担心，促使孩子们更加凝神，他们似乎进入了宝儿的心境，不知道会有什么结果！是不是每个孩子在成长的路上，都会因社会化过程形成一定的自卑情结，所以才能够与宝儿的遭遇共鸣？再次停顿下来看了看孩子们，一个个亮闪闪的眼睛，更加的凝神。

宝儿的爸爸妈妈请来了医生，可医生的诊断结果却是一切正常，除了没有羽毛。

医生帮助宝儿的妈妈想了个办法，建议织一件衣服。这个时候孩子们似乎进入了那种复杂的心境。当宝儿穿上毛背心，孩子们的表情明显放松并阳光起来。他们为宝儿，也为自己感到了舒心！

可宝儿到了同伴之间时，却遭到了嘲笑！孩子们的心情又开始随着低落起来。是不是每个孩子都有这般心境的时候呢？当孩子学走路的时候，当孩子想要吃饭的时候，当孩子想要穿衣的时候……大概他们总是遭遇到大人不信任的姿态吧！因此他们应该都会有宝儿此刻的心情，所以往往这样的故事更能够让孩子们心领神会、切中衷肠！

"是不是你们说的啊？"我顺着孩子们的表情姿态哑哑地问！

"不是！"孩子们的声音都哀哀的。

"我说她好看！"有孩子这样倾诉！在讲述故事的过程中不断形成我们自己的故事！故事起伏跌宕，时而进入书中的故事，时而又窜入我们的故事！

当故事讲到宝儿这样的情形爸爸妈妈并没有注意到的时候，孩子们哪，那表情真的非常哀伤啊！

我讲"宝儿一学游泳，毛背心就——"，孩子自然落寞地接道："湿了！"看得出孩子们是有着经验支撑的！羽毛当然不会湿，甩甩就行！

可宝儿的难受还不仅仅如此，故事又进入到更紧张的情绪中：大雁们要飞到暖和的南方去了！孩子们当然都带有对宝儿还不会游泳和飞翔的意会。当大雁们选出队长的时候，孩子们并没有刚才那样的好奇，因为大家关心着宝儿呢！心都揪着呢！因此，当我问"宝儿有没有走"时，孩子自然回我："没有。""不会飞。""她没有羽毛！"

大家并没有注意到宝儿，许多大雁消失在天空的时候，宝儿的泪水流下来的时候，孩子们难受极了！以孩子们的心境，似乎总觉得不可思议，爸爸妈妈怎么那么不在意自己的孩子呢？我感觉到了孩子们的某种疑虑！

天空下起了蒙蒙细雨。她找到了一艘没有灯的船。孩子们能理解为什么要找一艘没有灯的船。他们此刻就是宝儿，他们明白这种害怕、孤独面对的心境！正因此，很多孩子都会喜欢待在一个秘密空间里。

当宝儿突然遇到狗富勒的时候，孩子们的心突然那么一紧！而狗富勒看清是一只大雁后立刻说了多遍的对不起！孩子们轻松了许多！

"别怕，别怕，我叫富勒！"孩子们松了口气，宝儿遇到了一只好心的狗！宝儿请求过夜是谦卑、诚恳的，而狗是敬畏生命、富有接纳心的。好的故事就是这样给孩子们很多生命的模仿原型！这无形中塑造着孩子们的心灵。

不过，早晨当船开出很远很远的时候，富勒才想起还睡在船上的宝儿！船长和大副对宝儿也是热情地欢迎，孩子们紧张的悬着的心落了下来！

当船长问宝儿愿不愿意去伦敦的时候，禹季问："是不是伦敦奥运会？"

"是的，就是那个伦敦……"我以船长的语气继续讲故事，并把书中的这个地方处理成船长和宝儿的一对一的对话！

当宝儿表示愿意的时候，船长表示，要跟着旅行，必须干活挣旅费！宝儿勤勤恳恳地干活，这给了孩子们很多暗示和启发！这是一个关于磨砺和成长的故事！孩子们从中可以知道自己在成长的很多方面如何做。

要到伦敦了，宝儿怎么办呢？

"想一想伦敦有没有特别适合你生活的地方。"船长在思考，"嗯，伦敦有一个皇家植物园，有许多大雁生活在那里，是一个很大的公园。"

馨匀："如皋也有公园啊！"这些天她处于亢奋状态！一种放松的兴奋！这表示她对这个教室全然接纳。

要和朋友再见了！宝儿很难过："我再也见不到你们了！这儿我没有朋友……"稍作改编，宝儿就有了对朋友的挂念和对未知生活的彷徨！这是孩子们能理解的心境！

可船长就像成熟而智慧的父母："宝儿你已经长大了，你还为我们干了那么多的活儿。下次船经过的时候，我们会——"稀贝接"带你回去"，我却根据我的思路继续："来看你！"

对！每个孩子总有长大离开父母的时候啊！

"这里的大雁有没有嘲笑宝儿？"我没有讲故事，而是这样问孩子！孩子们的确有些担心，我都可以感觉到他们的期盼——没有！

"你和我们长得不一样，有没有关系啊？"

"没有！"孩子们整齐一致！

"嗯，每个人本来就不一样！"

"你好好看啊！"孩子们居然以故事中的口吻这样对宝儿说。此时的他们变成了皇家植物园的那些大雁！

正如孩子们所期待的，大雁们都喜欢宝儿，并且有一只大雁特别喜欢她！故事中当然有两个人相恋的意思。"你想当我的宝宝，你就叫我妈妈！"今天的稀贝真的是身心俱进故事里面了！

他教她学飞翔，他教她学游泳！不管是父母，还是同伴，反正都这样的友好！宝儿喜欢上了这里，并且一直住在这里！

"亲爱的中三班的小朋友，如果你有机会来英国皇家植物园，你就能看到——"孩子们以宝儿的口吻接道："我。"

"因为我一直生活在那里，如果你不认识我，你只要找到没有羽毛的大雁，那就是我。小朋友们再见！"我恰恰是以开头那封信的语气结束这个故事的！

"再见，宝儿！"孩子自然回应。

一看录音笔，这个故事我们行进了足足四十分钟！可禹季却依然心系故事，一直追在我后面："给宝儿写一封信吧，行吗？"

转一圈又回来："她如果来，叫她住在我们家！"

又来一句："她吃了云朵面包不就可以飞了嘛！"他一直在思索宝儿的困境呢！

明哲却是这样问我："爸爸妈妈什么时候回来？"

"来年春天的时候！"我回！孩子们内心有自己的期盼，他们想有团圆的时候！

我心也期待着这种结局的到来！

午后，孩子们两两赛跑，并不需要刻意彰显不同，只需要在运动中、速度中自我体会。

■ 大雁宝儿唱出自己的心声

孩子们印象最深刻的还是宝儿没有羽毛！

是的，大雁宝儿没有羽毛！她通过怎样的方式去表达自己的情绪呢？她选择的是歌唱！

孩子们还未能感觉到大雁宝儿的感情随着事情的发生发展而转折变化的脉络！所以我们一起一边回顾故事的发展脉络，一边用歌词来进行总结！

"大雁宝儿有什么与众不同的地方？"

"没有羽毛！"

"因为没有羽毛，所以她——"

"不会飞！"我们梳理到因为没有羽毛害怕别人嘲笑，所以没有去学飞！

"大雁宝儿没羽毛"这句话叙述了故事的内容核心；"不会飞来只会跑"体现了大雁宝儿的第一个困境。

我们回顾到大雁宝儿最难受的时刻，即爸爸妈妈和哥哥姐姐都飞走了，只是留下了宝儿，宝儿该怎么办呢？"大世界啊，去往哪儿啊？"这是宝儿内心的呼唤。

"我要寻找我的城堡。"这是宝儿独自在世界中历练需要寻找的方向！

当我自己静下心来，没有音乐技能技巧呈现的虚妄之心，就这样一句一句感受、演唱的时候，心里反而踏实了。

孩子们紧随宝儿的心境跟唱歌曲，在唱"哎吆哎吆吆吆，哎吆吆吆吆"时，他们很自然地握起拳头、打起节奏显现宝儿成长的力量。在这里加入沙球的伴奏，似乎是再贴切不过的事情了！伴奏加上歌唱，正唱出了宝儿一路上内心的坚毅。

大雁宝儿就是这样，和别的大雁一点也不相同，那我们呢？

我们细细观察《宝儿》这本书，重新认识了波朗先生和太太的六个孩子，由这六个宝宝的不同，过渡到观察我们每个小朋友的不同！

孩子们多是从发型、脸型等方面来进行比较。我试图引导孩子们用镜子来观察更为细节的地方，比如眼睛、眉毛、耳朵，等等。孩子们似乎也只能从大小这个维度来进行比较，难以从更细腻的形象处去观察发现。不过，老师的价值不正是随时觉察出孩子们现有的能力和水平范畴吗？孩子们热衷于照镜子来粗放地比较，那我们就结对来进行比照：从比照眼睛开始，到鼻子，到嘴巴！

我能感觉得到，孩子们对这细微的不同是有着体认的，尽管他们用语言无法表达出来！他们好奇：这有什么好说的，我们每个人本来就不同嘛！何况我们前一天在禹季说到三个老师声音的不同时，还发现每个人的指纹也是不同的！

于是，我们把椅子拉到四周，腾出地方，来结对比一比手和脚啊！

我先和稼禾来比试比试！呵！当然是我的手大了！

因为上次其睿说过，人手上的纹路不同，所以今天我们两个互相比比手掌心的纹路！我们突然发现，我们的大拇指不同，我的可以弯成直角，稼禾的却是直直的！

于是我们总结：我们可以就手的大小、手掌的纹路、大拇指、手指甲来进行比较，小朋友还可以自己发现可比较的地方！

手是每天用的东西，比手并不稀奇！稀奇的是比脚！

脱下鞋子，脱下袜子，这可是平日里可能不被许可的事情。现在他们看到老师自己首先脱下了鞋子，鞋子拿走，真是太兴奋了！思雨一直兴奋地大笑着！

张开手掌，抬起脚掌，比脚了，兴奋、激动！一个个坐在地上，脚对脚，够奇特的感受吧！看这架势，一定很多孩子在家不被允许赤脚吧！

看孩子们那样来劲儿，我们来比一比谁的脚掌力量大吧！

又是一番比试！

欢乐倒是欢乐了！待到穿袜子时，就出现了问题！好几个孩子都无法弄正自己的袜子，比如坐在我左手边的知鑫，而坐在我右手边的索性把袜子丢了了事！

再次向所有父母呼吁，在孩子想要自己来的年龄里，努力控制自己想要帮助的心让孩子自己来，不管做得多差；在孩子没有能力自己来的时候，努力帮助孩子学会自己来。能力才是孩子自信的保证。如此，孩子才能真正有力地歌唱"我要寻找我的城堡"！

▨ 在宝儿和孩子之间

（一）

宝儿去厕所！

宝儿回到位置上！

而我则成了宝儿的妈妈，给他们哼唱"晚风婆婆轻轻吹，月亮姐姐笑微微"的摇篮曲，让他们安静下来！

当他们醒来的时候我们开始重新讲述故事《宝儿》："我是一只没有羽毛的大雁……"

孩子们已经认识了扉页上宝儿旅行乘的船，认识了第一页上宝儿的爸爸妈妈，孩子们对大雁的栖息地还不太熟悉，他们只记得卢珣说的花园。

当"风和日丽的春天的早晨"到来的时候，教室里彻底安静了！故事起伏间，环顾所有的孩子，一个个都凝神听着！

故事讲到宝儿一个人在高高的草丛里哭泣！故事不管有多少次的重复，孩子们依然还是会沉浸到这种难受的心境中！

"大雁宝儿没羽毛，不会飞来只会跑，大世界啊，去往哪儿啊？我要寻找我的城堡！哎吆哎吆吆吆，哎吆吆吆吆，我要寻找我的城堡。"唱起这首歌最能够表达这种心境了！

倾向于科学探知的禹季好奇："她在水里还是在岸上啊？"

"岸上啊！"

"可是怎么又有水呢？"他继续追问！

"对，你观察得很仔细，这是沼泽地，的确是又有水，却又是岸上！"禹季恰恰疑惑的就是沼泽地的特性啊！

故事讲到了宝儿为什么要找一艘没有灯的船！

好阳："这样她就不会被猎物发现。"

其睿紧跟着："对。"

"也不会被人类抓走。"

故事在重复的过程中，有很多地方自然衍生的对话更加清晰了，有很多地方的意会在孩子们的脑海中更加明确了！

比如宝儿在和船长的对话中，更加能够根据自己的处境进行表达和对话了！这种对话还加上了孩子们自身的经验："有什么事就请吩咐吧！就像上次禹季早晨来跟我说的那样！"

"轮船驶进了泰晤士河，伦敦就要到了！"上次孩子们对此的意会还是模糊的，今天的讲述似乎更加清晰明了了。

书中的故事倒是结束了，可我们顺着上次禹季的提议——"给宝儿写一封信吧"而开始了新故事的旅程！

"我觉得这个方法挺好的！所以我真的给宝儿写了一封信，不过不是用纸写的信，而是用电脑写的，是一封电子邮件！是不是有很多小朋友很想知道宝儿后来的故事呢？"

孩子们似乎有些迫不及待！

"电子邮件，通过电脑发送，一下子就送到英国皇家植物园了。"感知网络的快捷！"可那里的人却回信说，对不起，宝儿已经不在这里了。宝儿去哪里了呢？"

浦发："宝儿飞走了！"

"宝儿不会一个人飞走的……"我给孩子们讲述了大雁群飞，如何天黑时落地休息，如何轮流守卫、轮流休息的习性。"一个人飞——"孩子们立刻意会到："很危险！"

新故事重新开始："后来英国皇家植物园宝儿的好朋友费尔南迪把我的电子邮件转给了宝儿。"接下来我的讲述一转又成了宝儿的口气，也似乎换了个位置："就像中三班小朋友说的那样，我太想我的爸爸妈妈了。于是第二年，船长、大副和富勒来看我的时候，我对他们说：'你能把我带回原来的沼泽地吗？'……"

在对话中，我们说到前一天明哲的关心："宝儿的爸爸妈妈什么时候回来呢？我告诉她，是来年的春天！现在正好是春天，宝儿又踏上了去沼泽地的船……"又是一番渲染："几天几夜，终于到了沼泽地，她心里有点激动，会不会遇到她的爸爸妈妈呢？她就轻轻地朝那片熟悉的沼泽地跑去，你猜她看到了什么？"孩子们期待着。"是谁伸着脖子嘶嘶地叫？是谁？"

孩子们："是她的爸爸！"

"爸爸，我是宝儿。"

"快来快来，我们的宝儿回来了！"宝儿终于和爸爸妈妈见面了！

于是故事又轮回到爸爸的讲述："飞到南方去的时候，他们才发现宝儿不见了！他们心里很——"

孩子们："难受！"

"爸爸妈妈也很想念宝儿！这下终于——"

浦发："一切正常了。"

"团圆了！"

宝儿和爸爸妈妈在这个风和日丽的春天的早晨相聚了，生活在了一起。

最后宝儿当然也给我们回了电子邮件："谢谢中三班的小朋友这么关心我，尤其要谢谢明哲，他担心我所以才问我的爸爸妈妈什么时候回来；尤其要谢谢禹季，他还帮我想办法，说我可以吃云朵面包就可以飞上天！真是太谢谢你了，现在我不用吃云朵面包了，因为我已经学会了——"孩子们接："飞翔！"

"我还要谢谢那些眼睛亮亮地听我的故事的小朋友，谢谢你们！谢谢你们！"我的眼睛仿佛宝儿的眼睛，充满了诚恳，当然更多的是作为老师期待回应的眼神，而孩子们眼望着这份恳切和期待连忙接道："不用客气！"

"我都不好意思了！哎！我都不好意思了！"背后传来的一定是禹季的声音，宝儿的道谢让他有些不好意思。

（二）

下午我们尝试用纸来折叠宝儿！

根据图示我来示范折叠过程！孩子们还没有能力单独观察图示进行折纸！上个学期孩子们对折船的执著，引发了我们这个学期折纸课程的开设！今天是第一次！

依然要强调：第一次折，折不起来没关系，我们可以用更长的时间努力；不说我不会，只告诉别人你努力到了第几步，然后老师给予提醒和建议。

对于这些平日里没有多少动手机会的孩子来说，折纸是有困难的！

我更担心的是，当父母知道了孩子没折起来的时候，就一定要孩子学会的那种焦急，由此孩子就失去了自己坚持不断分析、不断揣摩、不断观察、不断发现直至终于成功的执著品质磨炼的机会！当然孩子也失去了在这个过程中感受自我超越之后拥有那种强烈成就感的机会。

所以也就不在此——将孩子们的折纸现状加以描述了！父母总是有无限的好奇进行追问并进行对号入座的！

在生命的早期阶段，孩子们是否有机会慢慢来，全在于我们父母！

天空，蓝得柔和！

云，正如玫瑰般舒卷自如！

■ 尝试记录我们的不一样

设计了一个简单的观察记录表，担心孩子们没有能力在脑海中厘清并排序需要观察的部位，所以在记录表的第一格用图示表现了出来！

在上一次比较的基础上，孩子们继续两两配对，发放记录表，进行比较和记录！孩子们的记录从来都是需要孩子们自己来言说的！

我们尝试对上次和这次的观察做了一个梳理：我们可以从脸型、发型、眼睛、眉毛、嘴巴等五官方面来观察每个人哪些地方长得不一样；我们可以从体形、个儿、手、脚等方面来观察哪些地方长得不一样。

我们尝试给这些方面做一个我们共同认识的标记。

我们尝试讨论一下每一个方面的"不一样"特征都可以如何来记录，以便别人能够看懂。

午后，我们从阅读一对小朋友"不一样"的记录表，说到我们对每一个人长得不一样的观察。从我们每个人长得不一样，说到故事《宝儿》中波朗先生和波朗太太的六个孩子的不一样。再由这六个孩子的不同之处，说到宝儿的与众不同，哼唱起《大雁宝儿》。

"大雁宝儿在寻找属于自己的城堡时，都遇到了谁？"提问孩子们，引领孩子们去感受宝儿独自历经的过程，感受歌曲的第二段，也感受宝儿力量的源泉！

"大狗！"

"船！"

"船长！"

"还有那个穿白色衣服的！"

禹季："大副！"

明哲："下雨了！"他的意思是宝儿在寻找自己的城堡的过程中遇到了

下雨！这也是宝儿经历的关键！

"心情怎么样？"

"不好！"

"宝儿，遇到了大狗，遇到了船长和大副，宝儿学会了什么？"

"大雁宝儿没羽毛，不会飞来只会跑，我会干活！"通过歌词来总结宝儿在历经中学会了用自己的劳动受到尊重！

钢琴是我们的导师，我们再次和钢琴一起学宝儿心中的歌！当唱到"还会游泳"时，我们回顾到费迪南德——最关心宝儿的朋友教会了宝儿游泳。所以宝儿才会在歌曲的最后发出生命的慨叹："我有我的好朋友哦。"

馨匀一直努力感受歌词、记忆歌词，能够感觉到那种努力把握的劲头，能够感觉到她对此的自信和驾驭！

"下面请欣赏歌曲《大雁宝儿》，钢琴伴奏——"

"高老师！"孩子们齐声。

"沙球伴奏——"

"陈颉！"

"演唱——"

"所有小朋友！"

这样报幕，更有了一种正式的感觉！

能够感觉到沙球伴奏不是拿个玩具来玩玩的小朋友越来越多了！已经有了一点点认真和慎重的感觉！这是艺术所需要的敬畏！请稳重的淑媛来伴奏！基于对孩子们的了解，一般我会请能够领会抑或相对慎重的孩子先来尝试，因为每一个第一次都是一种暗示和示范，基调的奠定对于后来乐器的演奏教学非常重要！我注意到秋儒也举手了！我注意到内敛的鲍哲举手了，我注意到馨匀并没有之前那样冲动地举手……在我眼里，并不是举手就是好的，不管举与不举，要能够体现思才是最重要的！好的东西总是要酿得久一些的！看到孩子们有对自己的思之考量，非常高兴！

在这样的歌唱中，孩子们能否汲取到某种力量呢？宝儿最终靠的是自己的努力，会干活，会努力学会游泳，会鼓起勇气走向世界认识、认同自己的好朋友……这一切都需要宝儿的自主自发，这一切都需要宝儿的心扉打开。

我相信，有某种物质，正经由无意识流通到孩子那里。

■ 你我到底有多高

高昀对妈妈说："今天是最开心的一天了！"

回想之下，就是今天的半日测量活动给予了孩子不同的生命体验！这可以回溯到周二上午用镜子来比照脸、下午比试手并且脱鞋来比试脚时的兴奋场景。

有了周二坐在地上的新鲜刺激，今天躺在地上，虽然又是一阵激动，但我能够感觉到这种用工具实际操作的劳作给孩子们带来的愉悦！

"今天，我们要来测量谁高，谁矮！"承前启后，开门见山。孩子们已经坐在教室的四周！

"请问，我要比那边的沈昕和这边的思雨，怎么比？"

秭赟："站起来。"

尚宸："靠在一起。"

薛天："不靠在一起我也能看出来。"

果然孩子们的思维也跟着清晰明朗起来！

"这是我们小班时用过的方法（目测）。"

"新的任务来了，那边的高昀和这边的子钰，怎么比？"选了差不多高的，看不出来的，出现冲突，让孩子无法目测。

王稼禾："让他们背靠背比。"

"第三个任务，比一比那边的其睿和这边的洪博（也是看不出高矮的），他们谁高谁矮？不过有新的要求，其睿在小河的那边，洪博在小河的这边，怎么比？"这次又增加比较的条件！

有孩子猜测，我们得出，不能靠猜，只能科学地量一量。

明哲："他们是青蛙！"

晓米："他们可以划船。"

朱浩："让他们站起来看就知道了！"朱浩领会到不能靠在一起的要求了！

沈昕："让他们变小鱼游在一起。"

卢珣："让他们把脚伸出来就知道了。"

家瑞："站在小河后面比一比。"

晓米："绕过小河比。"

朱浩："不能靠一起。"

"对，这是一个科学实验，要求是不能靠在一起，怎么比？"我顺着朱浩的体会说道！

看来活动要进入到一个新授的启发境地里去！我们回忆起小班时稀贝用雪花片来比试高矮的场景，介绍比较测量可以通过一定的工具来帮忙。这对孩子来说是一个陌生的领域！

哪些东西和雪花片一样，可以用来作为测量工具呢？

地面的砖？确实可以！虽然孩子们说不出等长的概念，但有一种直觉。

稀贝和瞻远两个高矮悬殊比较大的孩子比，当他们躺下来的时候，孩子们甚是兴奋，拉着和地面砖格子的一端对齐！测量中的对齐要素是小班时候总结和发现的！

稀贝是几个格子呢？数——三个格子（其实是两个格子多一点，孩子们无法准确表达）！

瞻远是几个格子呢？数——两个格子！

这两个孩子来比，没有难度，因为本来就可以通过目测的！用工具来比较似乎画蛇添足了！

请两个差不多的孩子来比！数格子时，有个孩子把两个格子说成了三个格子，仔细一看他数的是格子之间的线条，如果是从底端对齐的那条线开始，的确是到了第三条线，这是一个明显的间隔问题！也就是"是数格子的线"还是"数格子本身"呢？最后确定还是要数格子本身，这才表示长度，我们在直觉上澄清了间隔问题！

不过新的问题又产生了！我们发现五十公分的地面砖，用来当作测量工具，大多数孩子都是两块格子多一点，那么又如何比得出谁高谁矮呢？

孩子们大致是能意会出多出的那一点，又有不同的长短，但这对于孩子们来说要进行递进层次维度的区分，还是有难度的！我脑海里再迅速进行调适！这时配班也意识到了这个问题，所以她站起来试图提问厘清："都是两个格子多一点，那到底谁高谁矮呢？"孩子们能够意会却难以确知！

目标需要调整。本来要求孩子自己在教室里寻找测量工具，并尝试用自己选择的工具进行测量。看来这个要求范畴太大。我们还是需要从一个点进行探索突破。

我们用等长的玩具链，当作测量工具，试试可以怎么比。我和配班分别用链圈给这边的洪博和那边的其睿测量高度，然后数一数用了多少圈，比一比，得出结果！

孩子们互相测量，数一数圈的数量并进行记录。不过不是孩子们自由结对的，而是老师根据对孩子们的能力了解进行结对的！这样能够促使测量活动更加有效！

孩子们一个个沉浸在测量的劳作当中，我突然就在这劳作之中感觉到了一种秩序之下的静谧之感、静谧之下思维的热烈之态！一组组的孩子测量的思路从没有如此的清明：他们先是选择了自己需要的测量工具。开始搭建，然后朝着躺下来的同伴比试，看看是不是已经足够高了。嫌长的去掉一些，嫌短的继续搭建，直到和人一样高，然后开始数。最后在记录表上记录结果。

几乎每个小组都清楚这个测量过程，看起来只有明哲和珠峰的小组还没有找到感觉。前者在试图搭建，后者用一个圈串了很多条链子不知道该怎么办。最后他们似乎各自重组了朋友，珠峰和热心的鸿楠走到了一起，他们开始了正式的测量工作！

在看孩子们的记录表的时候，我没有在意孩子们测量计数的结果的对错，只是对孩子们记录的形式作了比对和肯定。比如孩子们用来标识测量工具和被测量人的符号清晰明了；比如孩子们在被测量人符号的下面进行了圆圈计数也是方位准确的。

比如洪博和馨匀这一组，记录非常清晰明了，馨匀用了 23 个链子，洪博用了 22 个链子，他们还得出结果馨匀高一些！但事实上他们画的圈圈儿早已超过了这个数量。这就是孩子们手脑还无法一致的现象！计数不能代表孩子们就已经真正理解了这个数量！

而瞻远和稀贝这高矮悬殊的一组，也是用链子测量的，不过居然测量结果都是 22 个链子！不知道是不会计数的结果，还是测量的误差（链子的伸缩会造成误差）造成的呢？不管是哪种因素，这可以成为下一次测量的问题冲突呈现，足以导引下一次测量的具体方向。

午后，还没有测量和记录完毕的孩子，跟着配班去操场继续测量工作；一部分已经测量和记录完的孩子和我一起来探讨如何画一个和自己一般高的自己！

方式有很多种：可以测量一下自己的高度，然后在这么大的纸上标出来，再开始画自己；直接自己躺下来按照自己的样子来画！脑海中浮现起《我是一只爱写作的铅笔》中那些孩子画的各种姿态的自己！

先让馨匀来试一试按照自己的样子画。当然可以做一个自己想要做的姿势！然后我来按照她的外形给她画下来，然后她根据自己的外形再来画一个自己！

本想两两配对互相合作来画一个和自己一样高的自己，感受一下孩子们，自我掌控的能力还不够。一个一个征询，都希望能在老师这里的纸上躺下，和老师有一个一对一的勾画过程！

看着半数的孩子在教室里的地面上开始画自己，显得那么的拥挤！好吧，勾好线的就自己搬着纸去操场画去吧！

那么大的自己，要画出一个尽善尽美的样子，需要多大的空间，需要多少的时间啊！这是一种磨砺！操场上游玩归来的其他班级的孩子们经过，一个个好奇地围拢着，哦！这也是一种动力吧！自豪呗！

今天是画不完的，需要更多自主的时间里来添画、加工、装饰！这是一个繁琐的程序！想要做到一个孩子一个孩子地个性化创作和表达，需要的是韧性跟进。

Part2　我们喜欢的不一样

"世界上没有完全相同的两片叶子。"莱布尼茨这样说过。每一个小朋友都觉得这是毋庸置疑的常识。但正因为它成了常识让我们习焉不察，它本来能够带给我们的惊异和奇妙从此就沉沦在常识之中。而哲思，让这些久违了的发现之奇妙重新涌现在我们的生命之流里。

我们看似长得一样，却又哪里都不一样。但是这里的不一样并不像成人世界里那样，只是带来差别对待。当孩子们也开始有意识地觉察彼此的不一样时，要如何对待，那就是周围环境给予的教育因素所需要重视的了。何况，如今是我们主动引导孩子们来觉察彼此的不一样，审美和对待相冲突吗？如果不，如何让孩子意识到这一点？这当中又包含着真正美丑之辨、外表与美丑的关系之理解，进而从中班哲学课第一周的外在之别，自然过渡到第二周的内在之别。

教室里生态箱里的蚂蚁似乎有几只不行了！总有那么几个孩子趴在一旁始终关注着它们，并带来食物喂它们。所谓内在之别，就是从这些生活的细节中去察觉感受的。

今天我请其睿帮我带操了！晨间聊天的时候我真诚地谢了他！他很不好意思。男孩子不好意思的时候总是会用坐得笔直的身体来表现，由此显出一种英雄气概！

今天更有一个让孩子们感到特别的事情，那就是我们的小蕾从上海的学校回来了！她的回来是令老师和小朋友欣喜的！沉静下来，我们是否有些自私呢？但不管如何，她做出了她的决定和选择！

"我们太想她了，就把她想回来了。上次芊羽也在想的，对不对？"芊羽不好意思地埋下了头！更多的孩子都表示是这样的，并声称："我们有魔法了！"

而小蕾听着我们的倾诉，嘴角泛起了微笑！我说道："你是不是太想我们了，就回来了？"她轻轻地点点头，她也能够这样坦诚自我了。

她望着这个熟悉的群体，总是泛起那熟悉的微笑。教室不熟悉显得不那么重要了！不管是唐语还是芊羽，还是更多的孩子来拉她的手去认识新的教室，她轻轻地跟随着，心愿相随！

教室里就这样荡漾起温柔的涟漪……

■ 我叫皮皮菲莉比

"以前所有在大海上飞翔的海鸥都有一个共同的名字——艾玛。不像子轩叫子轩，不像芊羽叫芊羽，所有的海鸥都有共同的名字。可是有一只却不一样——"我拿起故事书《我叫皮皮菲莉比》，展示封面！

"我们讲过一只与众不同的小魔怪，上个星期我们讲过一只与众不同的——"孩子们接："大雁！"我继续："而这是一只与众不同的海鸥！"

孩子们很快注意到这只海鸥嘴巴里的羽毛，那片与众不同的羽毛！我的孩子们呐，越发敏锐敏感了啊！他们慢慢能够觉察到故事想要传递给我们的那份蕴意。

我问孩子们这根羽毛的特别之处，孩子们回我："它上面是白色的，下面是黑色的。"

打开的蝴蝶页也恰恰印证了孩子们的这个发现！蝴蝶页上有很多的海鸥羽毛，恰恰有一根与众不同的羽毛！

"你有没有找到我的羽毛在哪里？"我直接用故事主角的口吻，没有任何招呼地问道，我等待孩子们的意会和连接！

"那个，那个！"孩子们居然知道我的问话所指！

"为什么这是我的羽毛？"

孩子们认为，这不是不言而喻的吗？因为封面上的海鸥不就衔着自己的这根羽毛吗？我不作声了！我转而打开扉页开始介绍各个名叫艾玛的海鸥，以故事主角的口吻！

"这就是我，我们家族里的人都有一个共同的名字叫艾玛。"我指着扉页右下角的那只海鸥，"我可不一样——"我没有继续说，但孩子们已然开始好奇："哪里不一样呢？"故事从这里就开始了！

前一天在我自己熟悉把握故事的时候，就已经感觉到这个故事中文字的韵律和节奏，在这韵律和节奏之中行进的旅程和故事，就像字字落珠的音乐。很多故事往往注意到了音乐美，就失去了故事美，有的故事注意到了故事悬念，就融合不了音乐节奏，而这个故事却将两者融合得太相宜了！它能够吸引到我的这些孩子！

给孩子们讲故事的时候，我都会根据孩子们的理解水平自然地做些调整和改编，以应和孩子们的认知和生活经验，并经由这种融合，将故事内化并形成我们自身的故事！

　　我开始了内含情绪力量的讲述。

　　"那个小海鸥第一次学习飞翔的动作。"我一字一顿！

　　"谁学会了飞翔，谁就会得到一个名字：艾玛。"这句我重复并重音强调。

　　孩子们似乎都体会到了那种对标准化的莫名害怕，他们有那么一刻屏声静气！

　　"我不想叫艾玛。"我停顿，孩子们急切地看着我，仿佛他们渴望那个说"不"的自由！

　　"皮皮菲莉比！"坐在前面的孩子们啊，听到这个名字，没有好奇，没有轻松下来，似乎身心更加凝聚着紧张！

　　而故事的确如孩子们的情绪所料，大人们、同伴们激烈地反对和排斥，让孩子们感觉到了难受！

　　"好，现在你们应该请求我说：'留在这里吧！'"虽然海鸥通过这样看似幽默的方式期望着大家留下它，但孩子们感觉到了这幽默中的悲伤！

　　"我可要真飞啦！"尽管海鸥这样表示，可周围是那样的宁静，孩子们感觉到了这宁静的可怕！

　　"那好吧，我走了！"孩子们感觉到了海鸥的落寞和难受！教室里的气息就那样紧紧的、紧紧的……

　　"她，飞啊飞啊飞啊，直到一点儿都飞不动了！"孩子们能够理解海鸥为什么这样飞，尽管孩子们一句话也没有说，但从他们那样的眼神里，那样的安静里能够领会得到！要想做一下自己，就像我们小朋友要在大人的要求下坚持一下自己的想法，是多么的不容易啊！有时候不得不付出代价，被训斥、被孤立的代价！而大人在更大的权威前面，也是这样落败的！而他们从皮皮菲莉比身上体会到了内心中想要说不、想要冲破一切的期望！他们想要看看这条路走下去会怎样！

　　外面的世界是那样的博大、深远，我们会遇到与我们相知的人们，并在这种相遇相知的镜像中，找到我们自己。

月亮这样介绍自己："我是月亮，我有时又胖又圆，有时又瘦又扁，有时候你根本就看不见我，尽管如此，谁都认识我！"

渴望相知的皮皮菲莉比很主动："你能发出一种非常特别的光，而我是一只与众不同的海鸥，我们可以做朋友吗？"

风是挠着皮皮菲莉比的痒痒出现的："我是风，我有时猛烈狂野，有时温柔轻盈，但无论怎样变化，我都永远是我自己。"风对自我的表达比月亮更加明了和确知！皮皮菲莉比亦是如此："我是皮皮菲莉比，我的羽毛闪烁着月亮的光芒！"她的介绍因着相遇和相知而越加丰富起来。

追求自我的皮皮菲莉比非常喜欢风："你愿意做我的朋友，和我一起飞吗？"她们不仅有了沟通，还有了共同的旅程：她和风儿一起飞，比以往每次飞得都高，比以往每次飞得都远，越过了七座高山，飞过了七条河流，穿过了七朵云彩，然后又往回飞！

这"七"代表了磨砺，这"七"还有史诗般的叙事感，孩子们仿佛置身于这样的宏大旅程中，一起经历，一起磨砺。

雨来了，风走了！因与风的相遇，皮皮菲莉比对雨的介绍更进一层："我是皮皮菲莉比，我的羽毛闪烁着月亮的光芒！我飞得像风那样快。"

雨滴这样介绍自己："我们是雨滴，我们有时是小水洼，有时是小溪，有时是河流，有时是大海，不过无论怎样，我们都永远是我们自己，我们能打湿一切。"我们不仅是我们自己，我们还有自己的能力和力量——打湿一切。而就是这个力量，却对皮皮菲莉比的羽毛无可奈何！由此皮皮菲莉比从中也感受到了自己的力量感。她不再像与风一起时是跟随着的，而是与雨滴同行：游过小溪，游过河流，游过大海，就像一条大船，在浪间摇摇晃晃地漂流着。

如果说与风一起时的飞翔，是海鸥的本能，那么与雨滴的同行，则是海鸥的突破。

皮皮菲莉比遇到了小猴子图图："我是皮皮菲莉比，我的羽毛闪烁着月亮的光芒！我飞得像风那样快，雨滴也永远打不湿我。"

小猴子图图负责让船沿着正确的航线行驶。皮皮菲莉比在这里当了海员，并从图图那里倾听到了许多许多的故事！故事是情感的土壤，故事就是成长着的生命。

"皮皮菲莉比想家了！就像小蕾想我们一样。"小蕾正热烈地看着我，我也会意地望了她一下。当皮皮菲莉比从自己的翅膀上拔下一根柔软的、闪闪发光的羽毛要送给图图的时候，我相信我的孩子们怔住了！友谊可以是这样的美好，这样的深情！

对于图图来说，与皮皮菲莉比的相知相遇，又是一个新的故事！不过我感觉到我的这些孩子并没有注意到这一点，他们的心就在皮皮菲莉比那里！这一次，他们完全自居为这只与众不同的海鸥。

皮皮菲莉比来到城市，来到公园，遇到了很多小朋友，她开始介绍自己：

"我是皮皮菲莉比，我的羽毛闪烁着月亮的光芒！我飞得像风那样快，雨滴也永远打不湿我，船长图图是我的朋友。"孩子们开始以皮皮菲莉比的口吻跟随我一起介绍，这就是故事重复、叠加、递进的一种节奏对于孩子们的烙刻。

"可是小朋友有没有听懂海鸥的语言？"我自然地问，孩子们自然地回答："没有！"这个刹那，我非常惊讶孩子们为什么有这样的回应，是因为我的语气暗示，还是因为他们自身体会到人与动物的隔阂？这些朋友不但听不懂皮皮菲莉比的话，还要抓住它！

"皮皮菲莉比喜欢这样吗？"我自然地问，孩子们自然地回应："不喜欢！"孩子们感受到了皮皮菲莉比快快飞走的惊慌！他们是不是也有些时候是如此这般的惊慌呢？

她遇到了一只乌鸦，她总是主动的："我是皮皮菲莉比，我的羽毛闪烁着月亮的光芒！我飞得像风那样快，雨滴也永远打不湿我，船长图图是我的朋友，也没有一个孩子能抓得住我。"

乌鸦有好奇，也有认同："所有的海鸥都叫艾玛呀？嗯，怎么还有这样的事？不过大家都会有各自的不同，无论他叫蚂蚁，还是艾玛——皮皮，或是野竹笋什么的，那又能怎样呢？"不知道为什么，故事讲述到这里的时候，我的心由衷地为之一颤，忽地万分柔软起来。乌鸦仿佛一个智者，再小的蚂蚁，抑或者是植物，只要是生命，本来就有各自的不同，我们共同栖居在这个世界里。

皮皮菲莉比从乌鸦这里更加确认了自我，把握了自我！皮皮菲莉比羽毛的末梢是和乌鸦羽毛一样的颜色，看起来是色彩的相同，其实更是内心的认同。

皮皮菲莉比回家了！

皮皮菲莉比从一个模模糊糊想要自我独立的孩子，长大了，有了足够的力量。当其他海鸥像以前那样想要排斥她的时候，她显得那样的镇定和从容："安静，别吵了！"

而这一股力量的确就那样轻轻地镇住了所有的海鸥！他们开始了倾听……我把故事结束在了这一页。

"我的旅行怎么样？"

其睿："结束了！"

"还有谁进行过旅行？"

"大雁！"对，这几天禹季总是强调他叫富勒呢！富勒就是《宝儿》里那只善良的狗啊！

我们回到封面："我叫皮皮菲莉比，小朋友再见！"

时间就这样快地从身边溜走！"故事时间"是这样的单纯和美好！我又一次想到天空那纯净的蓝，就如这样纯粹地讲故事一般！而围绕在故事周围的心灵与故事的交互、浸润又如这蓝色一般厚重、深远……

这是一和许多的故事。

一个没有羽毛的大雁宝儿，许多个有羽毛的大雁。

一个不想叫艾玛的皮皮菲莉比，许多个叫艾玛的海鸥。

对于孩子们来说，这就是我和你不同的故事。

这种体验在特意准备的体育活动"我和你，来运球"中有；这种体验在用橡皮泥造型皮皮菲莉比这只特别的海鸥中有……这种体验就蕴藏在我们无处不在的生活中。我们是大雁宝儿，我们是皮皮菲莉比，恰如惠特曼所说，我们正在遇到的，就汇聚成我们，于是我们书写着自我的故事，故事就是我们的美好！

■ 我们喜欢的不一样

（一）我们喜欢的不一样

"每一个小朋友都有自己的本领！我们先认识了与众不同的小魔怪，又认识了与众不同的大雁宝儿，昨天我们则认识了与众不同的海鸥……"我喜欢和孩子进行条理化的梳理和回顾！

我想起了我们小班时候的小海螺，应该也是一只与众不同的海螺！这四个与众不同的朋友都给我的孩子们怎样的印象呢？

1. 小海螺有哪些地方和其他的小海螺不一样？

明哲："别的小海螺没有朋友，这个小海螺有朋友！"明哲的意思是真正的朋友。

竣童："去远航的时候有朋友啊！"

我发现孩子们的理解能力和领会能力似乎又深入了一个层次！他们的意思是远航的这只小海螺有真正的朋友，而那些在黑黑的岩石上看似有许多同伴的海螺事实上却是没有朋友！孩子们从大鲸鱼和小海螺身上懂得了什么才是真正的朋友！这种意会是令人感到骄傲的！

2. 小魔怪与其他魔怪相比有什么不同的地方？

禹季："其他的魔怪吃人！"

珠峰："小魔怪的爸爸吃人！"

家瑞："只有那只小魔怪去上学了，其他小魔怪都没有去上学！"

"小海螺想要去远航，小魔怪想要去上学！"孩子们最后发现了根本的不同点。

3. 宝儿与其他的大雁有什么不一样？

高昀："宝儿没有毛，其他的大雁都有羽毛！"

其睿："很多大雁不喜欢她，只有一个大雁喜欢她！"

4. 海鸥皮皮菲莉比与其他的海鸥有什么不一样的地方？

明哲："她的名字不一样！"

"中三班的每一个人：你有什么和别人不一样？"我顺着上面的问题接着问。

淑媛："头发！"

哦！对，我们上个星期比过长得不一样的地方！有的说个子，有的说发型，有的说脸型，有的说声音，有的说穿着，有的说手和脚……好吧！一个个回顾过去，把这些"长得不一样"的地方排除之后，还有什么地方不一样呢？这需要一些突破！

我突然问有些分神的子钰，她倒是反应非常快，刚愣愣地看着，坐好的刹那就说道："做的事情不一样！"从某个角度来看，她开拓了其他孩子回答的角度！

明哲："我喜欢打架，别人不喜欢打架！"

思雨："别人打架我不喜欢，我喜欢折衣服放在柜子里！"

稚轩："脸型。"

这个问题孩子们很难意会出其回答范畴！我们稍稍具体一些，从喜欢吃的方面入手，从喜欢玩的方面入手！我们发现了就喜欢吃的方面来看，在竣童和其睿之间有一样的也有不一样的！

一说到这一话题，孩子们似乎有说的强烈欲望！找一个朋友来说说、比比！而我得先找个朋友来试试看！

环顾一周，小蕾在举手！她回来之后总是有着某种渴望，不管什么时候她都期待地望着老师和小朋友呢！好吧！就请她来做我的朋友，让我们来说说、比比，我们有哪些共同喜欢吃的、喜欢玩的，有哪些不一样的喜欢吃的、喜欢玩的！拉着她的手，和她轻轻地对话，那样的安静和柔和！

孩子们学着我们俩的模样，搬着小椅子面对面地去比比、说说：有的像我俩一样手拉着手儿，有的却是促膝而谈呢！

其实内心非常好奇他们会谈些什么，走过之时，听得一些喜欢吃和玩的只言片语，却也怕自己的驻足会打扰他们的互谈！

集中展示环节，孩子们开始表达自己的喜好时，教室里聆听的耳朵就多了起来！

秭赟："我喜欢玩蜡笔！"的确，这个对美有着直觉的小姑娘，对画画情有独钟。

小蕾："我喜欢玩橡皮泥！"

家瑞："我喜欢弹钢琴。"

明哲："我喜欢跳。"

稚轩："我会种花。"

高昀："我会帮妈妈拿鞋子。"

薛天："我会帮妈妈切菜。"

小蕾："我会转呼啦圈。"

……

孩子们似乎有了自己明显的朋友倾向，很多对孩子在结对活动中时常是持久做着朋友的！这恰恰是孩子从自我走出的第一步。他们开始关心、牵挂那个自己最熟悉的同龄朋友。

明哲因和陈奕一组，两个人不仅在自主活动时看了更多的书，并且在这次的记录表上，记录的线条完全不像他们的美术作品那样呈现混沌状态，而是脉络清晰可见！

唐语和子钰一组，瑞阳和朱浩一组……这些组的记录都条理清楚，数量关系明确！有的孩子是用圆圈或其他符号化的线条记录的；有的孩子则是用了叙事性的线条进行记录的；有的孩子则是用写实的方式描述记录的……

比较惊讶的是孩子们这次的记录比上次测量活动中的记录有条理、有秩序了很多！这次他们需要记录吃、玩和会三个方面的内容，而每个内容又可以是多项的，而孩子们能够把握其中的从属关系，记录完整，真是厉害的进步啊！

我期盼着孩子们从一次次的记录活动中，促使思维逐渐地条理化、逻辑化！

（二）总是想要一个自己的名字

从感受故事中与众不同的角色开始，来到生活中记录与众不同的每一个我们自己，再回到这一周故事中的皮皮菲莉比，体会皮皮菲莉比在与众不同之下的那种冲突心境。

"皮皮菲莉比的与众不同表现在哪里？"

秋儒："她的名字。"

"她不跟其他的海鸥在一起。"丁诣说。

"她是自己不愿意跟其他的海鸥在一起的吗？"

丁诣补充："就像秋儒说的名字不一样，所以才不在一起！"

"她总是想要一个——"

稚轩："一个新名字！"

"我总是想要一个我的名字。"我用歌词这样说，"她有没有做到呢？"

"爸爸说不行！""妈妈说不行！""哥哥姐姐说不行！"孩子们七嘴八舌！

"好吧，不行就不行，我叫艾玛！"我紧接着用海鸥的口吻这样说！

"没有！"孩子们表示！

"小小的我啊也能轻松做得到！我的名字要叫——"我用歌词来激起小朋友的表达欲，孩子们一下没反应过来，一个个说着"艾玛！"

我只是继续不断地问，几次之下，孩子们开始醒悟过来："皮皮菲莉比！"

"我不想叫——"我继续！

"艾玛！"孩子们接应！

"我总是想要一个我的名字，我想叫——"我化用歌词问！

"皮皮菲莉比！"孩子接应！

"我不想，我和你们每个人都一样，我想叫——"我继续，由此强调皮皮菲莉比的那种坚决！

"皮皮菲莉比！"孩子们接应，通过这种接应语气的确定感受皮皮菲莉比的决心！

"妈妈说——"

"不行！"

"爸爸说——"

"不行！"

"哥哥姐姐说——"

"不行！"

我们如此对话，都是为了感受皮皮菲莉比坚定的决心！

"妈妈说，你就不能和我们在一起了；爸爸说，我喊你们吃饭你就听不懂了；哥哥姐姐说，你就不能和我们一起玩游戏了！皮皮菲莉比只好——"

"飞走了！"孩子们接应！

"她说，不停飞翔就是我寻找的美好。"我说出皮皮菲莉比的心声，我说出今天这首《故事就是我的美好》中的歌词！

我们一起跟着钢琴来唱吧："总是想要一个我的名字。小小的我啊也能轻松做得到！还有多远我也不用知道，不停飞翔就是我寻找的美好。"

我们都是沧海一滴啊，小小的我们又如何在这个偌大的世界存在？前面的路有多远我们怎么能知道？只是这不停飞翔的过程就是我们此生的美好啊！孩子们不见得能够理解，但是他们藉由故事能够感受到皮皮菲莉比的那份坚韧和决心，所以能够领会其中的那种意蕴！

我没有回头，只是聆听着身后孩子们的和声！从这和声中我感受到了孩子们对这首歌曲旋律的朝向，从这和声中我可以感受到孩子们对皮皮菲莉比的力量有了一丝丝的感受！

和声很好听！

其实我很喜欢孩子们能够直觉到歌曲旋律的美和歌词自身的力量，由此体现在他们的声音的静谧里，体现在能够一遍又一遍地吟唱中，不需要任何技巧地就那样感受和歌唱！吟唱之后，我尝试问孩子："总是想要一个我的名字，小小的我啊也能轻松做得到！我的名字叫——"

"皮皮菲莉比！"孩子们接了之后，我追问："你的名字叫——"

孩子们反应很快，一个个喊出自己的名字，馨匀还说自己有三个名字，因为有了一个新名字；轮到丁诣和其睿的时候，他们大声地表示自己是皮皮菲莉比！

今天让小朋友有所思索的是：皮皮菲莉比与众不同在她的名字，那么你的与众不同在哪里？同时给父母发去信息："亲爱的爸爸妈妈们，还记得小班时，我们写下自己为孩子取的昵称，为了让孩子们感受到我们的爱吗？时光一不小心就溜到了中班时分，眼下，孩子们在感受自己名字的与众不同，请您帮忙写下您为孩子取名的来由和初衷，让孩子们从中感受一个与众不同的自己吧！"

我就想叫皮皮菲莉比

沙远附耳低语："我的名字里那个沙是有水的！"并嘱咐我，"你要跟大家说啊！"我点头！

继续感受故事《我叫皮皮菲莉比》。

"我叫——"

孩子们已了然于心："皮皮菲莉比！"

打开蝴蝶页："哪一根是我的羽毛？"不言而喻！

打开扉页："你认识我的家人吗？我的家人名字都叫——"孩子们接："艾玛。"看来孩子们对皮皮菲莉比和其他海鸥的不同印象深刻！而我一开始就是以皮皮菲莉比这个角色进入了故事！

指着皮皮菲莉比的家人，孩子们一个个呼过"艾玛！"最后我指着下面的皮皮菲莉比问："而我叫——"

"皮皮菲莉比！"孩子们很大声。

我时常感觉到讲故事需要非常深厚的中气，集聚心胸，然后通过语气挥发开去，致以一种促发倾听的力量！今天中气有些不足！孩子们还没能全然宁静下来！

不过，当小海鸥们在练习飞翔动作的时候，孩子们自然地跟随一起练习，在整齐的动作中大家努力安静下来。而我变成海鸥老师，我看谁学会了飞翔，我就给谁一个"艾玛"的名字！我一个一个摸着孩子们的头："你学会了飞翔，你叫艾玛！"

皮皮菲莉比遇到了月亮，我自然成了月亮，孩子们自然成了皮皮菲莉比，我们开始了对话。我指着下面这么多的皮皮菲莉比，自然地唱起了"你是月亮月亮的朋友……"

风到来时，如是。而当皮皮菲莉比介绍自己的时候，孩子们又仿佛是自己在介绍自己！孩子们啊，就在这故事的进展中自然妥帖地转换着自居的角色。我们自然在这里哼起来："我想要飞得风儿一样高。"

雨滴到来的时候，打湿了好几个走神的孩子的衣服、鞋子或裤子……把他们一个个从晃神中重新拉入了故事之中，刺激他们一起："雨滴随风飘荡不能打湿我。"

当我变成船长图图的时候，不仅请了皮皮菲莉比做我的海员，我还请了淑媛、朱浩等所有渴望故事继续的孩子做我的海员。皮皮菲莉比们一起唱："朋友就是我的向导。故事就是我的美好。"

"图图讲了许多的故事，我还记得有可怕的故事，还讲了——"

"好玩的故事！"孩子们应。

禹季："大象的故事！"

高昀："猫头鹰的故事！"

小蕾："太阳的故事！"

卢珣："讲了小树长成大树的故事！"

孙燃："还讲了小魔怪！"

禹逸："小魔怪去上学的故事！"

馨匀："宝儿的。"

唐语："小海螺的故事"

宇鑫："怪兽的故事。"

家瑞："船员的故事。"

陈奕："抓星星的故事。"

稼禾："霸王龙的故事。"

沙远："躲猫猫大王的故事。"

……

"你们这么理解图图啊，他真的讲了这些故事！皮皮菲莉比以前听过故事吗？"

孩子们："没有！"

"这些故事真的太好听了，皮皮菲莉比在船上待了很长很长的时间，乌龟从他们的船旁游过，鲨鱼从他们的船旁游过，海豚从他们的船旁游过……"动物总是具有一种神奇、未知的魅力，这样的排序讲述让孩子们再次安静下来！

皮皮菲莉比从身上拔下羽毛的情节，依然让孩子们感觉到凛然以至于安静！大概是孩子们感觉到那种痛楚，那种图图和皮皮菲莉比之间居然有如此情谊的震撼吧！图图的再见也是轻声的，发自内心的呼唤和抚摸！此时此刻，图图的脑海跳进了一个新的故事，这个故事是什么呢？

"大鲸鱼的故事！""船员的故事！""海鸥的故事！"孩子们说。

今天当故事讲述到和皮皮菲莉比遇到智者乌鸦的时候，我们说到每个人都有每个人的不同，说到一直专注倾听的禹季，说到一直在思索的家瑞，说到……我强调：虽然有那么多和我们一样的小朋友，但是只有一个叫瑞阳，只有一个叫稚轩，只有一个叫……

"只有一个叫馨匀！"馨匀在模仿！

当然皮皮菲莉比和乌鸦做朋友，也有他们之间的共同点，那就是皮皮菲莉比羽毛末端的颜色和乌鸦的一样，象征皮皮菲莉比很喜欢乌鸦说的每个人都可以与众不同的想法，所以他们很适合做朋友！

讲述到这里的时候，我有了重音的强调："我太想我的家人，我要告诉我的家人我的一切……"这个"我的一切"就是皮皮菲莉比的故事啊！在这里我希望孩子们能够感受到那种自我经历一切的力量！故事就是皮皮菲莉比的美好啊！而且我相信，我此刻播下的种子，一定会在某个人的心灵深处扎根！

当皮皮菲莉比回到自己家的时候，给所有的海鸥讲起了自己的旅程。在这个旅程中，我们就成了皮皮菲莉比在回忆着自己的经历。最后朱浩还提醒，我们还遇到了一个朋友，那就是乌鸦！皮皮菲莉比们发自肺腑："朋友就是我的向导。故事就是我的美好。"

周一时，我们的故事到这里就结束了！今天我们翻开最后一页，孩子们的眼神中明显有了好奇和期待。

"所有的海鸥都叫艾玛，无论是爸爸妈妈，还是爷爷奶奶，爷爷的爷爷，奶奶的奶奶，但自从皮皮菲莉比回来之后，最美丽的海鸥的节日，变成了海鸥取名字的节日。就从那天起，每只海鸥，都开始为自己寻找第二个名字，一个与众不同的名字，一个适合自己的名字——我想叫什么呢？"

"这只海鸥你想叫什么？"

"皮皮菲莉比。"

"小樱。"

"艾玛。"

"北极熊。"

"我不想叫别的，我就想叫本来的名字。"

"小金鱼。"

"小兔子。"

……

有好几个孩子想叫艾玛！这也是一种坚持。

好多孩子都想叫皮皮菲莉比，他们并不是想要一个共同的名字"皮皮菲莉比"。他们是想要"皮皮菲莉比"的这一份独特！孩子们想做皮皮菲莉比！还可以从下午配班和孩子们折叠皮皮菲莉比的折纸活动中看出来！孩子们手中的皮皮菲莉比，不见得都和图样上的一模一样，却是传神的，很有皮皮菲莉比在海上飞翔的那种风范！孩子们都敏感地觉察到海鸥飞翔时翅膀稍稍弯曲的滑翔感！

在折纸活动中，本来我总是在困惑：孩子们似乎总是无法折叠得那样精准和到位，那我们又如何来协助孩子们呢？

可看到孩子们的海鸥，我却意识到：孩子们折纸是一个慢慢养成的过程，重要的是他们在每次折纸过程中对事物的观察和领会，是否能够把握事物的神态，这才是关键！

我突然意识到，所谓艺术，就是事物本相或本质的呈现！我想到我描述的每一片生长着的叶子，它们的叶脉都有向阳的气息！这就是生命的本相！当生命的内质呈现出来的时候，美就自然有了！

我很喜欢嘉妮的那句话：我就想叫我原来的名字！

当你是你所是的时候，你才是最美的！

■ **故事就是我们的美好**

（一）

在教室里，几个老师不是在努力主动支持孩子们游戏，而是努力做到让自己身心安定下来，静坐教室的一侧，学会安静于自己的劳作或记录或看书！老师安于自己的事情，会让那些久臣于老师之下的孩子们放心、安心地打开自己的心扉！唯有这样，孩子们紧缩着的触角才会慢慢地在这个教室里伸展开来，慢慢地自在自得！

好阳、薛天等好几个大男孩就是超人，他们在忙着玩打怪兽的游戏，一会儿好阳还在我钢琴凳子下面埋伏，一会儿又到了另一个地方攻击！像沙远、秋儒这些才来的"小喽啰们"也跟着这儿"嘿哈"一下，那儿"砰啪"一下。嘉妮钟情于一个人画画，画她自己心中的图画。珠峰跟着孙燃在那边的桌子上搭建雪花片，看得出来是房子。禹季、家瑞、陈奕等好几个男孩正在地图前指指点点、谈谈说说。鸿楠正拿着自己的折纸，告诉我是"皮皮菲莉比"。稀贝很舒服地躺在娃娃家外面孩子们午睡的床上，秭赟趴着朝向她，看似很亲昵、惬意地对着话……

这个世界的生态自成形态，原非要人来制造！也难怪我们中三班的孩子在"我和别人不一样"的哲学课程中总有一种"不可思议""这还要说"的姿态，因为他们早在自己的生活中就已经领会到"每个人本来就不一样""每个人不一样本来就没关系"啊！

在孩子们自主活动的时间里，我们花了一点点时光来继续周二关于"喜欢的不一样"的记录。同时，让每一组来老师这里进行了一对一、个别性的记录描述，让老师有一个充分的了解。

（二）

今天已经有小朋友带来自己的名字故事了！

"还记得船长图图吗？他的船一直航行在大海上，当乌龟从他船旁游过的时候，他给他们讲了一个——"我停顿，看孩子们如何思索回应！我的语气里当然有需要他们思考的意思！他们就像昨天一样有的说是可怕的故事，有的说是好玩的故事，我笑笑摇头！

"当乌龟从他船旁游过的时候，他讲了一个皮皮菲莉比的故事；当鲨鱼从他船旁游过的时候，他讲了一个皮皮菲莉比的故事；当海豚从他船旁游过的时候，他讲了一个皮皮菲莉比的故事；当成群结队的鱼儿从他船旁游过的时候，他讲了一个——"

"皮皮菲莉比的故事！"

"皮皮菲莉比回家之后怎么样？"

稚轩："大家都不理会她！"

"皮皮菲莉比呢？她变得——"

"勇敢！"家瑞回答！

"她给大家讲了一个自己的故事！后来呢？"

"大家都想要一个自己的名字了！"孩子们七嘴八舌，但心中都已经明白故事的要义了！

"皮皮菲莉比的名字有一个故事，我们小朋友也有一个自己的故事，让我来讲一讲谁的名字故事呢？我讲完之后，你们来猜一猜这是谁的故事。"

给孩子们讲述自己名字的故事，善于倾听和思索的小朋友，总是能够根据故事中的内容来判断出这是谁的故事！

"我们小朋友有自己的故事，皮皮菲莉比有自己的故事，你们还记得皮皮菲莉比是怎么介绍自己的吗？"

馨匀喊："我叫皮皮菲莉比！"

小蕾："她离开了妈妈，离开了家！"

"她离开了家，离开了妈妈之后，是如何向别人介绍自己的？"

瑞阳："我的羽毛闪烁着月亮的光芒！"大家情不自禁地为他拍怕手！

孙燃："谁也抓不住我！"

"说的是谁也抓不住我？"我提醒他说话要完整！

馨匀："你好，我叫皮皮菲莉比。"

尚宸："每个人都抓不住她！"

好阳："我能够飞得像风儿一样快！"

俊童："有一个男孩也想去，不过他会掉下去的！"他说的是皮皮菲莉比的遭遇。

沈昕："图图是我的好朋友！"

家瑞："雨滴永远也打不湿我！"

我们一起来给皮皮菲莉比做总结："你好，我叫皮皮菲莉比，我的羽毛闪烁着月亮的光芒，我飞得像风一样快，雨滴永远也打不湿我，船长图图是我的好朋友，没有一个小朋友能够抓得住我，我有自己的故事！"紧接着，我们就跟随着钢琴来哼唱歌曲《故事就是我的美好》。

给孩子们用图图和皮皮菲莉比的故事讲述了什么是"向导"！然后我们继续跟随着钢琴哼唱，专注投入的孩子一会儿就把握了副歌部分！于是我们组织了一个小小合唱队，开始演唱！女生的和声又轻柔、又绵长！啊，当教室里只有这优美的和声在回荡的时候，简直美极了！

■ 我想要叫的名字

雨！

晨！空气不错！

走过黄杨，走过海棠！

前面的队伍已经远去！我们却被许多的蜗牛和毛毛虫缠住了脚步！

稚轩："我们给他们取个名字吧！"

"叫什么？"我问！

"这个叫尼莫！"

"哦！取了名字就变成一个——"我问！

"与众不同的毛毛虫！"好几个刚来的孩子接道！

今天我们继续来讲述孩子们名字的故事。

我们是从那只叫尼莫的毛毛虫开始的，这只毛毛虫因为拥有了一个自己的名字，所以成了一个与众不同的毛毛虫，和他人不一样的毛毛虫！

说到星期三的时候有小朋友想叫皮皮菲莉比，有小朋友想叫小樱，有小朋友想叫艾玛，有小朋友想叫本来的名字……那么你最想叫的名字是什么呢？为什么呢？

这是一个感受自我、思索自我并寻找符号代表自我的历程。

画画也是这样一个过程，尤其是没有任何要求的意愿画。

今天我们第一次随意用色，这和小班时不同，当时都是老师调好色或配好色分发到桌的。

我们了解过我们自己喜欢的吃的、玩的，包括我们各自不同的本领，今天我们可以用我们自己喜欢的颜色来画自己想要画的事物！这就是我们今天画画的全部要求！这意味着孩子们要独立思考"画什么"，独立构思"怎么画"，独立完成"要画的"，要有统筹过程的思维能力以及坚持完成的思维品质！我们可以借此了解孩子们在"我和别人不一样"这个主题课程活动中抑或在我们这个班级氛围中逐步建立起来的自我能量有多大！

今天还是我们第一次有选择性地进行作品评价！小班时我们对所有孩子的作品传达一种欣赏，想要呈现的不是作品本身，而是展示所有作品所代表的对每一个孩子的认可！而当孩子们慢慢已经内化并认定了老师对他们的认可之后，他们就有心理力量来承受起具有审美引领作用的个别作品欣赏评价了！这也是对自我认识的一个方面——能够正确看待自己不完善的地方！也就是说，美术活动要越来越承载美术这个学科本身的特色了！这是学科特征慢慢呈现分化的开始！因此，对孩子们作品的选择性欣赏，都是基于画面构图和布局、基于画画思索和想象、基于色彩线条表现等方面，也兼顾孩子纵向比较的进步方面。

欣赏稼禾的作品："他用了绿色和蓝色，放在一起非常舒服的颜色，用简单的线就画出了河流、小草、房子，还有自由自在的一条鱼，就像我们小朋友一样。"要跟孩子们表达清楚一种感觉真不容易！有的话我心自明，却不知道如何让孩子们能够感觉得到！他往常的命题画都显得拘谨不自在，而今天的这幅意愿画却显得那样的平和、安静和自在，画面舒张、放松，就像水母全然地舒展开来，没有一丝拘谨！

禹季的："他还记得我们小班时一起吹的蒲公英，所以他画了许多飞翔的蒲公英，仿佛我们那时候的生活又在眼前一样啊！"作品有内在，表明了艺术的本质就在于描述生活！

好阳的："这幅画美就美在许多颜色这样放在一起，是那样的鲜亮和美丽！"这样说着我拿起家瑞的："而这一幅作品恰恰只用了翠绿一种颜色，虽然我不知道他画的是什么，却也很特别，让我想到了绿色的池塘、绿色的青蛙、绿色的天空，到处都是绿绿绿！"

其瑞的："'雨停了，彩虹就来了！'他交画时这样对我说！我觉得这一幅画特别就特别在这，画了一幅画，就有了一首诗！"

丁诣的："他告诉我他画的是'教室外面'，我觉得这个题目不错，他画的就是我们在幼儿园里的生活啊！能够把生活画出来的小朋友真是最厉害的！画家最想的就是把我们的生活给画出来呢！"这幅画的细碎、娟秀的线条体现出一种孩子们投入玩耍的专注和静谧，整个画面显得稚拙、可爱！

芊羽的一如既往地抽象、简练，点、各种曲线以及色块在画面上的均衡分布，让我想到米罗的作品，有张力，有弹性，这如何和孩子们表达呢？感受，感受，需要孩子们感受的就是画面呈现给视觉的那样一种直觉感受。

尚宸的作品，每次的用色都是那样的特别："他画的是棒棒糖！不过最特别的是他用的颜色，你看他用了红色、橘黄色、黄色，这些颜色里面都有黄色，最后用了一点点黑色，就像这幅画的眼睛呢！"除了主要角色棒棒糖之外，他还用了一些像反"3"一样的符号，用了一些看似随意的圆圈在棒棒糖的外面或边缘进行自如的点缀和装饰！整个画面就是一种用色的自由、布局的自由、挥笔的自由……

俪静的也是出乎意料的恣意！紫和橘黄的短促的线条之间，挥洒着一种自由点触的感觉，似是光芒下的泡泡中的亮斑一样，这是不是一种对自然的直觉体现呢？

高昀的，更是令人惊讶了！她就是今天坚持画到最后的姑娘！要放在以前，内心不够安全的她是不可能这样笃定地在那里画完自己的作品的！因为她总是固着于涂色，线条短促拘谨，围成的范围往往比较小，在这样小的地方涂色比较困难也需要时间！她不但对画什么不确定，对画出来的东西也不确定，对看到别人交作品自己是否要把它画完更不确定！可没想到她今天的作品这样张扬："这幅画特别在她画的太阳，夏天的太阳怎样？"孩子们都说热！"对，很热，它金色的光芒洒向我们，很热很热，可是现在加上了这些蓝色，又感觉怎么样呢？感觉凉爽多了，就仿佛给太阳装上了空调那样。"

子钰的，是一幅富有想象力的作品！我问子钰你画的是什么啊？她歪着头说："你猜猜呗！"那我可是最喜欢感受和体会的了！"这一定是长着翅膀的房子，它可以把我们带到更多神奇的地方！"她直点头！

评价的语言往往是枯涩、单一的，重要的是这些各富特色的画展示出来的视觉感受，有助于引领孩子们审美和创作。

除了基于审美评价之外，就理性思考、心理安全等其他方面来看，都有其可贵之处。

比如晓米、丁诣坚持完成了作品。要知道在别人玩耍的气场里，要能够心静完成自己的作品，那需要怎样的定力？这只能说明孩子的自我意识和自我力量越发强大了！

比如珠峰的作品，明显看得出他在这个环境里的逐渐适然，上次他的作品还只是黄色的一团线条，今天已经是一栋简练的有门有窗的房子，重要的是这个房子呈现了放松、舒展的姿态！他喜欢黄色，这颜色体现出来的稚嫩或生命力与他的个性是否有某种关联呢？

俊童是不是特别关注我呢？反正他画了一个大大的我！

……

每一个孩子都有各自不同的擅长点，有的擅长画画，有的擅长唱歌，有的擅长律动……即便画画这一个领域，每一个孩子也会有自己的不同的艺术表达风格，有的孩子擅长线条叙述，有的孩子擅长抽象表现，有的孩子擅长色彩调和……孩子们慢慢地在学会接纳和认可那个不完整的自己，作为成人，我们能够做到吗？

Part3　不一样，没关系

你会发现在中班的哲学课历程当中，一直有着两条行进的明线，一条就是故事人物不断言说、不断歌唱、不断发展的线索，一条就是在故事的引发之下，孩子们对自我的不断言说、不断歌唱、不断发展的线索。两条线索，胶合着朝前行走。

一只叫宝儿的大雁，一只没有羽毛的大雁，一只生下来就与众不同的大雁，随着课程的发展，她歌唱自己的心境，她歌唱自己的诉求，她最终找到属于自己的生活。

一个是我们，一个生下来就各自不同的我们，一个生下来就注定与众不同的我们，随着课程的发展，我们发现彼此之间长相的不同。我们五官不一样，我们体形不一样，我们个儿不一样，我们还用数学的方式来测量我们不一样的身高，我们用画画的方式来画一个等高的自己，通过我们的作品感受那一个个特别的自己和他人！

就是这样一个与众不同的我们，和那样一个与众不同的大雁宝儿，我们彼此写信、对话，故事就这样和我们的生活交织在了一起，形成了我们自己的故事。

就像海鸥皮皮菲莉比一样，她想要有一个与众不同的名字，她的生命经历编撰成了一个与众不同的故事。而这一切在中班哲学课的第一周就埋下了伏笔：我们一起去赛跑，我们一起去用橡皮泥、用纸造型大雁宝儿的同时，体会宝儿的不同，感受我们各自的不同，包括在这一系列活动中形成的我们的与众不同的故事。

只是，比起宝儿天生的不一样，皮皮菲莉比是自发自主地想要不一样，是对庸常的反抗，是对庸常的超越。皮皮菲莉比想要一个自己的名字，我们也想要一个自己的名字；皮皮菲莉比和别的海鸥不一样，我们不仅仅长得和别人不一样，我们喜欢吃的、玩的、会的、画的等也都和别人不一样；皮皮菲莉比果敢历经编织自己的生命故事，我们穿越哲学课程同样在编织自己与众不同的生命故事。

生活在群体当中，想要获得群体的认同，是一个本能的诉求！这诸多的不同，想要轻松驾驭并被群体认可，并不容易！如果想要与群体相异却也要获得认同，就更不易！第三周的哲学课，会不会给予我们一点引导和启迪呢？

我也叫奇奇

（一）

周一早晨的晨谈决定了这一周的基调：肯定上周教室里有创意的故事情节，将值得商酌的行为描述出来一探究竟，真诚地提出对个别孩子的期望！我一直秉持要求不在多，而在于基于观察的精确性和当前性！所以一周一要求就足够了，并且即使是这一个要求还需要长期的养成呢！教师的威严来自于敏锐的洞察、基于事实的描述、满怀期望的严肃批评，同时给予了孩子们一个明确的界限感，就在这公正的威严和温和的接纳之间，心生安定，自发宁静！

教室的一端，高昀和子钰在搭建小兔子奇奇，一直就是那种专注的姿态！好多孩子已经回家了！他们两个人的奶奶也那样耐心地等着，没有半句催促！我从中看到了大人们对孩子劳作状态的一种呵护和敬畏！

姊赟的兔耳朵一如她平日的形象造型，可爱型的；陈奕的小兔子一如他自己瘦瘦长长的；珠峰的兔子有基本的形象了，有了思考的痕迹。当竣童拿着他的兔子过来的时候，我真的吃了一惊："天哪，这才是真正的奇奇啊！"这下把他给得意的啊！他拿着兔子去告诉许老师："高老师说我这个才是真正的奇奇！"当然我这么一惊叹，也给了其他孩子暗示！

当卢询把她的兔子呈现给我看的时候，又是一个惊叹！那色彩非常的华丽！那造型真是与众不同！她搭建了一个真实生活中的兔子！形态稚拙，富有一种特别的童态！

好阳的兔子造型就像他的绘画一样，有一根线拉成的拓扑性质；而子钰的兔子造型则突破了线而走向了面；其睿、嘉妮和稀贝都给奇奇的长耳朵上配上了花朵……故事和孩子们的雪花片造型、折纸造型之间呈现着一种怎样的关系呢？

这使得我想起早晨和孩子们的故事时间！

（二）

因为皮皮菲莉比，这几天我开始在活动之前哼唱《月亮婆婆喜欢我》。

月亮婆婆喜欢海鸥，将它的月光洒向了皮皮菲莉比的羽毛，由此皮皮菲莉比的羽毛闪烁着月亮的光芒！我说，宝儿是一只与众不同的大雁！

其睿开始接："小魔怪是一只与众不同的不吃人的魔怪！"

对，我们认识过与众不同的大雁、海鸥、小魔怪还有小海螺！不过我们今天要认识一只与众不同的兔子！

当然这只小兔子的名字是以皮皮菲莉比的方式出场的："我是有名字的，我不叫艾玛，我不叫皮皮菲莉比，我叫奇奇！"

其睿："我小名也叫其其！"

禹季："有很多人都叫奇奇的。"

"他可能与众不同的地方不在名字。"我口气一转就以封面上的小兔的口吻问，"我有哪些与众不同呢？"

稚轩："小白兔不是这么高的。"

沈昕："小白兔不是这么胖的。"

淑媛："小兔子的脚没有这样大的。"

嘉妮："小白兔都是红眼睛，这个不是的。"

家瑞："一般的小白兔都摸不到自己的耳朵，这个怎么能摸到自己的耳朵？"

……

孩子们对封面上小兔子的观察都很仔细！

"我一点点也不开心！"刚刚还欢乐着的孩子们一愣，继而心情一紧！我感觉到孩子们总是对"不开心"尤其敏感，更容易形成某种共鸣！

"他喜欢吃萝卜！"有孩子发现！是不是呢？

"这个奇奇还有一个特别的地方！他不是中国的，不是英国的，也不是美国的——"

有孩子在下面喊："也不是韩国的！"

"我是比利时的，你们可以在地图上找一找我的国家！这个是我的名字（指着封面上的英文名字），瑞奇！但翻译成中国话的时候，叫奇奇比较方便。你们是希望我叫他瑞奇，还是奇奇呢？"举手表决之下，还是决定叫奇奇！

打开蝴蝶页，孩子们看着满页的萝卜自发说道："胡萝卜！"

打开扉页："这就是我们班的许许多多的——"孩子们自然接："同学！"孩子们自发地和我共同讲述了！

我们就看着这扉页上的同班同学，开始了第一页的对兔子的故事的介绍："你知道吗，我们班的兔子，有胖的兔子，有瘦的兔子，有高的兔子，有矮的兔子，有遵守纪律的兔子，有调皮捣蛋的兔子，有认真听故事的兔子，有眼睛亮亮的兔子，有像禹季这样爱动脑筋的兔子，有男兔子，也有女兔子……"

稚轩："还有举手的兔子。"

"对的，也有像嘉妮这样认真听故事的兔子，也有……"一个个孩子说过去，"但是不管是什么样的兔子，每只兔子都有两只长长的耳朵。奇奇也有两只长长的耳朵，但是你发现没有——"

"一只耳朵掉了。""一只耳朵是直直的。"孩子们注意到了奇奇奇怪的耳朵！

"一只耳朵——"我停顿。

孩子们接："弯弯的，没精神！"

"怎么回事？"

稚轩从兔子的表情上有发现："他的同学都笑他。"

其睿回应："因为他的耳朵一只长长的，一只弯弯的。"

在他们的自发对话下，我总结："其他兔子的耳朵都是——"

"竖着的。"浦发说。

"可是奇奇右边的耳朵是弯弯的、软软的。所有的同学看到奇奇都说：'弯耳朵，弯耳朵。'所有的同学都像稚轩说的那样在笑他。"

"你看他怎么样？"

卢珣："他难受起来了！"

孩子们都低沉地说："难受！"

"软耳朵，快把你的耳朵竖起来，像我们一样！奇奇的心情怎么样？"看到孩子们自然地进入到故事讲述中来，我自然地发问！

"更难受！"孩子们说。

"不行的话，那就用双面胶粘一起。"其睿自发地想起办法来！

正如其睿，奇奇自己也开始想办法了！

"你看看奇奇想的什么办法！你看我的两只耳朵变直了吧！"每一句的口吻角色转换，孩子们都自然地意会到！

"那这样子就不弯了啊！那这样怎么走路啊？"今天其睿思维尤其活跃，心情也随着故事此起彼伏！

"挂在树上就变得直直的啊！"稚轩看着奇奇挂在树上的样子自然地描述。

孩子们都急着想办法。

在孩子据图描述的基础上讲故事："我不会一辈子就这样挂着啊！"

"挂在树上就变直的，在地上就还是弯的。"孩子发现！

"那就下来，把耳朵这样。"朱浩的动作是建议用手把耳朵给拎着！

其睿立刻表示疑问："那吃饭怎么办？"

稚轩："拿筷子怎么办啊！"

行不通！

其睿另想办法："把一只手按在地上倒着走。"

"我认识一只蝙蝠就是这样走的。"我想起《小蝙蝠德林》，"那他看什么东西都是反的啊！那不是别人更要笑他了吗？"

朱浩："头看着地走！"

别人反驳："睡觉怎么办啊？"

明哲："把他的耳朵打个结！"

沈昕："倒着，让别人给抱着！"

禹季："上面弄个热气球，用绳子吊着他的耳朵，就可以竖起来了。"

其睿："那没有气了怎么办呢？气球过几天说不定就会爆炸的！"

淑媛："睡觉的时候多麻烦啊。"

孩子们第一次这样热烈地想办法、质疑、回应，为了奇奇，一种由内而外的善之触发！

我打开新的一页，奇奇并没有想到什么办法，他只是把奶奶的帽子戴在头上，把耳朵藏在了帽子里面。

孩子们看到其他同学的表情，就知道奇奇的心里更难受了！

立刻有孩子发现："帽子把耳朵弄疼了！"

"那不可以回家发明一个机器把耳朵竖起来吗？直的那个机器！不是弯的机器！"其睿一直在想着办法！

奇奇想的什么办法？他想的办法是，把胡萝卜藏在耳窝里面，怎么样？

浦发："变直了。"

禹季："真的有点难看，一只耳朵是椭圆的，一只有点尖尖的。"

其睿："每只兔子的耳朵有点椭圆的。"

孩子们对话着发现："又有点不一样了。"

可是奇奇心情很好："这下我有两只直直的耳朵了！可当他一进到教室时候的时候，其他兔子笑得更厉害了！'奇奇，让我啃啃你的耳朵吧！'"

其睿："耳朵里面长了一根胡萝卜。"

"奇奇心里更难受了。"

其睿："那不小心把他的耳朵吃了怎么办？"

我们开始讲述奇奇的另一个办法，用树枝和绳子绑好耳朵。

其睿："那又不平，木头刮他怎么办啊？有点——痛。"

稚轩："那上学怎么办？"

"同学们还是——"

孩子们接："笑他。"

听着孩子们低沉的声音，我突然很想问一问我的孩子们："如果你们是他的同学，你们会怎么办？"

"我们不会笑！"

"我们才不会笑。"

其睿："因为我叫其其，他也叫奇奇。"

"我小名也叫奇奇。"稚轩恨不得和奇奇叫一样的名字了，表示她的同仇敌忾！

奇奇又开始用纱布把弯耳朵一层又一层地包起来。

孩子们说："但人家还是会笑他。"

"其他兔子的耳朵都是肉色的，不是白色的啊！"

"绕起来就不像了！"孩子们都有自己的发现！

"还是不一样，对吧！"我总结！

奇奇又用上了爸爸的钓鱼竿和夹子——

"也不行，那样子，拿着钓鱼竿，洗澡怎么办？"

"吃饭扶碗怎么办啊？"

……

一连串的怎么办！

"直直的棒子用双面胶粘在里面。"嘉妮想办法。孩子们立刻就说："这和使用胡萝卜的方式一样！"

奇奇还想到了禹季说的办法："可同学们——"

"还是在笑他！"孩子们自然接！

"我觉得他的同学是不是发疯了啊！"想不到办法的其睿急了！

在他的心急中，我加速语气增强这种心急："我怎么才能和别人一样呢？我怎么才能不让别人笑我呢！"

孩子们的情绪啊，真是无法形容了啊！

"小兔子去哪儿了？"我们的情绪落到最底层，声音也不由得落到地上，"他来到黑黑的森林里。实在是没有什么办法！我真讨厌那些嘲笑我的兔子，我真讨厌这双软软的耳朵——"

朱浩："狼来了怎么办？"

最好的办法是什么呢？真是无路可走了啊！

稚轩："他哭了也没关系！"

"找他的妈妈织一个有耳朵的衣服给他！"稼禾大概想到大雁宝儿了！

禹季："我爸爸弄根香烟放在里面。"

立刻有反对的声音："更难受的。""有毒的。"……

奇奇最终去了哪里呢？

"医生！"孩子们看着下一页说！我开始平和地讲述医生给奇奇检查的具体过程。

医生记录下检查结果，想了又想，最终说道："奇奇啊，我发现你的耳朵——"

欲擒故纵啊，今天我的故事就到这里结束了！

"奇奇到底怎么样了？你们会有什么好办法呢？"留下思考，留下疑惑，留下悬念，孩子们大概会开始有些牵挂了！

这是不是下午孩子们对奇奇怪异的耳朵有深刻印象的缘由呢？心牵挂，则思随行，则行必显！

我突然发现这个故事，放在中班哲学课的第三周，是多么的巧妙：前两个故事恰恰是引领孩子们的角色自居和领会，而这个故事恰恰在前面两个故事的基础上自然导引孩子们的对话和参与，以此来厘清、磨炼孩子们对自我的认识和把握！

孩子们和奇奇走在试图和别人一样的路上，因怜悯、纯善，由衷地发出内心的声音：不管奇奇怎样，都没有关系。

■ **我写我的故事书**

（一）

读别人的故事，最终都是为了写我们自己的故事！

我们回忆与众不同的宝儿、皮皮菲莉比、奇奇、小魔怪、小海螺……

薛天说他有其中的三本，表示可以带其中的一本来！

小朋友立刻有了期待："你不要骗我们哦！"

薛天立刻睁大眼睛："真的！"

"大雁有大雁的书，海鸥有海鸥的书，小魔怪写的小魔怪的书，小海螺写的是小海螺的故事，奇奇有奇奇的故事书，我想要一本高昀的故事书，可不可以呢？"孩子们愣住了，一阵叽叽喳喳！

"世界上有没有高昀的故事书呢？"

"没有——"孩子们接。

"也没有浦发的故事书！"

"也没有瑞阳的故事书！"

孩子们倒是联系得很快！

"那，我们可不可以有一本自己的故事书？"

"可以！"

"我也想做一本高老师的故事书。"

"好吧！"我可没有请求他们啊！

"他们不是用手折的。"有观察。

"用机器！"有直觉。

孩子们知道造书不是一个简单的流程，那我们如何来做书呢？

家瑞："用订书机。"

晓米："我家里有。"

"那你借过来用一下。"

她很爽快地说："好的，好的。"

我们用白纸折叠后装订成了一本书的样子。

"现在是白纸，什么都没有！"

稚轩："用笔画！"

"《宝儿》中有——"

其睿："有她的样子！"

其睿："《小魔怪要上学》中有小魔怪的样子。"

"这边是封面，这边是封底！"我想给孩子们确定封面、封底，可孩子们有孩子们的思路。

其睿："打开了就可以看书了！但里面什么都没有！"

明哲："用笔和颜料画。"

子钰："他刚才说的用颜料，弄一页就要等一会儿，不然就粘起来了！"

其睿："怎么画啊？"

"关键是画什么呢？"我随着孩子们的思路，试图梳理清晰，"我想写一个我和小蕾的故事，你们每个人都可以画——"

"自己的故事！"稚轩接道！

"我们要做一本自己的书，是你——"

"自己的书！"孩子们接。

"中午这段时间，你想一想，你想画一个什么故事！"

上午我们来讨论如何制作，下午我们就准备要来做一本属于自己的书啦！

孩子们都想写一个怎样的属于自己的故事呢？

薛天："薛天大王的故事！生活在学校。"

明哲："明哲大王的故事。"

"宝儿的是自己坐船去伦敦的故事，奇奇的是和他班上同学的故事，小海螺的是坐大鲸鱼去远航的故事，你想要写一个自己的什么故事呢？"我意在让孩子根据自己印象深刻的故事来体会故事的样式！

家瑞："我写我和爸爸妈妈去文峰买东西的故事。"

其睿："我写和妈妈看彩虹的故事。"

竣童："写我开大卡车的故事。"

嘉妮："想写一个秘密的故事！"她附耳过来说了一个秘密，嘱咐我不能告诉别人！

高昀："我和妈妈去坐摩天轮的故事。"

俪静："公主的故事。"

禹季："我要写两个故事，我和妹妹坐魔法车的故事，我还要写我和姑姑、妹妹坐魔法飞机的故事。"

孙燃："我想写和妈妈去旅行的故事。"

晓米："我想变成青蛙的故事。"

思雨："我妈妈给我拍照片的故事。"

淑媛："我和我妈妈一起玩的故事。"

馨匀："变小花的故事。"

沈昕："我想写一个关于我和我妈妈游泳的故事。"

……

自主实践里，喜欢黄色的珠峰画了《缆车的故事》，书里面有很多自己的手印；理性的瞻远画了《魔法特工的故事》；湘婷画的是《北京的故事》；竣童想要表现的就是早上说的《开大卡车回家的故事》，简易、简练的车子一页一页地朝前，很特别；家瑞写的是《我和妈妈去上海》，印象深刻的生活故事；其睿写的是《一家人去旅行》，故事情节内容清晰明了，让人一目了然，花了他不少的时间呢，是靠一定的毅力才能完成的；秭赟写的是《我和我的好朋友》，书中能够清晰地看到主题；禹季根据自己的生活写了《去海南岛》的故事，不仅封面契合主题，书里面的情节内容也是一目了然的；丁诣写的是《找宝宝的故事》；淑媛写的是《开始我的冒险》，一看名字就是个特殊的故事，故事的取名是很重要的；尚宸写的是《爸爸和妈妈》，封面有一种抽象风格，他能够将书里面的情节内容画得与主题很是相符，不错的一本书；馨匀写了一本跟她的生活相关的《去沃尔玛的故事》；唐语写的是《我和妈妈》，封面上画的是一家人；子钰早上就想写这本《我想变成青蛙的故事》，不仅题目让人浮想联翩，而且里面的故事内容也完全契合这个故事题目，还考虑了扉页的设计；高昀的书可真是花了最多的时间，花了好几天的空余时间终于交过来的时候，仅仅这种坚持就让人吃惊了，扉页设计很特别，内容是她玩摩天轮的故事，之所以能够看懂，是因为表达得很完整；嘉妮写的是《我》，一看封面就是喜欢蝴蝶结的小姑娘的故事；陈奕的故事就叫《陈奕开汽车》，书里面有各种各样的汽车，封面上陈奕站在地平线上呢，他的画已经有了基底线，他的整个故事立意明确；卢珣写的是《一家人去公园》，这个公园开满了花……每本书中都有一个特别的故事。这是孩子们的第一本书，而且是写的自己的传记故事！每个孩子都能在写书的过程中，注意到封面和封底，有始有终。还有的孩子居然能注意到扉页的设计。有的孩子内页各页的情节内容都应和于封面和自己的故事立意，这已然超越了他们的年龄水平了！

我在考虑以什么样的方式来让孩子讲述自己的故事书。

沈昕还记得达利B与众不同的是他的脚；陈奕还记得小海螺与众不同的是他会写白色的字；小蕾记得小海螺与众不同的是他救了大鲸鱼；孩子们还记得与众不同的小企鹅认为自己很小。从这里我们去体会来到黑暗森林里的小兔子奇奇，就像每一个与众不同的我们，在这个世界中是多么的渺小啊！

就在这样的感受中，我清唱起《小小的我》，感伤却又有力量的歌声缓缓地响起。虽然孩子不一定懂得每一句歌词的意思，但分明从孩子的目光里感受到了歌给他们带来的心灵激荡。明哲的声音尤其有力，他那眸子间闪烁着光芒！音乐到底是一种怎样的介质啊，它唤起了内心深处的生命共鸣！

和孩子们一起有力地清唱，通过再现小兔子奇奇在森林里的场景和心境，体会那种"小小的我"的感觉，体会在"天地"之间的那种渺小感！重要的是我自己也浑然于歌唱当中。

简单的豪迈动作，协助孩子们在清唱中理解歌唱中所体现的那种生命的自信和力量！一边唱着，一边轻轻地点着每一滴水（每一个小朋友），然后变成了一条大河；轻轻地点着每一棵小草（还是每一个小朋友），孩子们说都变成了草地，我紧接着变成了草地延展为变成了春天！通过这样的动作和象征，孩子们意会到了歌词的那种意蕴！

慢慢地，孩子们的臂膀之间就有了一种源自内在的力量感，形成了一种合力！

"天地间走来了一个小小的我——小兔子奇奇，我要怎么做呢？你们猜！"奇奇的语气间当然充满了一种力量感，"就请你下次再来听我的故事吧！"是的，故事的结局还没有出现，还等待着第二次的讲述来揭晓！

■ "不一样"怎样"没关系"

我在想，如何让孩子们来讲述自己的故事！

我想起《哈龙和故事海》，想起《故事知道怎么办》里的故事椅，要是赋予一张椅子以这样的意义，也真不错！

我搬来教室里那张褐红色的看起来宽厚稳定的椅子，随手拿来一根丝带系上去！要想真让这个椅子有故事的价值，并不能仅靠命名。我的眼前仿佛呈现了老师们郑重地坐上椅子讲故事，抑或孩子们要讲故事的时候，就会笨拙地爬上这张高高的椅子，抑或当孩子们想听故事的时候，就希望班上的故事高手或者老师能够坐在这张椅子上……这样椅子才真正赋予了故事的魔法啊！

"这是张专门讲故事的椅子，我一坐下来就要——"

"讲故事了！"现在孩子们能自然接我的话茬了！

"嗯，星期二家瑞不就在期待着周三我们讲小兔子奇奇的故事吗？因为还有一半我还没讲呢！"故事是孩子们和我一起讲述的。

说到奇奇班上那些个小兔子的时候，孩子们居然根据自己的生活随意发挥：举手的兔子，喜欢画画的兔子，喜欢做超人的兔子……

上次我们的故事讲到奇奇伤心地找到了医生！医生到底说了些什么呢？

孩子们一个个恳求的语气："我们还是帮助奇奇想想办法吧！"

就在孩子们的恳求中，今天医生宣布了奇奇的耳朵是健康的！并且最终医生还告诉了奇奇："所有的耳朵本来就不——"我停下了，唤起回应的语气！

"一样！"孩子们紧跟着。

"就像所有的小朋友长得本来就不——"

"一样。"孩子们紧跟着。

"有没有关系呢?"

"没关系。"孩子们紧跟着回应我的疑问。

"你有一双软耳朵,有关系吗?"

"没关系。"孩子们很确定。

"是不是生病了?"

"不是!"孩子们很齐声。

"是不是不健康?"

"不是。"孩子们就仿佛奇奇内心渐渐强大起来。

"那你还怕什么啊?"这么一问,孩子们倒愣住了,转而释然了!

"思雨她扎了两个辫子,晓米就没有扎两个辫子,不一样有没有关系呢?"

"没关系。"孩子们语气中带着释然!

"每一个兔子的耳朵都不一样,长得不一样——"我语气一扬,带着疑问!

"没关系!"孩子们肯定地回应。

"丁诣不一样?"我顺势问。

"没关系!"孩子们接应。

"馨匀不一样?"

"没关系!"

"唐语不一样?"

"没关系!"

……

"所有的小朋友都不一样?"

"没关系!"终结性的回应!

"那好吧,来吃一根甜萝卜吧!"我的语气平和下来,回到故事,以医生的口吻说道!并顺势手一摊开,假装拿着胡萝卜给他们吃,当然这个时候孩子们就是那个释然的奇奇!坐在后面的奇奇够不着我的手,伸出手臂用力一够,就似乎够着了我的甜萝卜!

奇奇在回家的路上,仔细想了医生的话,的确每个兔子的耳朵不一样,有的耳朵长一点，有的耳朵短一些，妈妈有一双甜蜜的耳朵，爸爸有一双强壮的耳朵，爷爷有一双聪明的耳朵，奶奶有一双柔软的耳朵！子钰有一双动脑筋的耳朵，明哲有一双爱听故事的耳朵，唐语有一双认真听讲的耳朵，竣童有一双认真听别人说话的耳朵……

说着说着，奇奇就看见小朋友了！孩子们立刻弥漫出一丝害怕的情绪来！孩子们期待着这新的时刻、新的相遇，双方会如何面对。

"我不怕，我有两只与众不同的耳朵。"奇奇说着，还对自己笑了笑！

而奇奇的同学也不是想象中的那样："奇奇，你去哪儿了？""没有你，都没有意思了。""你有没有其他好玩的事情？""你的耳朵会不会再变其他的魔法啊？"……

原来当奇奇自己的心态变了的时候，他看到的人和事也就自然发生了变化啊！

这个世界原本没有变，要变的就是我们自己的认识，以及认识之下的心态啊！这个对于成人来说是不是也有一番启示呢？

"你的耳朵真好玩，给我们带来了很多快乐！"我加上了这句！

奇奇说道："我有一个非常好的主意！明天到山上找我，但是每个人必须带两根胡萝卜，一根绳子。"

这激起了孩子们无穷的好奇！我加了很多小朋友期待的情节："天快点亮啊，奇奇会有什么好玩的呢？""快点起床吧，我要快点看到奇奇的魔法。"……

接下来的故事，我保持了沉默，只是打开书页。

朱浩率先发现："他们的耳朵都像奇奇的一样弯了。"他这个发现是本质化的！

馨匀："他们的耳朵都弯了。"

其睿："挂了胡萝卜。"

稚轩："他们还都在吃胡萝卜。"

"带的两根胡萝卜，一根在弯的耳朵上，一根留着吃的。"又有孩子发现。

我喜欢这种我没有发言的彼此回应，说明孩子们能够独立思索问题，还能意会他人的问题，经由自己对图书的观察、纵横的思的交错，形成自己的思考！而这个思考又可能是下一个思考的触发点，由此让问题和发现越发深入深刻。

"这下所有的小朋友的耳朵都一模一样了！"

禹季："这个小兔子的耳朵为什么没有弯呢？"对啊，他好细心，发现了一只小兔子没有学奇奇呢！这预示着什么？又一只与众不同的兔子啊！

馨匀发现奇奇笑了！先前尽管奇奇的伤心已经缓解，但真要面对群体，却还是无法真正释然，只有真正在生活中感受、体会之后才会彻底舒展。这与老师和孩子的关系一样，不是说出来的，而是生活中体会出来的。

朱浩发现："这个奇奇很聪明，让每个小兔子都很快乐。"哦！他是如何体悟到这些的啊？他是遭逢到自己的"高峰体验"了吗？

月龄小的馨匀，对奇奇尤其好奇，她还有问题没弄清楚："好玩儿，奇奇的耳朵是弯的，这些小兔子的耳朵怎么也弯了呢？"

明哲回应她："他们用胡萝卜把耳朵弄弯了。"

因馨匀的好奇，晓米也问："木桶里面为什么要装一堆胡萝卜？"

洪博回应："丢在地上不好，所以才放在里面。"

淑媛思路清晰："每个人只拿一个，太多了，所以就放在那里面。"

稚轩补充："兔子带来的。"

禹季："兔子爬得有点累，他们带回去留着吃的。"

……

孩子们倒是问着问着就丰富起故事情节来了！

午后，我们根据自己对小兔子奇奇的感受，自己尝试来给他造型！当然最明显的特征就是奇奇的那只软耳朵啰！不管是雪花片造型，还是橡皮泥造型，还是纸工，都要把握住特质，接下来就是根据自己脑海中的表象进行创作了！也就是说，每一种造型方式中，基本技能是背景，而根本要素是呈现表象并根据表象用这些材料来造型创作的历程。这三种造型方式，橡皮泥具有随意塑形的特征，可以说只要会玩泥就能够用它来造型小兔子奇奇了；雪花片次之，需要的基本技能就是拼插；最难的要算纸工方式的造型了，毕竟纸工造型的基本技能种类更多，需要把握对折、对角折、菱形折等各种方法，才能有游刃有余根据事物表象造型，才有可能根据形象在脑海中回顾故事，才有可能将故事和当下的造型融合，创编出新的故事来。创作的本质莫非如此。

孩子们正走在这样的路上！

■ 每个人都有不同的故事

我不知道明天的《我的不一样》如何架构，我还没有从孩子们的课程经验中找到适宜的切入点！

我拿着孩子们自创的一叠故事书！

"一个个地看！"有孩子悄悄地在说！

想起早晨卢珣妈妈跟我的"告状"，顺势问起："爸爸妈妈向老师告状，我会站在谁那边？"

"小孩这边！"呵！明哲抢先说道。

"小孩这一边！"朱浩紧接着说。

呵！他们如此地信赖我啊！我摇头表示不是！但我知道他们也一定不会说"站在爸妈那边"。

洪博猜测："站在老师这一边。"

"我哪边都不站，我只站在事情这一边！我要听一听具体的事情。"

卢珣听我这样说立刻要描述具体的事情："我喜欢把饺子弄到碟子里吃，面也弄到小碟子里面吃，可妈妈不肯！"

"这样吃，是不是个错误呢？"

"不是！"孩子们很肯定！

"小朋友怎么吃饭，有自己的想法，每个小朋友都有自己的想法！"我总结。

"这非常厉害！"稚轩补充！

"即使是每个人吃饭，也有不一样的想法。"

嗯！就像每个人都有自己的故事一样！今天继续讲述孩子们的小书！

是的，我们每天在故事椅上郑重地讲述孩子们自己的故事了！

宝儿有自己的故事，皮皮菲莉比有自己的故事，小兔子奇奇有自己的故事，每个小朋友也都有自己的故事，我们还可以把他们的故事唱出来！

于是我们变成大雁宝儿，开始唱《大雁宝儿》！

我们变成了海鸥皮皮菲莉比，唱《故事就是我的美好》！

我们变成了小兔子奇奇，来唱一首《小小的我》！

最终，我把《小小的我》唱成了一个一个《小小的你》，当然是互动式的，走向沉浸的某一个小朋友，拉着他的手，对着他吟唱，让他吸取歌曲的力量，最后和他一起合作变成春天的花朵！

春天的花朵们去洗手吧！

"刚才你说花朵去洗手吧！"馨匀觉得好好玩啊！

▌ 这就是一个不一样的我

（一）

什么是丰富的常态？

探索、发现、自由、劳作、自主、专注、投入、成就、静谧、热烈……一系列的糅合着"思"的生活，形成各式各样的故事：

嘉妮用橘色的折纸画了一个戴着蝴蝶结的小兔子奇奇，剪下来，要送给我们，她细心地把双面胶剪窄了贴在奇奇细细的胳膊上，然后贴在我们的钢琴上，每每抬头就能够看到！旁边不知是谁剪贴的小花，还有一个小小的挂饰也用双面胶贴着……孩子们彻彻底底地身心自由，不仅是这个教室的主人，更和老师心灵平等地生活在此。小兔子奇奇镶嵌在了孩子们的心灵里。不经由教导的剪贴技能随着孩子们自身的探索和劳作，日渐精进！

从书中的小兔子奇奇，到我钢琴上的奇奇，早已是一个崭新的属于嘉妮一个人的教室故事了！

其实我知道，不管是积木那里，还是雪花片那里，还是娃娃家那里，或者是教室的中央……都有故事在不断上演。静伫教室一隅，生活的世界，仿佛朝向我洞开一条通幽曲径来！

（二）

在我的理解中，不管是怎样的文本故事，只要来到我们的生活，就成了某种动态形式！哪怕就是故事本身！今天的故事到了"奇奇和医生"这一部分，变得更为细致以及深入了。

"虽然我的耳朵很健康，可是别人都笑话我！你能帮我想个办法，让我的软耳朵竖起来吗？医生说，你难道没有发现，没有人的耳朵一样吗？你看你的爸爸有一双强壮的耳朵，你的妈妈有一双温柔的耳朵，你的阿姨有一双长长的耳朵，你的妹妹却有一双小小的耳朵，每个人的耳朵都长得——"几个排比过后，孩子们就有了感觉！

他们有力地回应："不一样！"

"你看稚轩的眼睛大大的，嘉妮的眼睛小小的，沈昕嘴巴小小的，思雨嘴巴就大一些，每个人都长得——"

"不一样！"让孩子们旁观到每个人的不一样，并直觉这种不一样在生活中的普遍存在。

"医生说，不一样，有没有关系？"

"没关系！"孩子们应。重复问，孩子们重复应，一次比一次有力，并且还加入孩子们的具体名字："卢珣和高昀不一样——"

"没关系！"

"天佑和宇鑫不一样——"

"没关系！"随着我的不断暗示，孩子们的声音一次比一次确定！

最后回到小兔子奇奇："小兔子奇奇，你的耳朵和别人长得不一样——"

"没关系！"

"当小兔子奇奇谢谢小朋友告诉他'不一样，没关系'后，路过草地遇到同学们，心情又是怎样的呢？"

"害怕！"

"他害怕什么？"

"笑话！"

我们再次细细讲述了同学们并不总是嘲笑的各种姿态：

"奇奇，你的耳朵真好玩，给我们带来了很多快乐！"开朗的同学们原来是这样想的！

"奇奇，你的耳朵会变魔术耶！"原来有的同学是羡慕的心情！

"奇奇，你的耳朵真好玩，我也想要一双弯耳朵！"乃至有一点点嫉妒的心理！

我们再次感受小兔子奇奇两个胡萝卜的魔法。

"我就想有两只直直的耳朵！"禹季发现的不做弯耳朵的小兔说道！

就是这只小兔吟诵起了这种与众不同的感觉，用诗的方式："我知道所有胡萝卜的秘密，可是我不知道蚯蚓会干什么，我梦想做一只很大的胡萝卜船去远航，这就是我，一个不一样的我！"

啊！同学们的热情从小兔子奇奇那里重新转移到了诗人小兔子这里："哇！你好厉害啊，你还会写诗啊！"

"我们也要像你一样写一首自己的诗！"小兔子们一个一个嚷道！

当然也有小兔子奇奇："我也要！"

于是他开始写下自己的诗歌："我喜欢青草，我不喜欢吃大白菜，我知道所有蝴蝶飞翔的秘密，可是我不知道耳朵的秘密，我梦想长大了去研究昆虫，就像周涵一样，这就是我，一个不一样的我。"

"我喜欢去草地上躲猫猫，我不喜欢奔跑，我知道风的秘密，我不知道云为什么会在天上飘，我梦想做一个飞行员开着飞机在天上飞，这就是我，一个不一样的我。"小兔子们陆续作诗了！

"我们中三班也有人听了，会像他一样作一首自己的诗吗？"从小兔子那里来到小朋友中间！

沈昕举手："我喜欢胡萝卜，我不喜欢青菜，我知道白云为什么要在蓝天上，我不知道小草为什么那么绿，我想要看星星。"沈昕开始一句接一句，我最后帮她总结："这就是沈昕，一个不一样的沈昕。"

"还有谁想？"

丁诣："我喜欢青菜，我不喜欢辣椒，我知道爸爸妈妈爱我，我不知道地球是什么样子的，我梦想做游泳高手。"

我接："这就是丁诣，一个与众不同的丁诣。"

唐语："我喜欢爬楼梯，我不喜欢吃青椒，我知道'我'是怎么写的，我不知道雪是怎么形成的，我梦想自己会画爱心。"

"这就是唐语，一个与众不同的唐语。"

还有那么多小朋友举手啊，那我们拿出一张写诗的纸吧，把属于自己的那首诗记录下来！部分孩子的诗：

不一样，没关系

我喜欢吃巧克力，
我不喜欢被爸爸骂，
我知道为什么白云在天上飘，
我不知道地球是圆形还是长方形，
我梦想做一个梦，在游乐场玩。
这就是我，
一个不一样的我。

不一样，没关系

我喜欢小火车，
我不喜欢飞机，
我知道"土"是怎么写的，
我不知道"妈"字怎么写，
我梦想当个列车司机去开火车。
这就是我，
一个不一样的我。

不一样，没关系

我喜欢花，
我不喜欢马路，
我知道白云为什么不会掉下来，
我不知道乐高是从哪里来的，
我梦想成为一个公主，住在城堡里。
这就是我，
一个不一样的我。

不一样，没关系

我喜欢白粥，
我不喜欢辣椒，
我知道门是可以动的，
我不知道天上的星星为什么会闪光，
我梦想飞上太空去远方。
这就是我，
一个不一样的我。

不一样，没关系

我喜欢画画，
我不喜欢下雨，
我知道树会长出来，
我不知道白天为什么会变成晚上，
我梦想种树。
这就是我，
一个不一样的我。

不一样，没关系

我喜欢做事情，
我不喜欢赛跑，
我知道我要和爸爸妈妈去开店，
我不知道怎么去他们的店里，
我梦想变成解放军。
这就是我，
一个不一样的我。

（三）

　　今天是"我和别人不一样"主题课程的最后一天，照旧是主题故事表演！我只是在前一周的家校通阅读推荐信息中提了今天的事情！

　　薛天妈妈好几天前，报名参与并说了邀请美国奶奶的事情。

　　商量之下，将主题故事表演分成三部分，第一部分就是纯粹用英语讲述奇奇的故事，让孩子感受英语从两片嘴唇之间发出来的那种感觉；第二部分就是在孩子们意会的基础上进一步拿起小兔子奇奇的书再讲一遍，反复感受；第三部分就是薛天妈妈对这本书的表演诠释了！她打算用另一样食物来当作吊弯耳朵的东西，这样孩子们既可以感受与原来的故事不一样的情节，又可以品尝美味的食物！

　　完整的主题故事表演三部曲！

　　并没有做什么特别的准备，只是将孩子们的椅子排成两排，便于孩子们更靠近讲故事的人！

　　美国奶奶提前来了！我们都有些不好意思，不知道如何打招呼！我只注意到她一脸和蔼、灿烂的笑容，完全是朝着孩子们的！好奇的孩子们当然也注意到了教室里来了陌生人！不过我们的孩子们不会簇拥而上的，喜欢并善于交流的孩子自然就来了，而那些投入到自主活动中的孩子依然沉浸于自己手中的事情。这美国奶奶也不是仅朝向我们这些大人，她更多地笑眯眯地望着每一个走上来好奇的孩子，体现着对孩子们的关注姿态！

　　我该干些什么？关注、观察我的孩子们！

　　明哲像发现了宝贝一样欣喜，捧着薛天带来的《我叫皮皮菲莉比》！

　　不断有孩子好奇地去问美国奶奶叫什么，从哪里来！这位奶奶始终温和，第一时间和孩子相视而向！

　　孩子们一看奶奶背的那个橘红色布袋，就说："魔法袋，魔法袋！"教室里洋溢着一种异域气息！

　　薛天妈妈当翻译，美国奶奶自我介绍并和孩子们打招呼！

　　奶奶开始讲故事了！她坐上了我们的故事椅！

　　哦！她从橘红色的魔法袋里拿出了一只兔子！她还真的带了一只毛茸茸的小兔子，耷拉着一只耳朵，孩子们一看就知道是奇奇了！她慢悠悠地把手偶兔子套在右手上，孩子们静静地看着！

故事开始了。哦！那吐露出来的声音脆生生的响亮，像阳光一样！孩子们啊，也一样，听到这样亮堂堂的声音，洒向他们又能够稳稳落定，他们一个个笑得趴在了地上，尤其是每一个"rabbit"（兔子）的发音。我内心有一丝担忧，但我忍住了。

奶奶的声音依然稳稳地、从容地，一次，两次，三次，我记不得孩子们笑了多少次，但最终是停了下来，看奶奶从魔法袋里会拿出什么！

奶奶讲述的声音始终是稳稳的，定定的，始终是带着朝向孩子们的笑容，我想起自己内心的一丝担忧，很是惭愧！

本来还想让孩子们猜奶奶讲的是什么故事呢，这下，不用猜了，孩子们都知道是小兔子奇奇的故事啊！奶奶拿着书给孩子们又讲了一遍！奶奶的声音真是好听啊！

我注意到她总是会关注到两边可能看不到的孩子，会把书从这边转到那边，以便所有的孩子都能够看到！这样的故事讲述会给孩子们带来怎样的影响呢？反正淑媛屁颠屁颠跑过来说今天学会了好多英语，还有的孩子在奶奶讲故事的时候，总是要学这种口音！

奶奶故事讲完了，她还想待在这里和孩子们玩一会儿，并没有着急走！我们的孩子看书的看书，玩的玩，做超人的做超人，洗手的洗手……生活照旧！我真是欣慰我们的孩子在教室生态如此变化之下，还能够依旧从容地生活！和奶奶告别时，孩子们也不是冲动地去送抱抱，一切就像平常那样！

点心过后的故事表演，当然又是一个高潮！尤其是薛天妈妈把那粉红粉红的兔子头饰拿出来的时候！

孩子们对故事已然相当熟稔了！所以在表演中，他们能够自然地对话！但我感觉到他们在表演那些嘲笑别人的兔子时，带着犹疑。我知道孩子并不习惯做嘲笑他人的人，哪怕是表演。

这次奇奇让小兔子们去山坡上，并没有叫带任何东西，又会有怎样新的创意呢？

奥利奥饼干！意想不到的食物吧！

"奇奇第二集开始了！"有孩子主动报幕了哦！居然有第二集！

这一集奇奇让小兔子们去山坡上，也没有叫带任何东西，又会有怎样新的创意呢？原来是大陈老师的折纸兔子！意想不到的礼物啊！

"奇奇第三集开始了！"又有孩子报幕！

……

啊，我们过了一个与众不同的主题故事表演！恰恰应和了我们的主题课程"我和别人不一样"所要诠释的东西。

第四节

有一种教育姿态

——中班哲学启蒙课程小结

（一）主题课程

"我和别人不一样"的主题课程历经三个星期，以《宝儿》《我叫皮皮菲莉比》《折耳兔奇奇》这三个故事为感受的核心，拓展开课程活动！

宝儿是一只没有羽毛的大雁，感受故事，用纸折叠出故事中的大雁宝儿。通过这只长得与众不同的大雁，我们来观察自己的长相和别人有什么不一样，从脸庞，到手，到脚，到测量不一样的身高，画出自己不一样的眼睛，最终唱出这个与别人长得不一样的自己的心声！而这些活动是以彼此交织的状态胶合着开展的！在主课程的进展中，还根据教师节安排了"老师的不一样"。

孩子们的心情随着宝儿的遭遇在故事中此起彼伏，生活在这里的他们还不知道与他人长相不一样抑或丑一些有可能的遭遇！他们每一个人在这里都没有被特别对待。所以对于他们不言而喻的是，长得不一样，又有什么关系？或许在他们以后的生活里，因某种境遇他们会想起这个故事或这个课程的点滴，会对自己的内心有所触动和影响！我希望课程能够影响生命的成长。

《我叫皮皮菲莉比》相对于《宝儿》来说有了一个变化，那就是从长相不一样，开始关注追求的不一样！我们围绕故事用各种艺术方式塑造海鸥皮皮菲莉比。

故事隐含的总是要深刻一些，而我们在比较长相的基础上，进一步来体会自己喜欢的，比如吃的、比如玩的和别人有什么不同，我们会的又和别人有什么不同。在比较的过程中，孩子们发现得更完整，不仅讨论不同，也发现了相同！在这个世界上，没有两片相同的叶子，又可以说都是相同的叶子！我们自编歌曲《故事就是我的美好》这首歌来作总结！

根据对故事的理解和把握，就这只海鸥想叫皮皮菲莉比，放开父母给我们命定的名字，我们自己想叫什么名字呢？孩子们第一次感受到自己的意愿，可以随意想，可以随意取！也不是容易的事情，要承受创造的艰辛！孩子们第一次没有主题、没有任何暗示地全然依靠自己的思索与双手来表达自己想要画的事物，能够画出来，表明了孩子们自我意识的一大进展，表明了孩子们能够承受自由的能力开始滋生。

《折耳兔奇奇》是一本能够自然鼓动孩子们参与其间的故事，孩子们一方面自居为奇奇而难受，另一方面更是一个同情奇奇的人，努力地帮助奇奇想办法！他们并没有意识到"不一样，没关系"，但是在故事的转折处，他们突然意识到自己内心的那个声音——"不一样，没关系"，并自然地喊了出来！在这样的意识中，他们通过故事体会"自己的认识变了，对周围的人和事的态度也就变了"。当然，在用雪花片和折纸来构造这只与众不同的小兔子的时候，看得出来孩子们对故事有着深入的把握和理解。

最为触动我的就是唱起《小小的我》时，明哲那突然慎重起来的样子！仿佛这歌就是他心灵的声音，一种要冲破一切，展示自己力量的声音！

一般到主题课程的第三周总是有融合前面课程历程的倾向，在小魔怪、大雁、海鸥和兔子的故事中，课程本来预设的是让孩子们将前面测量和比较的记录合成一本《我的小书》的，但随着课程的进程及故事的意会，这种走向更偏向了故事这一边，而不是原先的那种条理性记录！这似乎也应和了我们主题课程的特性！于是我们每个小朋友就根据自己对这些核心故事的理解创作了属于自己的故事！没想到的是，孩子们居然有对故事书整体建构的一种模糊把握，并能够呈现出来！

对，"我"的生命成长本身就是个故事！而孩子们自己的故事书又是一个对自我的隐喻！从书里可以看到孩子们那个浑然一体的自己！

那么，接下来用水粉表现这个特别的自己，是自然而然的了；并且，用诗歌的形式来表达这种自我的过程中，孩子们又超越了我的预设！孩子们这次的创作诗歌令人意外地成功。所谓成功就是他们的诗歌真实地再现了他们的心声和心灵！

在整个主题课程中，歌曲《小小的我》突然呈现了自己的力量。事实上，它可以贯穿整个主题，从学唱到合唱，再到改编唱！突然就有一种欲望，一种冲动，想要改编这首《小小的我》，用孩子们的经验、隐喻和印象，却又受限于自己音乐或作词方面的能力不足！这是这个课程在自己能力范围内还不够完善的地方！

整个课程以《折耳兔奇奇》的故事讲述以及表演来结束！在教室里来了很多陌生人，教室生态发生极大变化的情况下，孩子们以一种该做什么还做什么的日常姿态生活，恰恰是对这个主题课程最好的诠释了！

览看整个课程历程的发展脉络，有的是预设中的，有的偏离了预设的轨道，是根据课程的进展情况而自然发展的！不管是课程本身，还是课程中的我，在进展中都显得成熟了很多！

（二）自主活动

孩子们在新的教室逐渐生了根！

几张小方凳也不同程度拓展了孩子们的故事情节！

丝巾和雪花片不用说，可以引来更多的创意！教室里更多的是超人风潮。

现在塑料积木那里也有一些专注投入的孩子，但并不是在搭建，而是正在进行热烈的故事对话！

孩子们的整理箱，可谓是宝贝箱，可以剪贴，可以画画，可以玩橡皮泥……有各种自由的手工活动可以选择。

书还是上学期的书，没有新增的！所以薛天那一本《我叫皮皮菲莉比》带来的时候，很多人像发现宝藏一样淘出了它！很多父母会让我推荐可以阅读哪些书，我越来越觉得书不在于多，而在于反复阅读之后的感受和印象！所以我往往会推荐可以在课程中和孩子们共同穿越的故事书。当孩子们在教室里发现了这些熟悉的书时，那种惊喜是可想而知的！

我越来越趋向于将各种材料分类规整放在适宜的地方，便于孩子们自主活动取放！如果有新材料，我会选择悄悄地投放，抑或一部分一部分地投放，不想因新鲜刺激而左右或影响了孩子自己故事情节的进展。因此，自主活动的根在于孩子们的需要，孩子们自主活动的自然需要！老师根据自主活动经验和情节发展的需要而提供材料的支持！

自主活动永远是孩子们的自我真正能够生根的地方！因为他们在老师主导的课程里的所习所得，就在这里磨砺并变成自我灵魂里的东西！

（三）文化背景

不管是主题课程还是自主活动，都依赖于其所在的文化背景，文化背景决定着大人们的教育姿态！我时常努力将一种教育的姿态用语言厘清！于是时常在看到各种书籍里渗透着教育姿态的人和事时会无比激动！要是在现实生活中体会到这样的教育姿态，敬畏、谦卑之心会立刻涌现出来！

比如最近在书中看到的爱奥那·奥佩，英国的民俗学者，驻足小学的操场，静心观察在那里生活着的孩子们，她观察和记录的孩子们的游戏及游戏状态，让我回游到自己童年的生活光景和内心世界，内心告诉我这就是我们曾经的生活。要是有时间来观察、搜集这些属于自己也属于孩子的童年密码——童谣和游戏，真是一件有意思的事情！

比如最近在生活中见到的给孩子们讲故事的美国奶奶，与孩子一见面时由内而外洋溢出来的倾身、低首。

事实上，严格说来，这并不能说是一种教育的姿态，而是在大人和孩子之间，并不存在着教育和被教育这两个截然不同的角色定位，作为大人，其实就像棵"大树"一样地静待在孩子们的生活里，观察、感受并记录，不发一语。我时常觉得我们幼儿园的那棵老银杏正是在做着这样的事情！但大人总是大人，他们只是有能力以一个孩子的方式生活在孩子们之间，却又能以大人的能力给孩子们提供保护、支持及滋养。就像幼儿园里的大树，提供生命赖以生存的最基本的元素！

而在我们的现实生活中，时常隐隐觉得在大人与大人之间、大人与孩子之间，有一种权力抑或输赢的争夺！上位者自居为教育者，时时刻刻想要引导和教育比之地位低下的人！而孩子就在最底下！

因此，"我和别人不一样"的课程不仅仅是面对孩子的课程，更是面对这个课程中的大人的，或者更是面对整个课程背后的整个文化背景的！

在这个哲学课程里，我自身也在经历着某种蜕变，由内而外的，由外而内的！我怀想这样一种教育姿态，没有漂亮的言说，唯有践行的描述！人用自己的肢体语言来描述自己的教育！

在孩子们自己的自主活动中，我们应心怀谦卑之心，学着孩子们，专注投入到自己的事情中！不会为了自己的掌控欲望，不会为了自己的记录任务，甚至自己的好奇，轻易走进孩子们的那个世界！我们只是站在那个门外等待，等待孩子们的信赖，等待孩子们的靠近和邀请，这才是一种尊重！

在老师预设的课程付诸实施的过程中，我们应倾心倾听并领会孩子们在课程中的回应，紧随着孩子们领会的方向，调整主题课程的实施内容和步骤！不会为了自己狭隘的所谓教育目标，不会为了自己所谓的计划过程，甚至是自己内心的好强，而放弃了孩子们在课程有可能走得更远的步伐。

不过，我们不能因此就忽略了自身的主动！在和孩子们生活着的大人，不是配角，主题课程正是显现老师支持孩子们生命成长的力量核心！细究当前的很多学前课程，常常内含着非此即彼的思维方式。认为孩子要自主了，成人的思想和课程就成了限制和控制。捧起了孩子，就放弃了自己；抑或捧起了自己，放弃了孩子！素没想到，自己和孩子都需要得到尊重，以一种平等、公平的姿态彼此相对！

在预设自己的主题课程中，我时常怀着一种对中国整个历史潮流中教育发展的敬畏之心，领会它之力量强大，也正因此，我踏踏实实地循着它的发展轨迹，找寻自己课程的方向，不至于再好高骛远！

看清了事情的真相，朝前的路就慢慢地云开雾散！

在我们这个地区，大多数园所谓的区域活动实质上是区别于集体学习的小组学习。有预定教育目标的集体学习任务在课堂上完成不了的时候，以区域的方式继续完成。那么限制和控制必然就是主旋律！这样的二者关系必然导致这样的结果！教师做得精微者，孩子们的技能、技巧会有相当的精进！这是符合现今的小学体制教育教学的！甚至我觉得这样的孩子是不是更能够承受小学体制中的教育呢？从小能够茫然顺从和接受并做到精进的孩子，将是这种教育中的佼佼者！而要自主、要公平的孩子则会敏感觉察并体认到强烈的情绪和认识冲突，没有很好的认理清识引导，是不是很难超越呢？问题不在于哪种教育是否有价值，问题在于父母选择让孩子过怎样的人生！前者意味着陷在大多数人之中的安全，后者意味着担当自由之上的安全！我相信，这也是很多有教育见识的父母和老师思虑和徘徊着的！也正因此，我内心努力尊重每一个家庭自行的教育方式，哪怕是溺爱！

当然，正如尊重孩子，也需要尊重大人一样，我也会尊重我自己，敬畏我自己走过的路！我也是逐渐体认到目前的认识的：我不再用"区域活动"，是因为它不再被需要。我更重视材料如何巧妙摆放，以便于孩子们取放，构建自己的故事情节！原本区域也有分类摆放材料的功能，却狭隘了！材料是为孩子们的故事建构而服务的，而故事建构的核心就是孩子的自主自发！因此，我开始使用"自主活动"！自主活动和主题课程是一个怎样的关系呢？它不是主题课程的附庸，而是并驾齐驱的平行关系！如何看待老师和孩子之间的关系，可以借鉴来看待自主活动和主题课程的具体关系！自主活动可以是孩子们完全自我主宰的，但老师恰恰是物质和精神环境的营造者；主题课程可以是老师主导预设的，但孩子们的思之特性水平及孩子们的现实回应，恰恰是课程得以进展的依靠！

掌控自我的人生，主动思辨的人生，清明的人生……是这样的自主活动和主题课程想要实现的。有时候我想，我所要的教育不见得适合每个人，所以我希望各类教育能够百花齐放，做到精微极致！唯以内心之善为先！

第 三 章

大班哲学启蒙：我塑造我自己

勇敢做自己的力量
来自哪里

邻居："她的脚真的好长啊！"

妈妈："我一直给她买大一码的鞋，就这样，习惯了！"

子钰："幼儿园的时候就想做贝琳达！羡慕她的大脚，羡慕她的芭蕾！所以我一直还在跳舞！"

想想子钰都已经是五年级的学生了，脱离大班的哲学课程生活已然这么长时间了！突然就想问问子钰，幼儿园时候发明的好朋友列表还在做吗？她居然给我发来了若干张新的好朋友列表的照片。哇！完全是更成熟的线条、笔触加上成熟文字的说明。课程塑造心灵的力量到底有多大啊？愿望塑造心灵的力量到底又有多大？美好塑造心灵的力量呢？而这向往的心灵啊反过来又塑造了我们的身体！这不是一个奇妙的循环吗？

子钰这么多年勇敢做自己的力量来自哪里？来自当年哲学课程里大脚丫贝琳达那颗怎么也不能放弃芭蕾的

执著之心的影响；来自由文本《大脚丫贝琳达》演绎而来的一系列的诗、歌曲等艺术作品的表达力量。我想起当年为了她的痴迷带着她去上海东方艺术中心看芭蕾舞剧《胡桃夹子》的时光，想起妈妈的话中多年来对她的梦想的支持，想起她在哲学课程中的过往……

　　小班侧重于去感受并把握人之初生命历程中最根本的心理体验，在哲学课程给予的这些生命体验中获得共鸣，在成人的接纳和爱中认识自己、确认自己。中班侧重于拥有更大的视角来感受、比较同伴之间的这个我之不同，确认比较之下必定的与众不同，感受来自周围更多人给予我们的"不一样，没关系"的暗示和熏染。那么此刻，来到大班的哲学课时，还记得中班时的宝儿，和别人长得不一样；还记得中班时的皮皮菲莉比，名字想和别人不一样；还记得中班时我们体会到的自己喜欢的、会做的都不一样。这些"不一样"发生的可能性都经由故事《折耳兔奇奇》帮助我们确认了我们这样存在的被接受。可是"不一样，没关系"说起来容易，真的到了生活中去经历的时候又会有怎样的纠结和困境呢？更多的时候，别人接纳我们的不一样，但我们自己的内心却未必有能力去安于这种"不一样"的生命状态，我们该如何求索、超越呢？

　　这或许也是我自己生命中的难题！我忽然意识到，想要做这样一个"我塑造我自己"的哲学主题课程，根源在于我自身？我想要在这偌大的世界中弄懂我自己？我想要在这偌大的人群中确认我自己？我想要在这生命无尽的虚空中超越我自己？每一个人，在母亲无限包容的怀里感受自己、认识自己并确认自己生命的值得存在。每一个人，又都在周身无比丰富的世界里觉察到自己与众不同的存在。我们怀疑，我们害怕，我们焦虑，我们总是在试图与他人保持一样，"从众"成了我们生存的本能，是我们赖以安全的温室。有多少人，一生就这样活在了"从众"当中！

　　可你知道，每一个生活的瞬间，都有一种来自身体和心理切切实实的感受，与他人不一样的感受，你是选择压抑它，还是选择流通它？小孩子有吗？怎么可能没有！即使是和亲爱的妈妈之间也会有啊！你对冷的感觉和她对冷的感觉就是如此不同；你对整洁的感觉就和她对收拾的标准有如此的反差……好吧，"不一样，没关系"。它可以由奇奇这个折耳兔来告诉我们，可以由爱我们的他人告诉我们，也可以由我们生命中的某一个经历告诉我们。可是当这些"不一样"带来切切实实的冲突时，当这些"不一样"需要你做出生命的抉择时，又怎么能够轻易说出"不一样，没关系"？

每个人都是与众不同的，每个人都有着自身的缺陷和优点，可当我们真实地感受到自己的缺陷和缺点时，还可以那样镇定自若吗？抑或说从实际处，我们要如何面对、如何去做呢？这使得我想起电影《国王的演讲》中的一句话："缺点还是需要在现实中面对面地，硬碰硬地肉搏，才能让其变成自己的特点。"

很多人都有一种强迫症，缺点一定要改变成优点，细思细思，一个人身上的某种缺陷或缺点，又哪里是那么容易改掉的，也许变成特点更为现实、实际！这使得我想起班里的那些孩子，调皮的调皮，好动的好动，爱表现的爱表现，好静的好静，不语的不语，爱说的爱说……在什么情况下，这些就会变成缺点，什么情况下它们又倏忽变为特点了呢？

我突然意识到，随着这样一个"我塑造我自己"的哲学课程历程，我自身也在不断地省清和蜕变，不断地辨析和追索中期求获得生命存在意义的答案。

当孩子们确认了"不一样，没关系"形成了信赖的、安全的自我认知之后，真正的磨砺才刚刚开始。这个"不一样的我"将要遭遇怎样的困境呢？在这个"不一样"带来的困境中如何去找寻迷失方向的自己？在这个迷失方向的旅程中如何再次确认和塑造那个想要的自己？……

《我的名字克丽桑丝美美菊花》里的小姑娘和折耳兔奇奇一样，是个在群体生活中感觉到"不一样"带来烦恼的孩子。这个小女孩，有着超长的名字，时常被同伴们取笑。尤其是在写下名牌的时候，在老师点名的时候，当同伴佯装要摘她这朵花的时候……大班了，大多数孩子到了对文字符号开始敏感的时期了，而最熟悉的符号文字就是自己的名字。名字，是每天都能够听到无数次的声音。小班的时候，我们知道名字里藏着爸爸妈妈给予我们的爱。而现在，我知道那就代表着我，就像克丽桑丝美美菊花的名字一样。这个名字意味着什么呢？

我想起和母亲双脚浸在洗脚盆里取名字的印象。好像只能是印象，我都分不清是我自己的记忆，还是我对母亲描述之后脑海的浪漫想象。我记得我目不识丁的母亲说，那个傍晚西天的烧霞最好看，大名就叫美霞吧！于是我在《我的名字克丽桑丝美美菊花》的环衬上画了一座山，半山腰上半个落日，落日旁一片旖旎的云彩。这就是我的名字画了！我注定是美的，我注定是懂得审美的，我注定是能够创造出美的……正是这哲学的主题课程历程，让我逐渐意识到，每一个生命是否积极取决于每一个生命于自身的诠释、于"我能"的诠释。

你知道你的名字蕴含着什么吗？就让我们跟随着克丽桑丝美美，一起来感受自己的名字，体会自己名字的意义。爸爸妈妈来说说孩子名字的由来。小班的时候，这里有爸爸妈妈的爱；大班的时候，这里藏着爸爸妈妈的期望和远方。名字就像"我"的一个原点，我首先是了解它，理解它，从而认识我自己。然后我需要诠释它，建构它，从而塑造我自己。这就是大班的哲学课需要去体悟的部分。

《大脚丫跳芭蕾》中的贝琳达，和中班时的大雁宝儿一样有着与众不同的长相，那就是大脚丫。有着不适合跳芭蕾的大脚丫，却偏偏特别喜欢跳芭蕾，偏偏想要跳芭蕾，这意味着什么？撞得头破血流，是我们能够想象的结果。现实不就是这样的嘛！如果说，我们跟着克丽桑丝美美做的是自我认同的话，抑或说整个小班、中班做的是自我认同的话，那么从大脚丫这里，我们开始了一番自我实际命运的探究历程。"我的特别"真的会被其他人认可吗？"我的特别"就这样能够成为我的"优点"？答案显然是"不"！不仅仅是故事《大脚丫跳芭蕾》告诉了我们这一点，就是我们自身在生活中的真实感受也告诉了我们这一点：有时候好动就是会被批评；有时候爱表现就是会受到冷落；有时候调皮就是会受到阻止……贝琳达的故事，触发的就是孩子自居于故事角色的意识，焕发的恰是孩子内心深处潜藏着的生命点点滴滴攒聚的真实感受。

这对于老师来说，也是一个大大的挑战，认识的挑战。缺点要如何成为自身的特点？那些切切实实给自己带来不舒服的自身的缺陷，抑或那些孩子身上的调皮捣蛋切切实实带来的烦扰，要如何成为让人悦纳的对象？就像我自小就不够大方的内向、腼腆和木讷，要如何成为我自身的优势？

这些年，我深有体会，正因为木讷、内向和腼腆，我愿意沉入教室生活，构建自在的课程生活，获得一种彼此愉悦的生活方式。我需要用这样的目光重新看待一个个孩子。就像大脚丫贝琳达一样，感受自己的潜能，体会我们每一个人都有属于自己的潜能，它正深埋在每一个人的心里。想要让它像贝琳达一样星光闪耀，想要让它像贝琳达一样超乎想象，那就只有一种方法——付出不断的努力，努力，还是努力！

贝琳达喜欢跳舞啊，她就是有跳舞的潜能啊，所以她不懈努力最终成功。可要是我压根什么也不会怎么办？你见过有多少说"我不会"的孩子啊！反正绘本故事《点》中的小葳就是其中一个啊！可就是什么也不会，一张白纸上什么也没有，老师也愣是能够看出白雪茫茫的一片，有一只白色的北极熊之类的。这是个怎样的老师啊？我想起了经常来我们班的那个美国奶奶，不管教室里是怎样的喧嚣，她的目光始终是那样慈爱，九十度的弯腰，使得那目光与孩子们的齐平。我得还要修炼多长时间才能有这样的生命境界啊？

小葳就只是在画纸上随便戳了一下，就是这样的作品，居然就被悬挂在教室里！咦！从绘本《点》到《味儿》，一切就从这"无"中生出来了，从一个"点"，到许多"点"，再到更多有"味儿"的作品……确实就像歌曲《相信自己》中所唱的那样："有一种神奇力量，在你的心中蕴藏。它给我勇气的翅膀，带我去梦想的地方！"

感受自己的味儿，塑造自己的味儿，有贝琳达那样的方法，有小葳这样的方法，有你那样的方法，也有我这样的方法。我们总是相信，达利B有自己的味儿，汉娜有自己的味儿，小企鹅有自己的味儿，大雁宝儿有自己的味儿，海鸥皮皮菲莉比有自己的味儿，小兔子奇奇有自己的味儿，克丽桑丝美美有自己的味儿，大脚丫贝琳达有自己的味儿，小葳有自己的味儿，而我们都有自己的味儿，我们有自己味儿的画，我们有自己味儿的句子，我们有自己味儿的手工，我们有自己味儿的歌声，我们有自己味儿的舞蹈……全世界只有一个我，全世界也只有一个你，我们是这个世界上独一无二的创造！

从此，这个"我"不再是一个静态的自我认同的确定，而是一个动态发展的自我形塑的开始！

也就是说，大班开学初的这个"味儿"是我们整个大班生活塑造自我的开始，让教室生活中的每一个人——每一个孩子与老师——都能够明确自己所要努力的方向，如同绘本故事《犟龟》中的淘淘那样上路吧，我们总会遇到属于自己的庆典！

第二节

创意活动的设计
与安排

大班的哲学课将历时三周。

（一）

第一周将从《我的名字克丽桑丝美美菊花》中拥有与众不同名字的小女孩展开课程旅程。

第一天：

活动1：关于代表"自我"的名字，小班从绘本《妈妈不知道我的名字》中体会的是名字呼唤中的爱，中班从绘本《我叫皮皮菲莉比》中体会的是自我想要的独特，而到了大班，我们从绘本《我的名字克丽桑丝美美菊花》中体会名字对于自己心灵的塑造。在回顾汉娜、回顾皮皮菲莉比的基础上，我们来猜猜封面中的小老鼠会叫什么名字。在这种猜测中进入小老鼠克丽桑丝美美的家，感受爸爸妈妈对她的绝对完美的无条件之爱。而她的名字就象征着这种绵绵不绝的爱意。一个拥有着绝对完美的爱的孩子，走出爱的包围，将会遭遇什么呢？讲述故事，带领孩子们自然居于故事角色，由此及彼，感受克丽桑丝美美的同时，感受自我。同时可以给家长推荐阅读《糟糕，身上长条纹了！》《一只与众不同的乌鸦》《鳄鱼哥尼流》《小蝙蝠德林》《不一样的小豆豆》《勇敢的克兰西》等绘本。

活动 2：在体会了克丽桑丝美美爸爸妈妈于孩子的无条件的爱的基础上，安排民间游戏"坐花轿"，体会自己的爸爸妈妈给予自己的全部的爱。玩法是，三人一组，两人抬轿一人坐轿。抬轿的两人各自把左手掌握在右手腕上，然后互相把右手握在对方左手腕上，形成一"井"字形。坐轿者双脚各插进抬轿者双手形成的环圈中，坐在手掌形成的"井"字上。玩时各组侧向疾跑，快者为胜。坐轿、抬轿者轮换担任。

第二天：

活动 1：首先，根据绘本《我的名字克丽桑丝美美菊花》环衬上老师的名字画展开名字故事的讲述；其次，讲述熟悉的大人的名字的故事；最后，事先请每一个爸爸妈妈写好自己孩子名字的由来，并邀请有时间的爸爸妈妈来班给孩子讲述自己孩子名字的故事。更多孩子的名字故事，从今天开始由老师一一在日常生活中贯穿讲述。

活动 2：克丽桑丝美美最后是如何感受到自己名字带来的那种自豪感的呢？是歌唱，她把自己的名字用旋律唱了出来，唱出了那种欢畅和自豪！而我们在一个一个熟悉了我们的名字之后，也自然地唱起了我们自己的名字。

把我的名字唱出来

第三天：

活动1：第二次讲述故事《我的名字克丽桑丝美美菊花》。尝试提出问题，引导孩子经由思考，厘清克丽桑丝美美的几次遭遇，几次遭遇中克丽桑丝美美的不同状态，几次遭遇中爸爸妈妈的对待方式，以及最终克丽桑丝美美遭遇的转折。

活动2：装扮一个特别的我。引导孩子分别通过头饰、衣饰和裤裙的设计，体会打造自己的自由创意！事先需要思考如何装扮一个独特的自己，并尝试一起准备各种废旧材料及各种可装饰自己的材料。

第四天：

活动1：继续歌唱《把我的名字唱出来》。第二次歌唱重点是歌唱我们每一个人自己的名字。

活动2：设计我的名片。继续读孩子们的名字故事；继续歌唱每一个人的名字；然后看克丽桑丝美美给自己设计的名片，并欣赏老师及众名家的名片，然后来尝试设计自己的名片。

活动3：欣赏绘本动画《鱼还是鱼》。

第五天：

活动1：取一个我想要的名字！在充分感受自己名字的基础上，尝试取一个更能够代表自己的名字，抑或说出自己最想要的名字。

活动2：名字画。在取名字的基础上，尝试把自己取的名字画出来；或者更喜欢自己原来的名字，那就把自己原来的名字画出来。

（二）

第二周以绘本故事《大脚丫跳芭蕾》中的贝琳达有一双大脚却仍然想要跳舞的困境遭遇、纠结放弃、坚持热爱等一系列成长历程展开对自我成长的力量暗示和觉知。

第一天：

活动1：第一次讲述故事《大脚丫跳芭蕾》。如果说克丽桑丝美美还是经由周围他人的接纳和欣赏来获得自我认同的话，那么大脚丫贝琳达可没有那么容易了！她完全是童话故事中那些远离母亲独立的孩子，需要凭借自己的力量去经历伤心、难过和努力。认识封面上的大脚丫贝琳达，感受她有哪些独特的地方，为接下来的聆听故事做好铺垫。推荐阅读绘本故事《害羞的小哈利》。

活动2：体育游戏"脚跟脚背脚尖跳"。这是大脚丫贝琳达喜欢的游戏，玩法是：双手叉腰，边念边跳。"脚尖"（右脚尖朝后点地），"脚跟"（右脚尖朝前点地），"脚尖踢"（将右脚尖朝左前方点地，接着向右前方踢）；第二遍换左脚，依次反复进行。

第二天：

活动1：歌曲《我很特别》。贝琳达终于站在了自己心爱的舞台上，她跳着芭蕾，大声歌唱："我很特别，我很特别，我真的很特别，全世界只有一个我，没有人的脚啊和我一样大……"通过和贝琳达大声歌唱自己的特别，体会贝琳达坚持之下的自信，感染自己，进而为下一次思索自己的特别埋下伏笔。

我很特别

1=G 2/4

高美霞 词
伍冠谚，易桀齐 曲

活动2：记录《我特别在哪里》。每一个人思索自己的特别之处，这个特别之处不一定是常常以为的优点，也可以是他人可能认为的缺点。

第三天：

活动1：第二次讲述故事《大脚丫跳芭蕾》。根据和孩子共读的情况，提出问题，和孩子展开思考和探讨。

活动2：继续用各种方式来装扮一个独特的我。这个装扮活动融入到日常自主活动当中，但每周做一次公开展示活动。

第四天：

活动1：继续记录《我特别在哪里》。可以是老师讲述孩子的特别，也可以是同伴之间互相讲述彼此的特别，更可以是孩子自己讲述自己的特别。

活动2：开始歌唱自我版本的《我很特别》。也就是说用贝琳达版《我很特别》，来演唱每个人版本的《我很特别》，可以通过突显自我气势来实现，也可以通过更新歌词来实现。

第五天：

活动1：续编故事《大脚丫的后来》。

活动2：造一个自我的舞台，来展示装扮独特的、具有独特自我的星光闪耀的我。

（三）

第三周将绘本《点》和《味儿》的故事串联起来，以小葳为故事主人公展开故事，去体会什么也不会的困境中也能够发现自我、超越自我的生命成长，那就是我们每一个人的镜像。

第一天：

活动1：第一次讲述故事《点》。画一个点来让孩子进行联想，为共读这个故事做好铺垫；介绍主人公小葳，开始讲述小葳的故事。同时向家长推荐阅读《不要随便改变自己》《我喜欢自己》《勇敢做自己》《世界为谁存在？》《人》《犟龟》等。

活动2：体育游戏"吹羽毛"。在桌子上放根羽毛，参加游戏的两个人各站在桌子的两侧，同时吹羽毛，将羽毛吹到对面的一侧落下为胜。通过这样的游戏，和孩子一起去体会什么是竞争，什么是坚持！

第二天：

活动1：阅读每一个孩子的《我特别在哪里》。

活动2：歌曲《相信自己》。小葳的老师对小葳唱出一首歌《相信自己》，就仿佛老师对每一个孩子唱出《相信自己》，这是一种神奇的力量。

相信自己

1=C 4/4

林爱武 词
老鹰 曲

```
0 3  3 5 4  3 1 | 5 - - - | 0 3  3 5 4  3 1 | 2 - - - |
有 一种 神奇力  量，        在 我的 心 中蕴  藏。

0 2  2 3 4  3 2 | 1 6 6 - - | 0 7  7 7 7  2 1 7 | 1 - - - |
它 给我 勇气的  翅膀，      带 我去 梦 想的地  方。

‖: 0 1  4 5 6  i 7 6 | i 3 3 - - | 0 1  4 5 6  i 7 6 | i 2 2 - - |
我 要 放声放声  歌唱，       有 一种 神奇神奇  力量。

0 4  4 5 6 5  4 | 6 3 3 - - | 0 2  2 3 4  2 1 7 | 1 - - - ‖
请 相信 相信你  自己，       它 就是 梦 想的翅  膀。
```

第三天：

活动 1：讲述小葳的第二个故事《味儿》。体会小葳从不会到会，又从会进入瓶颈状态实现突破的画画历程，从中体会确认自我的心灵状态。

活动 2：继续装扮一个独特的自己，并尝试找找自己的味儿。

第四天：

活动 1：记录《我的味儿》。每一个人都来尝试感受自己的味儿，并尝试将它用某个事物形象表达出来。

活动 2：在找寻自己的味儿基础上，对自己唱出《相信自己》。

第五天：

活动 1："我们班的味儿"。体会我们这个班的感觉，尝试用味儿来表达，抑或尝试取一个有自己味儿的名字。

活动 2：展示活动"有味儿的我，有味儿的我们"。准备一个舞台，孩子自主报名来展示那个有味儿的自己，同时老师用照片制作 PPT 来展示这个班级——"有味儿的我们"。

第三节

创意活动的具体实施

——汲取力量形塑我自己

Part1　我的名字和我

晨，风已渐凉！

芊羽带来了《糟糕，身上长条纹了！》等与这三周主题密切相关的书籍！稀贝、秭赟都跪在图书馆的书柜前，一定是在"研读"芊羽带来的书呗！紧接着，陈奕、俪静也靠了过来，沈昕甚至搬了一张椅子就直接坐下捧起一本看起来！那表情就是"思索"的表情！连湘婷也过来了，是什么书如此吸引人？细细一看，就是那本彩色条纹的《糟糕，身上长条纹了！》。宇鑫、稼禾一来就坐在了图书馆里！什么时候要给图书馆取个名字？看书的人越来越多，思雨、明哲都好奇地凑过来，他们干脆把书放到了地上，一起趴着看……

洪博正在餐桌上，是在"用餐"？卢珣和鸿楠正整齐地跪坐在一排煤气灶前，仔细听听，那煤气灶却不是煤气灶啊，他们是在打电脑！知鑫、子轩还有瞻远围绕着一个雪花片篓子，像中班时那样坐在地上搭建着；丁诣一个人搬着一个篓子坐在窗下的桌子上；秭赟一个人在看我钢琴旁原来的大三班留下来的算珠，被它的色彩吸引了？

唐语大概是看到芊羽的书那么被欢迎的缘故，也跑过来告诉我，她买的书也快到家了，贴了标签就带来！浦发走进教室，径直朝我走来："我改名字了……"

新的一天开始了！让我们做一个新的自己！我总是要不断强调，每一个新的开始，都是我们重新起步的机会！忘记过去的种种，展望未来的可能！

■ 我的名字叫克丽桑丝美美菊花

（一）

大班的哲学课程旅程是从一个叫"克丽桑丝美美菊花"的小姑娘开始的。

"今天我带来了一本新书，它讲的是一个小老鼠的故事！"直接切入故事，"你还记得皮皮菲莉比吗？你还记得宝儿吗？"毋庸置疑，孩子们当然记得，这些课程在孩子们的心灵里烙下了怎样深的印啊！

"宝儿有什么长得与众不同的地方？"

"没有毛！"孙燃一语中的！

"宝儿有这么多黑点，突然才没有黑点的！"不善言辞的子轩居然举手了，虽然没说清楚。

"我发现她脚上有东西！"竣童脑海里还有宝儿的细节形象！

"她羽毛掉下来的时候，她的皮肤是红色的！"瑞阳说！这家伙记忆也很清晰！

"她的嘴巴扁扁的！"尚宸说。

"皮皮菲莉比有什么与众不同的地方？"

"别的都叫艾玛，只有她叫皮皮菲莉比。"子钰说。

孩子们说着，我倒想起暑假长岛之旅时第一次看到的那么多的海鸥！

于是给孩子们说起遇到这些真正艾玛的情形！孩子们大概在想我是否见到了那只叫皮皮菲莉比的吧！

回想宝儿和皮皮菲莉比的心情，淑媛说："心里很难受！"

"她家里人，不要她叫皮皮菲莉比，她自己非要叫。"卢珣理解故事的始末！的确，皮皮菲莉比是个有自主思维的人，似乎还不像今天要讲的故事中的那只小老鼠，这只小老鼠的名字正是爸爸妈妈取的！皮皮菲莉比和小老鼠比起来，内心似乎还要强大一些！

"她心里很烦躁。"瑞阳的回应总是映衬着自己，"对有些人很失望！"

我们简单回顾之后开始聆听故事："这一只老鼠，刚刚出生的老鼠，她也叫了一个与众不同的名字，她会遇到烦恼吗？"我们在好奇中展开了故事。

到处都有悬疑，扉页上就是。这里面藏着一个我的秘密，我会告诉那些……故作不语，去意会吧！这是一本充满爱的书，对于每一个还渴望爱的孩子来说，是必定会被吸引的！

故事真正开始了，我的声音开始很轻很轻……

孩子出生的那一天，是她的爸爸妈妈生命中最快乐的一天，就像卢珣妈妈生卢珣时一样。爸爸更是宠溺有加。他说她绝对完美无缺，你仿佛可以看到他那爱得不能再爱的眼神，我说就像好阳的爸爸看着好阳一样！好阳有所领会。他们要取名字了，爸爸表示她的名字应该绝对的完美！所以他们最终给孩子取名"克丽桑丝美美"。

克丽桑丝美美长大的过程，虽然只有一页，却非常真实和详细，通过一张又一张的小图展现。从会爬，到会滑滑梯，到会自己洗澡，到她自己量身高……一直到她懂得欣赏自己名字的时候，她就爱上了自己的名字，她觉得自己的名字真是太美了。

克丽桑丝美美爱自己的名字的感觉是细微的。首先她爱听整个名字的声音，爸爸喊，妈妈喊，自己情不自禁地对着镜子喊，怎么听都好听。其次，她也喜欢这个名字写下来的样子，写在蛋糕上，写在纸上……克丽桑丝美美到处写自己的名字，就像我们班那些喜欢写下自己名字的人，我一一列数着他们的名字！

我们注意到克丽桑丝美美第一天上学是那样的高兴！当然楚德老师的

点名，是从我们班的孩子们开始的！从馨匀到珠峰，从瞻远到丁爽……他们一一朝向过来！班上的孩子点过，然后回到克丽桑丝美美！

"有什么不一样的地方？"

"她的名字长长的！"稀贝已经和上个星期有所不同了，是要恢复到中班专注的模样啊！

是的，故事中的小朋友也是这么说的。故事中的小朋友还说这样长的名字很难写进班牌！对！班牌，就像我们每个小朋友进了新教室做的班牌一样啊！还有小朋友说克丽桑丝美美的名字是照着一朵花取的！稀奇的是书中说"克丽桑丝美美菊花枯萎了"，这是形容她的心情糟透了！

敏锐的稚轩发现了克丽桑丝美美和第一天上学的样子不一样了。第一天是高高兴兴的，今天却是慢慢地走去学校。

"这一天，老师讲故事，小朋友玩娃娃家……（例数的是我们班上的事件）的时候，她的心情怎么样？"

"不怎么样！"

克丽桑丝美美两度不想上学，可爸爸妈妈听完她的倾诉，告诉她，她的名字是完美无缺的！什么叫完美无缺呢？

"非常完美，没有一个地方缺！"家瑞说。

转变的契机来自环境变化的某个瞬间！大家都渴望给新来的、大家都喜欢的廷柯老师留下好印象。我临时充当起了音乐老师，我们一起练唱音阶12345671；我们开始分配角色演音乐剧，就像我们中班六一时那样！这样的故事情境孩子们有经验，脑海中当然能够有表象。

"什么是雏菊？"当说到克丽桑丝美美演雏菊时，有孩子问！唉！公主、皇后、精灵才是女孩子最喜欢扮演的，我看到芊羽的眼睛都亮了！

雏菊是什么？

就是中班时我们钢琴上摆放的花啊！

克丽桑丝美美菊花枯萎了！她的心情糟透了！

这次却有了转机！没想到大家喜欢的音乐老师，也是和克丽桑丝美美一样照着一朵花取名的，名字也很长很长，也无法写进名牌，而且她如果要生女儿，也要取克丽桑丝美美这个名字，这个名字实在太"完美"——

孩子们接上"无缺"!

克丽桑丝美美脸红了，眼睛亮了！这可是我眼前的孩子们能够深深体会到的！书中的小朋友一百八十度转弯都要照着花取名字呢！

到了最后一页的时候，鸿楠说："在彩虹那里跳！"

顺着鸿楠的观察："为什么呢?"

"我看见她刚才上学的时候在下雨，这里就有彩虹了！"家瑞说。这个我还没注意呢！

"因为这样画，这本书就很漂亮，这样就很完美无缺！"稚轩是这样理解的！

"因为她很开心了！"竣童居然能这样理解！我不得不感慨他理解得到位。

"克丽桑丝美美菊花——"

稚轩："开了。"

好吧，那些嘲笑她的同伴，都无比羡慕，她们都想有一个——

稚轩："花的名字。"

（二）

看向图书馆，瞻远在看那本最受欢迎的《小蝙蝠德林》;宇鑫和竣童正在看宫西达也的书;天佑坐得笔直笔直的，正在看一本书;鸿楠则跪着看一本书……

明天可是要和孩子们说说自己名字的故事了，想象着和孩子们讲述起各自名字的故事的情景，嗯，说到的那个孩子一定又是满脸自豪的吧！

天已黑，想着想着，给家长发了个介绍自己孩子名字意义和内涵的信息，回家！

■ 我的名字的故事

（一）

看到爸爸妈妈们发给我的各种取名的故事，不管是请人取的，还是叫着顺口的，不管是意义深远的，还是寄予期望的，对于大班这个年龄段的孩子，都挺艰涩的，很难有足够的吸引力！要如何进行重新阐释呢？

名字，我们精心为孩子取的名字，饱含着父母对孩子们生活的期待，也标明着父母自身的生活方式！克丽桑丝美美的爸爸妈妈对克丽桑丝美美那叫一个温柔、细心和呵护备至！它们浸透在爸爸妈妈的取名历程以及所取的名字之中，对孩子完全欣赏和认可！

第一个发来孩子名字故事的是芊羽妈妈，原来请人取名是需要收费的呐，并且那么容易，取个名，配个吉利的说辞就好了！要是懂点字源的人帮人取名字，那还不大赚？芊羽这个名字表示的居然是品学双优、名利双收！这可没法跟孩子传递啊！其实在我对芊羽全部的感受里面，她的色泽是银色的，她是晶莹的星星！不过想想她的名字，也与她彼此驯养了吧！芊，其实是长得茂盛的草，而她的确也是长势蹭蹭的；羽，是纯洁的飞翔的羽毛，而她的确就是银色的纯洁的天真派！而有羽毛的草不就是蒲公英吗？有着飞翔的梦想的草啊，总有一天会飞上天去，实现自己的梦想！

孩子们天生是能够感受美好的，这样的名字故事，才切合他们对自我的模糊感受，又能引导他们的心灵更加契合和朝向这种美好！

名如其人，人如其名，彼此驯养，成为彼此！

读秭赟的名字故事是用爸爸妈妈的口吻讲述的，并且配上尽可能温柔的轻语：亲爱的秭赟，你出生在一个特别的日子里……秭赟妈妈写得真是感人啊，我差点都读得哽咽了，还好掩饰了过去！孩子们因这而感受了"美好"这个词！

说到美好，孩子们当然意会到了我们刚刚讲述的故事之中的"完美无缺"！我感觉到孩子们领会之中的那种贯通之感了！我们接下来读了陈奕的名字故事，因为奕也是一种美好的意思！陈奕的眼睛更亮了！这个学期，他的眼睛每每都是神采奕奕的呢！

洪博的名字好理解，拥有很多很多的知识，就叫博；家瑞，瑞就是吉祥，而吉祥就是好运；尚宸的名字里，尚是指要做一个心地善良、品德高尚的人，我说尚宸的确是一个这样的小朋友呢——我们说起他有些懒不愿意拿别人掉下的衣服，却又舍不得放在那里，还是帮别人拿上来的事情……融合着孩子们眼前的生活，加上我对名字的诠释，讲述着一个又一个名字故事。

日常的生活中，明天的故事讲述中，我会陆续穿插一些孩子的名字故事！

（二）

"克丽桑丝美美的爸爸妈妈爱她吗？"

"爱！"众口一致。

"他们是怎么帮自己的女儿取名的？"

小蕾："是照着一朵花取的。"

"你还知道维多利亚是怎么取的？"

好阳："是照着奶奶取的。"

"克丽桑丝美美喜欢自己的名字吗？"

"喜欢！""不喜欢！"

"到底是喜欢还是不喜欢呢？"

家瑞和浦发率表示："先是喜欢，后来又不喜欢了。"

紧随着他们的表述问："最后克丽桑丝美美喜欢自己的名字吗？"果然孩子们一致表示喜欢。

"为什么克丽桑丝美美先是喜欢，然后是不喜欢，最后又喜欢了呢？"

"第一次，妈妈给她取的名字最好听；第二次，人家都嘲笑她；最后一次，老师的名字也是照着花取的。"稚轩分三次有层次地说。

"说了和她一模一样的话，所以她脸红了，她就喜欢了！"瑞阳脑海中有深刻的印象。

"老师来了！"朱浩更不善于表述！

"楚德老师早就来了，怎么廷柯老师来了就喜欢了？"

"她的名字有点长！"鸿楠说。

"因为小朋友都羡慕音乐老师，而音乐老师的名字也是照着花取的，所以他们就大吃了一惊。"瑞阳说清楚了！

"我知道她为什么一开始不喜欢自己的名字，因为她的名字太长，有点难写进名牌，所以才这样！"俊童说。

"因为楚德不是照着花取的，而音乐老师是照着花取名的！"稀贝说。

"因为刚来的一个老师是照着花取的名，和她差不多，而老早来的那个老师不是照着花取的名，不是和她差不多。"淑媛的意思我听明白了！

"因为一个新来的老师他们喜欢，前面的老师他们不太喜欢。新老师的名字也是照着一朵花取的，他们就大吃一惊！"明哲进一步根据自己的理解解释。

"因为他们的第一个老师楚德，点到克丽桑丝美美的时候，大家都取笑她，而那个音乐老师来的时候，名字也是照着一朵花取的，名字也是很长的，那些朋友都大吃一惊。然后回去的时候还有彩虹在上面！"家瑞重述故事内容。

"是啊！这下克丽桑丝美美从心里开了花，禁不住唱了起来：'来来，我是克丽桑丝，克丽桑丝美美，美美美美美美……'"我自然地哼唱起来。

孩子们都好奇于这重复吟唱的"美"，我解惑："这说明她自己非常的——"

"美！"孩子们感觉到了那种自得、自信的美。

"就像个骄傲的公主，像一朵开放的——"

"花！"孩子们接，并且自然地做起了花的造型。我当然就要去闻一闻哪一朵花最香了！

于是我们全都变成了"克丽桑丝美美"，开始唱出自己的名字，开始变成一朵美丽的花。

天黑了，花把花瓣收了起来，休息了！

天亮了，太阳升起来了，花朵开放了！

在游戏中我们反复地吟唱，和声真是很好听，柔和却有力。

■ 还是喜欢自己的名字

（一）

今天有雨，我们没出去！

唐语捧着两本书，一本是《勇敢的克兰西》，一本是《害羞的小哈利》。哦！昨天她带了《勇敢做自己》！她走进教室，首先拿来给我看。这些新鲜的事物又会吸引好多孩子吧！果不其然，丁诣进了教室，直接就坐在了图书馆里。

好阳带来的象棋也时常吸引了一部分人，知鑫和孙燃似乎在下着，小蕾在围观……

瑞阳进来的时候，目光一下子就扫到了唐语带的新书，径直走过去看起来，一本接着一本！

昨天，我已经在所有的箱子下面铺上了垫子，在南边窗下整整围了一圈，这样也好，冬天的时候，他们就可以沐浴在阳光下了！嗯！芊羽在收拾箱子啊！她居然把那本大家最受欢迎的她带的《糟糕，身上长条纹了！》藏到自己箱子里去了！我估计这是大家太喜欢的缘故！

（二）

第二次讲述克丽桑丝美美的故事。

观察封面：

"为什么封面上有金色的大菊花？"

"因为她最后的两个字是菊花。"

"因为她的名字跟菊花有关。"

感受扉页：

"一座绵延的山，山后的地平线上太阳正悄悄地落下。这里面藏着我名字的秘密，我的妈妈想要为我取一个好听的名字，就像克丽桑丝美美的妈妈一样。你们都知道我的名字，那你猜猜我的名字是照着什么取的？"

"火烧云。"哇！

"夕阳！"

"当太阳落下的时候，天边就有了万丈霞光，我的姓和卢珣、小蕾一样都是跟爸爸姓的，我妈妈认为太阳落山时的霞光太美了，于是给我取名高美霞！所以我买这本书的时候就在这本书的前面画了我的名字的画，一看就知道是高老师的，也许你的名字也能画成一幅画……"

意会故事：

1. 克丽桑丝美美长到能够欣赏自己的名字的时候，我们班的小朋友有没有长到能够欣赏自己的名字呢？似乎是很少有的，一是我们经由名字来表达爱的气息没有克丽桑丝美美所经历的那么浓郁，二是我们自身也还没有克丽桑丝美美经历这种困境的机会。毕竟我们都太害怕孩子们去经历困境了，总是在为孩子铺平一切道路！自忖我自己也有这样的毛病。然，年龄渐长时，突然意识到，孩子们遭遇困境，是幸运，才有得以自我成长的可能。

克丽桑丝美美喜欢听自己名字的声音，也喜欢自己的名字写下来的样子，这是一个孩子喜欢自己的象征，是对自我肯定的信息，是对周围父母爱自己的投射。

孩子们说："绝对完美无缺！"

克丽桑丝美美从美美地唱着自己的名字开始去上学。

2. 体会克丽桑丝美美第一次上学的心情。

"你觉得她的心情如何？"暗示孩子们对这一页衬托心情的背景有所觉察。

"她蹦蹦跳跳地去学校，就比如她的名字，很喜欢很喜欢，像海浪一样温柔。"哇！

3. "克丽桑丝美美菊花枯萎了，枯萎是什么意思？"

"就像一朵花没有浇水，太阳照着它，干死了就倒了！"我们跟着沈昕用体态表现了枯萎的样子。

"花瓣谢了，掉了！"瑞阳说。

"她很难过！"小朋友都这么说，理解了意和象之间的关系！

当克丽桑丝美美不想上学的时候，是妈妈安慰了她：你的名字很美啊，你的名字就是你，就像芊羽的名字一样，芊是一种绿绿的草，能长出羽毛的草，会飞的草，是的，就是蒲公英，就是一朵漂亮的蒲公英。

爸爸说：完美无缺，就像高昀那样，就像唐语一样，就像禹季一样，听的样子真的是完美无缺啊……

4. "为什么梦到自己的名字叫珍妮？"

"珍妮不长。"因为前面的理解回答这个问题不难，孩子们一起说！

5. "每天上学的路是不是一样的？为什么今天是最长的啊？"

"因为学校有几条路。"明哲没理解！

"因为今天她走得慢！"家瑞大概感同身受吧！我觉得他回答的语气给人这样的感觉。

"为什么走得慢啊？"

家瑞："因为不想去上学。"

竣童："因为今天还是会有人嘲笑她的。"

瑞阳："很失望！"

6. 为了理解音乐老师的一切都好像来自梦境，我轻哼了金子美玲的《不可思议》；说到廷柯老师的音乐剧时，我想要回忆我们表演过的小刺猬的音乐剧，来体会克丽桑丝美美他们表演音乐剧的场景。

女孩子们特别能够理解那么多的女生不是表演公主，就是表演王后的那种美姿，可克丽桑丝美美却是扮演一朵雏菊。我这样解释："这个雏就像魏稚轩的稚一样，雏，就是稚，可爱、小的意思。"

7. 这次不是爸爸妈妈安慰了克丽桑丝美美，而是所有小朋友都喜欢的音乐老师，因为她的名字也是照着花取的。

"克丽桑丝美美的心情？"

"多好啊！"

"克丽桑丝美美菊花——"

"盛开了！"嗨！都能接着。

今天我们讲述了最后的结局：他们的演出，和我们六一时演《狼和小猪》一样完全成功了！雏菊跳的舞完美无缺，而维多利亚把自己的台词都忘了！廷柯老师真的生了一个健康的小女儿，女儿真的叫克丽桑丝美美！

瑞阳："她们就是姐妹啦！"

耶！故事的最后，当然又是在唱着克丽桑丝美美的名字中结束了！

（三）

时常思虑楚德老师也是个理性、笃定的好老师，廷柯老师则是个热情、感性的好老师，很多时候，彼和此同在，很多美好才会发生。

"我妈妈也给我买了有关克丽桑丝美美的书。"

"我想看！"

"卢珣有这本书呢，你去问问她？"我希望她能和更多的同伴发生互动，而不是聚焦在老师这里。

图书馆那里，有馨匀、瞻远，总是和瞻远一起的丁爽，竣童和形影不离的宇鑫……

■ 把我的名字唱出来

（一）

继续讲述孩子们的名字故事！

天佑、薛天都涉及"天"，给孩子们讲述了古代人们对"天"的敬和畏，慢慢地"天"就变成了中国人的一种"规则"，也成了一种保佑！说到天佑小时候难养的时候，孩子们是肃穆的！

说到鸿楠，是江边的大鸟，又是最坚硬的木头，对他在教室里提出了大班的要求。

说到高昀，名字里就包含着爸爸，也包含着妈妈；讲到了浦发的名字故事；说到俪静的俪，就是她现在眼睛闪亮地看着老师、凝神思考的样子，"静"就是她现在安静、端坐着的样子；说到瞻远的名字，就是有能力站到知识的高处看得更远的意思；说到秋儒的名字，想起他中班刚来时怎么也不能把像个猴子一样的他和这个名字联系起来，说起他这一年的变化；说到小蕾，就像她现在上课时那样静静地等待开放的花蕾……

聊孩子，总是聊不完的，说说名字，再说说这个名字和这个孩子有所呼应的地方，说说这个名字对他眼前的期望……不知不觉时间就流逝了！

尚宸正在图书馆里看书，珠峰从我身后跑过去喊他，居然是唱腔喊着尚宸。我跟他说："你还会唱名字啊？"他不好意思地笑笑！

那今天我们就把每个小朋友的名字唱出来吧！

不同变调地练声，旋律不变，原来的"小朋友们好"变成了"啦啦啦啦"，慢慢演变成"瑞瑞瑞瑞瑞"，当然孩子们顺着我的眼神就知道我唱的是家瑞的"瑞"。看着那些依然端坐的孩子们的眼睛，一个个地用不同的调子唱着他们名字的最后一个字！

孩子们有些雀跃！

"美美美美美！"唱完这句，我问："这是谁的名字？"嗨！一下子孩子们无法关联起我们讲述过的故事啊！谁的名字最后一个字是"美"呢？一个个居然喊着我的名字，因为我的名字中间有个"美"啊！

还有谁？当然是克丽桑丝美美啊！音乐老师也把这么完美无缺的名字唱了出来！"来来，我是克丽桑丝，克丽桑丝美美，美美美美美美……"

歌曲内容很简单，但要唱出和声的美不容易！歌曲是重复两遍，但两遍的旋律是不一样的，我来唱孩子们来感受，我告诉孩子第一段是越过高山的感觉，第二段短一些，是飘过大河的感觉！

慢慢地，克丽桑丝美美的名字歌就变成每一个小朋友的了！

"来来，我是淑媛啊，媛媛媛媛媛媛媛媛！"

"来来，我是嘉妮啊，妮妮妮妮妮妮妮妮！"

"来来，我是高昀啊，昀昀昀昀昀昀昀！"

……

■ 把我的名字画出来

（一）给自己取名

跟随着进入活动的音乐，我们直接切入了《把我的名字唱出来》的旋律部分！只是在音乐开始之后稍稍停下，说了按组排顺序来唱出每个人的名字的方式，于是我们开始了《把我的名字唱出来》的火车之行！

最后唱到克丽桑丝美美的名字歌："我的名字很长很长，我的名字很难写进名牌，我的名字是照着一朵花取的，但是我的名字完美无缺。维多利亚说：'我想叫山谷百合，吉儿说我想叫康乃馨。'小朋友，你喜欢自己的名字吗？你想过给自己取一个自己想要的名字吗？"

已经进入故事的禹季说："我不喜欢，我想叫绿萝！"

内心总是有自己想法的秭赟羞涩地说："我想要叫秭赟，我就喜欢这个名字啊！"当然可以！

沙远："我想叫百合花。"

……

好多小朋友喜欢自己的名字，也有小朋友认为自己的名字需要改进，也有的是因为走入了故事，被故事感染了，所以想要像故事中的小朋友一样照着花取名。

"不管喜欢，还是不喜欢，如果你有机会给你自己取一个名字的话，你想取什么呢？"

明哲："龙江思。"

稀贝："山谷百合。"

竣童："我是狼。"

孙燃："飞罗。"

卢珣："镁合金。"

禹季："太阳向日葵。"

沙远："绿萝超人。"

家瑞："美国金花草。"

瑞阳："悬崖边上的那种花。"

洪博："死神僵尸。"

朱浩："我大名取猪猪侠，小名积极帮。"

秋儒："龙江花。"

沈昕："我大名叫落花，小名叫雪花。"

秭赟："我想叫漂漂，因为我喜欢漂亮。"

浦发："开心方程式。"

其睿："龙卷风。"

丁诣："合一。"

薛天："忍者。"

稀贝："美人鱼精还有玫瑰花。"

淑媛："孙科。"

家瑞："大海远草。"

……

孩子们说的名字，我大多只是音译！

"我要叫章鱼！"竣童追在我后面说道！

（二）画出自己的名字

本来预设课程里的制作名片，因为看到孩子们对我的名字画更有兴趣而取消了。

孩子们一定还记得我用我的名字画了一幅画，今天我们就来尝试为自己的名字设计一幅画！看着孩子们一筹莫展的样子，梳理了三种画名字的方式以供参考。

其一：克丽桑丝美美画名字的方式，也就是我画名字的方式！克丽桑丝美美是照着一朵菊花取的名字，所以她画了一朵金灿灿的菊花！我的名字是照着晚霞取的，那么就画了落日、高山、云彩。小蕾就是一朵即将要开放的花啊；芊羽画起来也容易啊，那不就是一棵正要飞翔的蒲公英嘛！

其二：如果名字不是照着什么取的，可以写下自己的名字，然后给名字进行装饰！

其三：如果连名字也不会写，怎么办？可以写下自己的学号并装饰。

画画时，并不是一种完全理性的状态，那是一种感性的梦幻状态！一旦过于理智，那是无法呈现一幅艺术作品的，因为过于理智，往往就失去了本真！而唯有体现本真的画作才能触及艺术作品的本质！那些对于这个主题无法下笔的孩子多是理智相对比较成熟的孩子！他们无法浪漫地想象、恣意地表达，他们非要有明确的字面意思以及画面上的具体表现！这样想来的确是难的！可往往艺术并不是如此！

第一幅完成的作品，用非常流畅的线条画出了自己的学号，仿佛是两个有着马路的城市，中间有美丽的风景连接着。

第二幅作品用彩虹、云朵等精致的花纹装饰了自己的学号。

第三幅作品用那么美丽的海浪中游泳的自己装饰了自己的学号。

除了学号式的作品，还有文字式的！

第四幅作品用立体的方式写出了自己的名字，并进行了装饰；有的用彩虹的颜色装饰了名字；有的是用网状的花纹布满画面，形成一种饱满的感觉，而在那精致的网格花纹中间藏着自己的名字。

第三种是意象画！

那个名字中有水、有土的小家伙，画了蓝色的地下水表示他名字中的泽，画了褐色的泥土表明他名字的堃，整个画仿佛一个自然世界，离不开水和土的自然世界，在这个世界里，画了绿色的植物，表明生命离不开水和泥土。

好阳强调自己的名字是明亮的太阳光，所以他画了明晃晃的金色太阳。

姓王的小男孩，巧妙地延伸"王"的最后一条线，变成了一个房子，住了他和他的家人。有的"王"仿佛成了天线，又仿佛是避雷针，这样的设计很有科学的感觉。

最后要介绍的是姓林的小男孩，他的作品全然是他自己的创造。非常的奇特！他画了三棵树。二木成林，三木成森，这里三棵树屹立着！真是对"林子屹"这三个字最好的诠释，多么巧妙！更为巧妙的是，第一棵树上写了他的学号，第二棵树上写了他的名字，第三棵树上有许许多多的果实，这是不是无穷尽的意思呢？像树木一样努力吸收和成长，然后能够屹立在这里看世界，结满收获的果实啊……即使是色彩也全然是生机盎然的绿色。

作品，永远是想象不到的！正因为想象不到，才精彩！

我想起姊赟那样恬静地朝我说："我就喜欢我的名字！"某种对自我独特的感受就在这课程的熏染中慢慢地从四面八方集聚而来！

Part2　我是世上独一无二的创造

回想、感受大班哲学课程第一周的主题历程，塑造我们自己是从一个叫克丽桑丝美美的小女生开始的。这个女生和皮皮菲莉比一样，都有一个与众不同的名字，不同的是，皮皮菲莉比强烈感觉到自己想要一个与众不同的名字，来匹配这样一个与众不同的自己！是的，她真切地体会到每一个个体与他人的不同，于是她不再限于庸常！我时常也真切地感觉到我身边的每一个个体彼此之间的不同，可更多的人却总是在逃避自由，逃进一种统一的模式里面去，一起叫"艾玛"。生活在这个教室里的孩子，时间久了，只要有一丝丝的觉察意识，立即就会发现这样的不同！但是，我们总有许多"被写定"，比如皮皮菲莉比和它的家族被写定叫"艾玛"，比如克丽桑丝美美，生来被父母叫作"克丽桑丝美美"。是的，你会发现克丽桑丝美美，她的与众不同的名字，是"被写定"的！皮皮菲莉比的故事是为了唤起孩子们体会各自不同的真实感受，如果说突破"被写定"是一个朝向浪漫的理想之梦的话，那么克丽桑丝美美的故事就是一个现实，一个真相！

每一个父母都会费尽心思地给孩子取名，那代表了爱！这样的"被写定"和艾玛的"被写定"不一样，两个文本所要集聚突破人性的力量点不一样！前者象征着现实中父母真切的爱，后者象征着一个总是追求整齐划一的庸常群体。克丽桑丝美美这个名字就是倾注了父母所有爱和欣赏的名字，这也说明了一个真相，孩子生来就有一部分是被父母"写定"的，抑或说塑造的！在这个名字符号中，可以说涵盖了父母所有想要许给你的所有灵魂。但这个"写定"，这个"塑造"，总是会与所有的外在相互作用。这个外在，其一是你自己，其二是周围他人！但是这样的作用，意味着冲突，冲突意味着个体需要去穿越，穿越又意味着自我个体在穿越历程中自我的日渐凸显，最终成为一个"我"。而这个"被写定"，这个"塑造"，也意味着一个原始的你、内在的你、没有成长的你、有限的你，是否被你接纳。唯有接纳，才意味着有能力面对冲突，才意味着有能力去穿越，才意味着有可能的成长。

克丽桑丝美美首先遭逢的就是与周围他人的冲突。在这个冲突中，父母的爱凸显了，老师的影响力量凸显了，但这两者都是一种沉默的力量，不是一种教导、说教的力量，一切都待克丽桑丝美美自己去感受，自己去体验，自己去确认，这是自我认知的第一步。

因此，大班的哲学课程历程就从这里起步！从克丽桑丝美美的名字自然就回到我们的生活，我们自己的名字。我们自己的名字中涵盖了父母怎样的"写定"和意愿？如果说小班时我们因《妈妈不知道我的名字》来确认三四岁时期自我独立意识的萌芽的话，那么大班来体认自己的名字，更有思辨的成分！前者是一个想要和妈妈分开独立却又想要和妈妈共生依赖的纠结心理期，所以孩子的显性行为就是不断向妈妈呼喊，我的名字叫什么，不叫宝贝，不叫小猴子，不叫小南瓜，而是叫汉娜。对自我名字的初步感知，都是为了体会父母那浓浓的爱，体会"你可以在爱中"离开，因为随时可以回到爱中！

到了大班，对名字的辨析，有更多哲学方式的思索——父母在名字中于自己的期望、自己对名字赋予的理解和诠释，这样的诠释意味着对自我的感知、认定和初步有意义的努力朝向。

因此，在克丽桑丝美美的故事体会过程中，糅杂着对自己名字的感知、理解！想想，如果事先能够更清明地认识到以上这些所想，那么就会在小班时父母写下孩子昵称的时候，给予更为细致的指引，比如写下的昵称不是侧重于名字本身由来的解释，而是要侧重于取名字时的爱的细节描写，那必定是小班孩子内心渴望知道的！那么到了大班，于名字的故事，则侧重于意义的诠释，期望的诠释！

随着孩子们名字故事的讲述，克丽桑丝美美的生活也在继续，克丽桑丝美美唱出了自己的名字歌，由此，我们跟随着唱出自己的名字歌。去尝试着理解自己的名字，并用图画的方式表达出来！在孩子们的画面中，可以感受到孩子们的思之水平和学习品质。在这样的一个历程中，我们意识到，克丽桑丝美美到了能够欣赏自己名字的年龄，我们的孩子到了吗？他们是年龄没到，还是理解能力没到？只有有能力感知、欣赏自己的名字，才能从接纳这个原本的自己开始，逐渐创立一个新的自我，然后再在中班取个独特之名的基础上，给自己取一个符合自己内在真实和内在追求的名字。从小班到大班，我们都可以清晰地感受到，活动就这样随着孩子们的心理特点和思维水平，不断交错着递升。第一周的经由名字而行的自我认知旅程，还可以伴随着装扮活动给予自己外在的塑造。这样的课程生活给予孩子的影响是无形、无痕的。

回顾过往，是为了更好地开始。

■ 大脚丫的贝琳达

"来来，我是克丽桑丝美美，克丽桑丝美美……"哼唱着名字歌，"小朋友们呢，我有一个与众不同的地方，那就是？"

"名字很长！"

"很难写进名牌！"

"照着一朵花取的！"

我们从克丽桑丝美美的与众不同，直接切入到今天这个故事中与众不同的女孩："克丽桑丝美美因为她的特别名字遇到很多的烦恼，今天我也要介绍你认识一个与众不同的女孩！这个女孩有可能像芊羽！"

我手指遮住封面的书名，让孩子们来看一看封面上的女孩："你第一次看到她，有什么样的印象，或者你看到了什么？"

竣童："她在跳芭蕾舞！"敏锐的观察！

"她的脚很大！"陈奕那样轻松、大方地举手，手直通通地伸向了头顶，伸得那样的舒展和轻快，那动作之间的气息变化文字还真是无法传神描述呢！并且他的回答直接切中了要点！

洪博："她一个脚在下面，一个脚在上面！"

稀贝："她的裙子是厚的。"

瑞阳："她的身体很长！"我补充是修长！

其睿："她的两条手臂和两条腿都很细！"

高昀："我也觉得她的脚很大，而且我在借书的地方也看到过这本书！"

竣童："她的鞋码是大号的！"

"你猜猜她的烦恼是什么？"

稚轩："我感觉她如果去上学的话，她的名字是照着跳舞取的吧！"

朱浩："她要去上学的，她长得这么高可能会被人笑！"

瑞阳："她脚这么大，肯定会被人嘲笑的！"

秋儒："她的下巴太大了！"

竣童："鞋码很大，容易摔倒！"

稀贝："她的裙子大大的、厚厚的，人家的裙边薄薄的！"

家瑞："她的个子很高，可能会引得别人哈哈大笑，她可能会不好意思的！"

看见孩子们在第一周里感受到的经验在第二周的体现了吧！翻到环衬，孩子们直喊高老师。啊！那里画着一个长辫子的我啊！

打开书名页，瑞阳说："书名页！"嗯！这个书名页是后面故事的引子！

"书名页上是什么？"

"窗帘!"沈昕说!这可不是普通的窗帘!

子钰:"这是跳舞用的窗帘!"它可不叫窗帘!

竣童:"莲蓬!"也不是!

瑞阳:"我看见小女孩露在外面!"

他变转了话题,引得大家一阵"我也看见了!"

家瑞:"不光是头露在外面,还有脚跷在外面!"

"她为什么要这样呢?"

鸿楠:"她不想让人看到她的身体高!"

尚宸:"她身体高,出来,就会被人嘲笑的!"

瑞阳:"她可能有点不好意思跳舞吧!"

稚轩:"她可能在偷看观众!"

"观众在什么地方?"

"尚宸猜对了,这就是舞台,这个是舞台上红色的帷幕!就像我们小三班表演小老鼠的时候,报幕员说下面小三班小朋友要开始表演了,请拉开帷幕(唤起孩子们的印象)。原来她正在舞台上啊,可能她正像瑞阳说的那样不好意思呢,也可能正像稚轩说的那样正在偷看观众呢。"

"她太紧张了,每个人上舞台的时候都很紧张的!"竣童执著举手。哦!他对生活中的感受把握得很细腻。顺着竣童的表达我们回顾起小三班在大舞台上的心情!哼!有些家伙开始吹牛说自己不紧张!

"故事就要开始了!"我宣布!

"真的,像你们说的一样,她是跳芭蕾舞的!小朋友们,你知道吗,我最大的爱好就是?"

"跳舞!"

"跳芭蕾舞!"

我继续着故事的讲述,在"姿态优雅,动作轻巧灵活"处语气着重了又着重!

"不过,贝琳达有一个像大三班小朋友说的那样的问题,不,不,是两个问题——"

孩子们看到图立刻就感受到了我的暗示,说道:"左脚和右脚!"

"这是三个什么？"我指着三个芭蕾舞的评审委员！

"校长和院长！"瑞阳！

在讲述的过程中，我介绍了三个评审委员！

当贝琳达还没跳就已经谢场之后，我们随着故事气息忧伤、难过了起来……

贝琳达虽然做了餐厅服务员，却还是忘不了跳舞！可是她还是兢兢业业，她在给客人们送餐的时候，她姿态？

哦！孩子们果然对着重点有所领会，他们接道："优雅！"我说"动作"，他们接："轻巧灵活！"

"可为什么客人们、老板都很喜欢她的时候，她的情绪还很低落呢？"

"因为她动作灵活！"稚轩！

"错了！正是因为这，所以大家才喜欢她的呢！"我反驳。

"因为过了几天，她还是记得评委说的那些话！"瑞阳！

"因为她做过，所以不会忘记这些事情，永远都在她的心上！"竣童！

"应该是她脚太大，地上滑，东西容易洒掉！"朱浩！

"贝琳达就像竣童说的那样，她还是忘不了跳舞，因为那是她最喜欢做的事情，有一天——"故事发生了转机，重新上路了！

呵呵，故事中费莱迪好友乐团拉的第一首曲子就是《把我的名字唱出来》这首轻快的曲子，贝琳达忍不住跟随着音乐打拍子，甚至跳起舞来！大家都被她——

"吸引了！"孩子们接道！

在这个时候，我插入补充了费莱迪先生请求贝琳达给客人跳舞的场景，让孩子们充分感受那一刹那间心情的激荡！

更加不可思议的是大都会芭蕾舞团的指挥也来了："他为什么很惊讶？"

"因为她跳得很好看！"稚轩接道。

在这个时候，我又插入芭蕾舞团的指挥激动地请求贝琳达的场景："你一定要来大都会，剧院，剧院，表演，请你答应我吧，我请求你！"

"贝琳达有一些——"

"害羞！""不好意思！"孩子们完全领会这刹那的心境，仿佛感同身受！

"贝琳达来到了什么地方？"让孩子说，让孩子体会那种受挫之后通过自己努力终于成功的喜悦！

"美国大舞台！"稀贝说道！

我着重让孩子们观察了评审委员们的表情和赞叹："哇，太精彩了，多么像优雅的燕子，多么像轻巧的鸽子啊，多么像灵巧的羚羊啊！"讲述的时候，多加了一些形容词，让孩子们更集中于舞蹈的姿态，而不是这些动物！

"根本没有人注意到贝琳达的脚，真奇怪呢！"我疑惑！

"因为她跳的舞好看！"

"所有的灯光都照着她，所有的目光都看着她，她快乐极了，因为她可以跳舞，跳舞，一直跳舞，至于评审委员们说什么，她什么也不在乎了！"这里面有些深意，孩子们暂时还不能明白，不过我们重新回顾了之前评审委员的话，和现在评审委员的话，但我们只是说"至于评审委员们说什么，她什么也不在乎了！"意蕴留着慢慢咀嚼和领会吧！

"这次当她谢幕的时候，她怎么样？"

"太紧张了！"竣童！

"玫瑰！"其睿看到了赞赏的玫瑰！

"我终于可以再次——"

"跳舞了！"孩子们接。

"我终于可以做——"

"我喜欢做的事情了！"孩子们接。

"我的一生——"

"都很快乐！"孩子们接。

"这就是我的故事，我的名字叫——"

"贝琳达！"孩子们接。

"来来，我是贝琳达啊，我是贝琳达啊，达达达达达达达！"我们情不自禁地唱起来。贝琳达的故事和克丽桑丝美美的一样在美妙的歌声中结束了！

■ 我真的很特别

（一）贝琳达的"特别"

"来来，我是克丽桑丝，克丽桑丝美美，美美美美美！"把"我"的名字唱出来。

"来来，我是贝琳达啊，我是贝琳达啊，达达达达达达达！"把"我"的名唱出来。

"克丽桑丝美美特别在什么地方？贝琳达呢？"

克丽桑丝美美的名字特别，贝琳达的大脚特别，孩子们了然于心！

"贝琳达最后跳成舞了吗？"把孩子们的思维拉向贝琳达最后捧花舞台谢幕的场景！

"贝琳达从此星光闪耀，她跳舞，她歌唱，请听——我很特别，我很特别，我真的很特别，全世界只有一个我，没有人脚啊和我一样大，全世界只有一个我，奇妙的我超乎想象。"当孩子们说出贝琳达的特别后我们开始欣赏歌曲《我很特别》。

"评审委员压根没有想到长着一双大脚的贝琳达跳舞可以跳得这样——"

"好！"

"什么是超乎想象？"

"就是很开心。""超乎了心里的想象。""就是不可思议。"

"的确，评委心里认为贝琳达不会跳舞，后来贝琳达却跳得这么好，贝琳达超乎——"

孩子们接："想象！"

"就像子钰做的好朋友列表一样，就像陈奕带来丝巾的时候一样，就像尚宸的消防游戏一样，就像……"一个个说过孩子们的"超乎想象"之处，一个个都挺直了腰板，直把隔壁班的老师都吸引了过来：什么让他们听得这么认真？什么使得他们坐得如此的端直？

于是我们更加有力地歌唱《我很特别》。

这首歌的旋律轻快活泼，节奏鲜明跳跃，就仿佛贝琳达终于能够如愿以偿的那种心境！就像我们感受到我们自己超乎想象的力量，我们不知不觉进入了故事情境之中，仿佛一个个的贝琳达，在舞台上跳舞。又似乎是我们自己站在舞台上，大声歌唱我们自己。

（二）其他故事人物的特别

唱完《我很特别》后，我说："每个人都有自己特别的地方，比如贝琳达——"

"脚很大。"

"我们还认识了哪些具有自己的特别之处的人？"

"爱读书的小魔怪。"

"大雁宝儿！"

有孩子补充："没有羽毛！"

"皮皮菲莉比。"

"还有克兰西与众不同。"哦！是的，这是孩子们在图书馆里读到的。

"小兔子奇奇。"

薛天举手啦，一改以往都是老师喊的姿态，自己特别想要说的模样："耳朵弯的，其他兔子耳朵都是竖着的！"

"克丽桑丝美美。"

沈昕："名字太长了。"

秋儒："她的名字是照着一朵花取的。"

好阳："她的名字在名牌上写不下！"

"小蝙蝠德林。"又是一个图书馆里认识的。

我们阅读过的关于"认可自己"的图书还真不少，我来到教室里的图书馆处，继续介绍孩子们带来的那些个"特别的自己"："孙燃带的小豆豆与别人不一样。这个小哈利他有什么特别的地方？"

稼禾："他很害羞！他可以创造各种衣服，最后一页王宫要请他去，他弄了一件宝石衣服，没想到的是在草地上，别的人都看到他了，很羡慕！"

"哦，你看到这本书了！"我惊讶！不能小看孩子们看书的效果！

"这个小猪有什么特别的地方，谁看过？"我拿起唐语带的《我喜欢自己》问道！

薛天："不知道自己能做得这么好，他做了就知道了！"今天怎么如此阳光和积极！

"这头牛特殊在哪里？"我拿起《勇敢的克兰西》。

"他没有白条！"大家齐声，看来有好多孩子来看过！

"不是，那是白腰牛群！"高昀纠正！这学期以来她的思维也非常积极！一种冷静下的思索！

"那有没有人欺负他？"我表示疑惑！薛天又举手，诉说这故事的情节和过程！

"咦！我没有看见你来前面看过书，你怎么知道？"我还是忍不住问他！

"我在家里看过！"他天真地回答！

（三）老师眼中小朋友的特别

"我并不关心宝儿，我并不关心皮皮菲莉比，我也不关心小兔子奇奇甚至贝琳达，我关心的是我们大三班的每一个小朋友有哪些特别之处，你们有什么特别的地方？"

卢珣："我觉得我以前不好好吃饭，我现在——"

"哦，我说的不是进步！"

瑞阳："我现在放学回家的时候，我拿空纸画画，不管别人是不是盯着都画得很好的。"

秭赟："我长大了小裙子就穿不下了！"

其睿："我就是有点搞笑！"嗯！印其睿能够理解并表达这个话题了！

孙燃："不懂哦！"

的确，孩子们很难自省地表达对自我的认识的，他们还处在"基于别人的肯定来自我认同"的理解阶段！那让我来说吧！

"我觉得其睿说得还真挺不错的，你对自己还蛮了解的；禹季，我觉得他特别的地方，就懂得科学知识多，像一个小科学家一样；珠峰，特爱恐龙，喜欢它喜欢到心里去了，不是拿它来搞笑和吵闹的，所以我一有恐龙的电影或者动画就想发给他！陈奕——"

"他非常的聪明！"说到陈奕的时候，卢珣接道！

"他长得机灵。"其睿！

"他长得帅气。"有小朋友附和！

"有气氛、有力量。"瑞阳这样说！噢吆，我的天！

"长长瘦瘦就是他特别的地方啊，他画的画也是如此呢！他尤其细心和耐心。那明哲呢？"

"没有！"

"明哲，他特别的地方是他的头发啊！"一阵笑。"高昀呢，每次上音乐课，听到她的声音，像黄鹂鸟那么好听，她能够感觉到音乐，真是非常奇妙。唐语，就像《我喜欢自己》里的那个小猪，就是每一次做事都非常的——"

卢珣接："耐心。"

"对，小蕾，你看看她的脸蛋就是一朵花，不笑的时候就是花蕾，笑的时候就是盛开的花，你看见没有——"呵呵！小蕾又笑了，大家都望着她说道："又开了！"

"稼禾，他的心很大，里面能装很多事情，心里也能装得下别人！"稼禾有点矜持，不太善于表露内心的情绪，"嘉妮呢？"

"她美。"哦！有孩子很快接！

"她最漂亮！"

"她最可爱！"其睿的声音！

"我和你们想的不一样，我觉得她的心里总是藏着很多很多的秘密和想法，只有等她非常高兴的时候，她才和你分享一个小小的，可还有好多好多她不想告诉别人。"嘉妮听了笑眯眯地直点头，呵呵，我说到她心坎里去了！

"家瑞——"

"帅气，帅哥！"嘿！瞧卢珣说的！

瑞阳："聪明机灵。"

其睿："聪明灵活。"

瑞阳再接："科学！"

我也接:"家瑞,他知道最好的感觉是什么样的,然后会努力做到那个好!比如说现在回答的问题,他知道最好的回答是什么,他会等。所以他上课没有哪一堂课是不认真的,不像有的人今天很认真,明天玩一玩,他自始至终都很认真,别看老师好长时间没有点名表扬他,因为他不需要表扬和批评来帮助,不像有的人老师表扬一下才做好!有的人就是能靠自己的力量来做好。浦发呢,能认很多字,能读大人的书,这是他最特别的地方。晓米呢?"

"她剪的短头发!"

"她特别的文静,看起来就是个文雅的小姑娘。稚轩呢?"

"长得胖!"嘿!

"稚轩,他每一次回答问题都能够非常准确,为什么呢?这让我惊讶,这个小姑娘身上怎么有这么大的力量,让她的大脑这么灵活呢?好阳,你呢?"

"上课坐得好!"好阳自己如是说!

"与众不同的,别人没有的!因为也有别人坐得好啊!"

其睿:"他很强壮。"

"很有力气!"孩子们和!

"我觉得他很憨厚,像一只憨厚的大熊,很可爱的!他每次笑的样子是别人没有的,带着一点点害羞!他下棋的时候我观察到的!对了,班上开学他最先带的象棋和《神奇校车》,他特别有责任感!"

竣童:"他速度很快!"

禹季:"他很大方!"

朱浩无法表达清楚自己的意思!于是我们开始解释起什么是责任感!我们说到开学前教室的样子,那时候这里简直就像一个垃圾场,可为什么变成了现在这个样子?我提到了提前来帮忙的沈昕、孙燃,提到了湘婷爸爸帮忙挂上大树,告诉孩子们这就是责任感,即是自己想干的不是别人逼着做的!

"芊羽,从她做事情的样子感觉到她就像一颗银色的星星,她能够耐心地去画画,耐心地去折纸,做各种精美的东西,她就像晶莹的蒲公英、星星那样闪亮。李子钰呢？”

瑞阳："她很漂亮！"

"她……"家瑞不知道该如何表达！

"这里（我指头脑）想问题，总是非常的完整和全面。她的回答每次都是如此！不像小孩，而是像一个大人一样沉稳！鸿楠呢，心特别的善良，他愿意和所有的小朋友一起玩……"抬头看看时间，已经不短的时间了，"今天，我不见得能够把你们都说完，我们在空余时间慢慢一个一个说完。"

眼前仿佛看到每一个与众不同的灵魂，携带着每一个不同的潜能。如何、何时才能让它们熠熠生辉呢？让每一个携带它的生命生活阳光呢？

■ 贝琳达的绽放

（一）

晨，坐在钢琴旁，是的，我就坐在这里，坐在教室的这里，我就坚守在这里，哪怕什么事也不干，我眼前的孩子们就能感受到我在这里，他们心定了，也能够心安、心静地找到自己的事情去做！

于是我试图把这种感觉画下来，那样大的星星立在那里，只是立在那里，发着微弱的光芒。众多的星星驰骋在天空，感受到这微弱的光，慢慢地心定下来，散发自身的光芒，照亮整个天空！于是，夜如晴空！我喜欢把自己的思用图画的方式这样表征出来。

（二）

歌唱《我很特别》，孩子们都知道这是贝琳达唱的歌，都知道贝琳达在跳舞方面超乎芭蕾舞裁判的想象。今天我们第二次阅读大脚丫贝琳达的故事，尝试更多地和我们自己的生活有所融合。

1. 环衬和书名页。

"贝琳达准备干什么？"指着书名页提问！

"跳舞！"小蕾更放松了！

"准备表演了！"竣童。

"表演给谁看？"

"观众！"洪博！

"还有评审委员。"我补充。

"心情紧张！"专注投入的高昀、稚轩和竣童说道！

2. 故事中的强调和暗示。

贝琳达每天都去舞蹈学校，就像我们大三班的小朋友每天都来幼儿园一样。

说到贝琳达是一个爱跳芭蕾舞的女孩子，下面有多少女孩在羡慕啊！"跳舞的女孩子坐的时候都是优雅的！跳舞的人都是骄傲的公主，都是姿态优雅的公主，让我看看，嗯，高昀，嘉妮……"我当然不会错过这样的暗示机会！做起舞蹈老师教导我们的公主姿态，下面的孩子们一个个的啊，下意识地"梗起脖子"来！

这跳芭蕾舞的孩子啊，宛若美丽的小天鹅！说到这，我想起暑假的芭蕾舞表演资讯里有《天鹅湖》芭蕾舞表演，说不定就是贝琳达到中国上海来演出呢！这么一说，会不会有孩子回家闹着要去上海看这《天鹅湖》芭蕾舞呢？肯定的！不过，不正是一种美好的熏陶吗？这样的任性有条件多满足几次也应该是情愿的吧！

3. 体会跳芭蕾的滋味。

"她在哪儿学的芭蕾舞？"我问！

"舞蹈学校！"孩子们回答着！我开始诉说学习跳芭蕾脚尖立地是如何的艰难和辛苦！

"人要真的用脚尖竖起来有多难啊！尤其是像她这一双大脚，非常不容易！"这是孩子们能够体会的，常人做不出来啊！我接着说到芭蕾舞鞋头的特点，与脚相碰的疼痛。"不过尽管脚很疼，可是她姿态优雅，动作轻巧灵活，可一开始也是笨笨的啊！"孩子们从这种语气的暗示中应该能够理解其中付出的努力和艰辛啊！

说到贝琳达的大问题时，我说："短短的积木立起来就容易，长长的立起来风一吹就容易倒。"这样的比方，孩子们是能够在脑海中产生表象的。

"这么长的脚怎么可能跳芭蕾呢?"这是评审委员的质疑,也是所有小朋友的质疑啊!

"不过她舍得吃苦,肯努力和坚持,就像好阳妈妈说的好阳一样,他能够坚持……"我想起好阳妈妈写的好阳的特别之处!

"不过评审委员不太相信,有那样的脚能跳好芭蕾。我可能不相信稀贝能做好,可是她可以通过自己的努力来让别人相信啊!可能我不相信卢珣能够认真聆听,可你看她通过自己的努力不正在静听吗?"

这样介绍评审委员:"纽约的评论家,嗯,他看一看,说一句'高昀姿态优雅,适合跳芭蕾',大家就觉得高昀行;欧娜女士年轻时是舞蹈界的皇后,只要得到她的认可就能够名声大震。贝琳达有没有跳?没有跳就——"

"谢场了!"孩子们对"谢场"足够印象深刻,因为这是一个转折,气氛变得低沉和忧伤!

4. 放弃芭蕾的时候。

"她就喜欢——"

"跳芭蕾!"

"客人和费莱迪先生都很——"

"喜欢她!"

"当她回到家的时候——"

"无聊!"

"她还是忘不了——"

"跳芭蕾!"

"那里怎么有厨师?她手里拿着?"

"菜单!"有孩子这么认为!

"舞蹈书!"有孩子这么认为!

"哦!她回家的时候这样,有时当客人走后,厨师还在厨房收拾的时候,她也是这样,她还是忘不了——"书上画的是客人离开后,贝琳达坐在空空的餐桌旁拿着舞蹈书发呆的惆怅样子!

"跳芭蕾!"

孩子们和我就这样一来一去地对接着。

"费莱迪好友乐团在餐厅开门营业前，先练了一首轻快的曲子，你还记得吗？"

"来来，我是克丽桑丝……"孩子们哼起了歌曲！

"为什么要演奏这首曲子？"

"很好听。"稚轩说。

"很轻快。"竣童说。

"接着演奏的是浪漫又抒情的、我们刚刚熟悉的摇篮曲，贝琳达居然跳起舞来了！大家都被——"

"吸引了！"卢珣也被故事吸引了，一直在倾听着！

5. 体会一传十、十传百的激动。

故事的高潮部分开始了，贝琳达的舞先是老板要求跳给客人看："第一次，子钰来了，回家后就对唐语说：'费莱迪餐厅有个贝琳达跳舞太好看了，你去哉！'第二天，唐语来了，哇，真的，于是她回家又告诉了嘉妮：'费莱迪餐厅有一个贝琳达跳舞可好看了！'嘉妮来了，真的，多么好看啊，于是她回家又告诉了俪静……一个朋友告诉一个朋友，一个朋友告诉一个朋友——"

"没位置了！"竣童接上我的话茬！

"她的钱一定很多吧！"是其睿！

"爆发了！"是瑞阳吧！

孩子们之间自然地传递起来，最后传递到我，我就传递到了书中的大都会芭蕾舞团的指挥。孩子们听到指挥这样说："我今天晚上就要去，我当然不能等到明天了！"教室里明显一阵激动！

"他非常惊讶，贝琳达跳得如此——"

"美丽！"

"他心里非常——"

"感动！"

"因为贝琳达跳得如此——"

"好看！"

激动人心的时刻就是指挥请求贝琳达去大都会芭蕾舞团——贝琳达梦

想的舞台跳舞!

"餐厅的客人——"

"欢呼鼓掌!"教室里响起一些掌声。

"贝琳达上次有没有被选上?"

"没有!"

"评审委员也去了!"稚轩预知后面的故事情节!

"这次是贝琳达自己来到了大都会剧场!"我是要强调每个人凭自己的努力也能达成愿望!

我们仔细观察下面的评审委员,更进一步强调贝琳达自我的力量!

"他们有没有想到她跳得如此的精彩?他们全神贯注地看她跳舞,完全没有注意到她的大脚。"讲故事,时不时要来点"添油加醋"的渲染,"贝琳达,你可不可以在我们这里工作?你可不可以在我们的大都会剧院跳舞啊?你愿不愿意做我们的专职演员啊?"

"贝琳达什么也没想,她快乐极了,因为她可以一直跳舞,跳舞,她可以做一个职业的舞蹈演员了!"我的语气如此一转,让孩子们感受到贝琳达的高贵和淡然,更重要的是对事物本身也就是舞蹈本身的热爱!

"她捧着观众送来的——"我们翻到书的最后一页。

"玫瑰花!"孩子们接!

"我很特别,我很特别……"我们就如同舞台上捧着鲜花的贝琳达开始在舞台上演唱起这首表达自我心声的《我很特别》。

"谢谢亲爱的小朋友,我的表演结束了!"演唱谢幕,故事也就谢幕了!

(三)

饭前,有人用雪花片搭建了一艘船,如同《汤姆·索耶历险记》里的汤姆那样:"我的船要开了……"声音越说越响,我意识到是说给我听的,呵呵!我早上的感慨在敏感的他身上有影响了!他在告诉我,他能够搭建更复杂的事物来进行游戏啊!其实啊,孩子就是这样天真的,他们只是想告诉你"我也能这样"。下午,孩子们和钱老师继续装扮自己!我注意到了浦发,居然那样耐心、有条理地在穿细小的吸管小段;我还注意到,子轩居然拿着自己的绘画本子安静地坐在那里画画。今天又有近一半的孩子来过图书馆，有人又带来了一本《白色的小猫头鹰》！我们稍稍翻过，这能够诱导孩子们来这里阅读它！

生命就是这样在悄悄地发生着变化！在如此教室生活的磨砺下，我们每一个人的潜能终将会星光闪耀！我相信！这就是岁月和种子的力量！

▦ 我有我的潜能

（一）

有力清唱《我很特别》第二小节："我很特别，我很特别，我真的很特别，全宇宙只有一个我，世上的独一无二的创造，全宇宙只有一个我，奇妙的我潜能很大。"

"世界和宇宙有什么区别？"

"宇宙就是指整个太空，世界就是地球上的各个国家！"禹季！我以惊讶的眼神望着他，足够令其他孩子羡慕的了！不管是答案本身，还是老师的惊讶表情！

"贝琳达的潜能是什么？"

"跳舞！"

"可是很多人都看不到她身上的潜能，她还没学跳舞的时候，可能自己也不晓得自己身上的这种潜能。她去舞蹈学校，那样刻苦地练习，最终使得跳舞的潜能发挥出来了！所以说，她是这个世界上的独一无二的创造，像这个世界上还有一个子钰吗？"她摇头。我继续："这个世界上还有一个洪博吗？"他摇头。一个一个问过，最后我说："你们都是独一无二的，贝琳达也是——"

"独一无二的！"孩子们接！

"并且她的潜能还——"

"很大！"

"就像浦发这里（我指着心）就藏着自己的一个潜能，他有可能成为一个作家，他需要像贝琳达那样努力，潜能就会像星星一样发出光来，最后就能够像贝琳达那样星光闪耀；就像家瑞，每一次回答都像诗一样，努力努力就有可能成为一个诗人；就像禹季说世界和宇宙的区别，好像科学博士，他的潜能也很大；就像……"一个孩子一个孩子说过去。

孩子们一个个精神都很充沛！每一个个体都喜欢发自肺腑的真实欣赏。不仅仅是让孩子们感受歌曲旋律带来的欢欣和快乐，更希望给孩子们带来努力坚持的自信和力量！

留下一些问题：从小班开始，我们就认识了特别的达利B、汉娜、小企鹅；到了中班我们认识了特别的小魔怪、大雁宝儿、海鸥皮皮菲莉比、小兔子奇奇；到了大班，我们认识了克丽桑丝美美、贝琳达。那请看看，这些与众不同的人都有哪些超乎想象的地方？都拥有哪些潜能？然后，再观察自己，感受自己，有什么超乎想象的地方？有哪些潜能？

（二）

贝琳达有跳舞的潜能，大雁宝儿有飞翔的潜能，皮皮菲莉比有讲故事的潜能，小魔怪有写书的潜能……那么我们小朋友都有什么潜能呢？孩子们也来一个一个记录自己的潜能：剪窗花、搭雪花片、画画、折纸、看书、搭乐高、搭积木、做礼物、拼拼图、发明、捏橡皮泥……

■ 唯有努力才能使得潜能闪亮

（一）

晨谈，和孩子们说了几件让人感动的事情：

记住自己要做的事情，这本身就是一种潜能，藏在每个小朋友的心里。但慢慢地到了大班，这些潜能通过我们的努力已经慢慢地出来了：说到浦发早晨说话的沉稳姿态；说到搭建雪花片这样的潜能，也已经在我们小朋友这里表现出来了，就比如今天我一进教室看见的搭建，不是那种简单重复的枪和陀螺，而是一艘不管是从色彩还是造型上都很成熟的船；说到早晨看到有些小朋友在画画，我也忍不住画起来，围观的孩子说"哇，比秭赟画的还漂亮”，沈昕甚至说“完美无缺啊”，感动的是孩子们在故事中感受到的、体会到的能够在生活中体现出来，文本和生活就这样发生了融合！

（二）

歌唱《我很特别》。

“有的人的潜能永远都不能出来（我其实是在暗示那些还在做着小动作的男孩和女孩，唯有努力才能使得潜能闪亮），就像明哲有做演员的潜能，你要有本事把它弄出来！有的人的潜能就像贝琳达的一样终于有一天会闪光，她的潜能在餐厅里工作的时候，没能出来，可是通过她的努力，有一天，当乐团来的时候，她的潜能就一下子——”

“迸出来了”孩子们一下子接道！看来他们理解那种爆发的感觉！

“让所有的人都——”我停下，知道孩子们会接上——“很惊讶！”

“唐语就是这样的，小班她刚来的时候，哭哭啼啼的，数学书上都没有星星。她的潜能一直藏在那里，她通过她的努力，让她的潜能出来了，数学作业居然都是三颗星。比如我们大三班小朋友的潜能，小班的时候交代回家做一件事情，我没有告诉爸爸妈妈，那时候没有多少人能记住，可到了大班，昨天我一说，那么多小朋友都记得了，真是厉害！我问一个问题，可能比较难：评审委员第一次见到贝琳达时，她跳舞了吗？”我很快转入故事提问！

明哲：“没有！”

好阳：“没有！”

禹季：“没有！”

“评审委员为什么在她还没有跳的时候就让她回家？为什么还不知道她跳得好不好，就让她回家呢？”

鸿楠：“因为她的脚很大。”

“哦，难道我会说，好阳你长得高，所以你回家吧？秋儒你矮，你回家吧？……”一方面表示故事中的疑惑，一方面暗示这些孩子注意力集中！

沙远：“因为她容易跌倒。”

尚宸：“因为她腿很细。”

"因为她的脚太大了，我就觉得她跳不好！"有孩子这样说！

"跳舞不是贝琳达的潜能吗？"开始顺势引发孩子们思考，"贝琳达只要喜欢跳舞，只要有这样的潜能，就能成为芭蕾舞演员吗？就能超乎别人的想象吗？"

"能！"

禹季："不能，因为她已经放弃了！"

"嗯，是的，她把舞蹈服挂在了高处，到餐厅工作去了。她真的放弃了吗？"

瑞阳："贝琳达最后又跳舞了。"

沈昕："她最后跳的舞太好了。"

继续追问："那她怎么会跳得那么好的？"

卢珣："每天早上在客人还没来时，贝琳达就开始跳舞。"

小蕾："她小时候不会，到舞蹈学校去学的。她喜欢跳舞，才去舞蹈学校学的。"

卢珣："有的人好好学，有的人不好好听。"

"需要什么？"

其睿："练"

朱浩："练习。"

再回到刚才的问题："贝琳达想要放弃，可她真的放弃了吗？"

洪博："她本身差点就放弃了，她就被选中了。"语意不清。

卢珣："因为她心里还有跳舞啊！"

"你是如何看出来的？"

卢珣："因为我看见书上她还在看跳舞的书。"这个姑娘一直在揣摩。

家瑞："她在饭店里练的。"他的意思是当乐团来了，贝琳达每天都在跳舞。不过从他的回答中我们得到一个启发，贝琳达一定在偷偷地练习。

小米："在门外练。"

唐语："因为她每天端菜，她在看跳芭蕾舞的书。"

洪博："她在练习踮脚，因为跳芭蕾舞就是要踮着的。"孩子们的回答是彼此启发的，上一个语意不清的回答，可能是下一个清晰回答的源头。

从贝琳达的努力，回到我们小朋友的潜能："比如其睿说自己的潜能是搭积木，那么如何才有可能成为建筑师呢？"

稚轩："他需要每天练习搭积木。"

"比如很多小朋友喜欢画画，如何才有可能变成画画高手呢？"

卢珣："要不断地练习。"嗯！比如每天画出我们的生活。

洪博："如果要画画，每天早上都要练习，将来到画画的学校去学。"

"比如卢珣要做送礼物的人，那么要如何做呢？"有建议学习如何包装的，有建议每天坚持练习做礼物的，大家认为这样一来卢珣就能变成一个圣诞老人。

稚轩说："每天都要练习！"

重要的是，每天坚持去做自己要做的那件事，日久天长，才能成为这方面的高手！

的确如是！

（三）

在自主的时间里，尝试做一本像《大脚丫跳芭蕾》这样表现自己潜能的书！

给一张八开的白纸，自己感受，自己制作，自主规划，自由创作！

制作完成的，我们就在自主活动的时间一个一个来讲述。

Part3　有一种神奇力量在每个人心中蕴藏

终于找到小高小朋友退行行为的根源，找到了根源，我们就能够从容地面对，真切地沟通，去找到彼此的内心花园，抚慰，获得安全。由此，心才会豁朗、柔软。我也有那么一种时刻，分不清时下的社会环境中，心是经由粗糙的磨砺变得坚硬、封闭好，还是经由细致的沟通变得温暖、柔软好。因为我终于意识到人生就是一场经历，对于个体来说从来没有既定的答案，在经历中去接纳、去感受、去发现，才会让那些答案在自己的经历中，获得洗礼，获得释放。

"不是我不会，而是我不想会"，这和克丽桑丝美美的心理状态不一样，和贝琳达的心理状态不一样，她们都是积极想要追求的人。那如果我有一些偷懒，抑或我想不出我有什么特别的潜能，那我该怎么办呢？此时此刻，我该如何认同自己？一个人的积极美好容易滋生自我认同，但一个人的有限，乃至一个人的负面，总是很难直面，更难以言说。大班的哲学课程第三周想要去体悟的就是这样的问题。

■ 不足为奇的"点"

（一）

今天的故事是从孩子们自身的事情聊起的："刚才我建议薛天帮助珠峰，因为他也喜欢恐龙。关于恐龙有很多奇妙的知识，不只是打打闹闹，就像宫西达也绘本中的霸王龙也可以那样的温柔啊！喜欢恐龙，也可以画在纸上进行游戏啊！薛天画的恐龙也很不错呢，昨天我又看到了薛天画的三张画。我们班有没有人不会画画？"

"没有。"孩子们连连说道。

"喜欢画画的举手！"哦！唯有陈奕没有举手！我知道他是会的，而且画得不错！于是我又问："那会画画的人举手！"果然他举起了手！哦！他是很会画画，但不一定喜欢！不过这次是宇鑫没有举手，眼睛望向他，他表示他不会画！我突然觉得很多孩子在这里表达出自己是那样的自然！宇鑫的确画得不出众，不是因为笔下不流畅，而是难在对主题的把握上！

"我认识一个男孩，他就和宇鑫一样，认为自己不会画画！"注意，我说的是他认为自己不会画画。

我在事先贴好的白纸中间用蓝色油画棒画了一个圆点，让孩子们看。

明哲："非常小的三角形。"

竣童："一个小小的点点。"

瑞阳："一个中等的很大的小小三角形。"

高昀："一个小豆子。"

稼禾："一个圆形的小点点。"

薛天："蓝莓。"

家瑞："要滴下来的小雨点。"

沈昕："像一个三角形，小的三角形宝石。"

沙远："像一个小小的柠檬。"

珠峰："小小的果子。"

天佑："一个眼球。"

鸿楠："像一个小鼻孔。"

尚宸："像一粒种子。"

秋儒："像一个才成熟的小松果。"

淑媛："我觉得像小朋友的小牙齿。"

思雨："像一个小小的三角形，一直在笑。"

瑞阳："我觉得像电视的眼睛。"

稚轩："像一粒小葡萄。"

天佑："像一粒小沙子。"

卢询："像我们人哭时的眼泪！"

禹季："像一个小饭团。"

馨匀："像一个小小五角星。"

姊赟："像耳朵里面的洞。"

……

孩子们的联想尤其丰富，那这点到底是什么呢？拿出绘本《点》让孩子们看一看封面上的那个小男孩："就是这个和宇鑫差不多的男孩，名字叫小葳，他住在美国，他有一点和宇鑫是一样的，他说：我一点也不会画画……"我翻到画有纸和笔的书名页，说："我有纸，我有笔，可我不知道画什么。"

打开第一页的时候，我停顿在那里，等待孩子们自己观察："今天老师又给我们上画画课了。唉！同学们都出去玩了，你看看我还在干什么？我还是——"

"想不起来！"孩子们意会着画面回答！

"我的纸上——"

"一片空白！"竣童接！

最重要的是第二页上小葳的老师来了，低头敲着那张白纸，我添加了

"皱着眉头"并问:"你觉得她要干吗?"孩子们并没有我想象中那么激动,有人猜测性地说:"批评他吗?"

完全不可能和下面小葳的老师的做法形成鲜明的对比,那种"异口同声说'批评他'"和"老师却没有这样做"的鲜明对比!我只得把故事往下讲!

当小葳的老师说小葳一片空白的纸上是暴风雪里有一只北极熊时,孩子们也只是亲切地"呵呵"几声。你知道这意味着什么?我有点自豪!

我继续讲述着小葳的反应:"真搞笑,我就是不会画画,我什么也没画,怎么可能暴风雪里有一只北极熊?"以及小葳的老师的接话:"你就随便画几笔,看看它最后变成什么。"这时我们说到宇鑫上次画"自己的名字",也是如此,他画了很多纵横排列的线条,看起来也很漂亮呢!

当看到小葳的画面上只是点了一个小点点时,孩子们还是一阵"呵呵"。

小葳的老师请小葳签了名。一个星期后,小葳走进教室,却看见老师的座位上方,挂着他的那幅画!哦!那只是一个小点点,怎么能算是画呢?震惊之余,小葳表示自己可以画得更好!这是给予小朋友启发的地方,我们的孩子时常就是满足于表扬和肯定,止步于此。

只有做才会发现更多,比如小葳在画出各种色彩的点点之后,发现色彩和色彩的融合,发现可以画出大点点和小点点,在发现中发明了以留白的方式画出点点……几个星期后,小葳就开了个人画展,在全校非常轰动!什么是个人画展呢?了解它,才能了解小葳从不会画到开个人画展的跨度!

瑞阳:"就是他的画出名了。"

"就是我有一个地方,专门给我画画。"家瑞说的是画室。

竣童:"就是每个人都来看这个画展。"

高昀:"就是挂上每个人的画。"

禹季:"就是挂他一个人的画,人家喜欢就拍个照片。"

"就像子钰,把她所有的好朋友列表拿来,也可以开个个人画展了!"

小葳在自己的画展上遇到了那个和小葳一样总是说"我不会"的小男孩,他会怎么说呢?

"他太小了。"孩子们说。

瑞阳："你可以画点点啊！"

"你绝对没问题！"故事中的小葳却这样说！

那个小男孩继续表示自己线都画不直的时候，啊，孩子们无法理解小男孩紧张得手抖的心境。教室里的小朋友都变成了小葳，一个像小葳的老师那样的小葳。

丁爽先举手："有点像河。"

家瑞："像一浪一浪的海浪。"

禹季："我觉得是一条小蛇。"

子轩："我觉得像坡山。"

瑞阳："我觉得像种在深海里的海草。"

沙远："风吹着小草在摇摆。"哇！太美！

尚宸："像草。"

琪睿："像蚯蚓。"

珠峰："像恐龙。"

姝赟："像毛毛虫。"

高昀："像海豚一上一下地跳。"

知鑫："像海。"

孙燃："是水上面弯弯曲曲的那个。"涟漪啊！

淑媛："波浪。"

秋儒："像小手指在这样动的样子。"

禹季："像波浪线。"

稚轩："像 3。"

明哲："像海浪。"

瑞阳："像额头上的皱纹。"

……

孩子们："请签名！"哦！眼前的小葳们，和小葳的老师一样。

沈昕："他学他老师！"

"假如你像小葳一样遇到不会画画的小男孩，你会说些什么呢？"

稚轩："教他。"

"怎么教？教我也不会！"我故意的！

淑媛："那就扶着他的手试验一下。"

"可我离开你就不行了，我还是不会画。"我继续为难！

竣童："让他看看外面的世界，看看外面的世界就会了。"耶！

沈昕："从很简单一直到最难。"

瑞阳："坐在草地上，一边看一边画。"这不是写生吗？

稼禾："小男孩很紧张，我会让他放松一点，别紧张。"他善解人意！

"小葳用各种方式发明了各种各样的点，他会怎么来发明曲线呢？如果是你，你会怎么做呢？"

"我会开爱心展。"

"我会开星星展。"

"我会开蝴蝶结展。"

……

真的吗？我的脑海里浮想联翩，想起有可能的蝴蝶结展，有可能的星星展，有可能的爱心展……

（二）

"我觉得那点点非常漂亮！"活动结束后，子轩跑来说！这几天，他有些时候就会拿个绘画本坐在自己的位置画画，大概有一些共感吧，更是对他的自我的一种认定！

更多的小家伙兴发感动了，小蕾那么雀跃地，在一张彩色折纸上画了无数个彩色星星。

尚宸那么兴奋地，一会儿来一个生活篇，一会儿来一个旋风篇，一会儿来一个搭玩具篇……全然是信手拈来的笔触，全然是思绪奔涌的流泻。

孩子们不可思议的是，怎么就不会画画呢？下笔了不就行了吗？"只要画出来就是好的"本来就是不言而喻的东西，毕竟这样的言论早在小班时我们就渗透在美术活动之中了！

有一种神奇力量

（一）

从上个星期开始，在空余时间给孩子们讲述犟龟淘淘的故事。淘淘是一个"我的决定是不可改变的"的乌龟，在他慢慢爬向狮王二十八世婚礼庆典的途中，遇到了一个又一个阻挡。在面对这些看似合情合理的劝解放弃的时刻里，听故事的孩子们就是一个又一个犟龟，而我就是那个劝解他们回家去的路友。

这个星期，决定做书。三张八开的卡纸，折叠之后在中缝装订！

要做关于"我"的书，必然要说到我们熟悉的那么许多个"我"：宝儿、皮皮菲莉比、小兔子奇奇、克丽桑丝美美、贝琳达、还有昨天刚刚认识的小葳！哦，我们还说到高昀刚刚带来的绘本中不会跳舞的长颈鹿。

孩子们对做书已经相当熟悉了，比如对封面、封底还有内页这些书的基本结构，更有在日常阅读中对环衬、对书名页的深入了解！只不过到了大班，现在我们开始尝试做结构鲜明、立意明显的书！也就是说，我们所做书的内容也努力变得清晰明朗一些！这需要不知不觉感受整个哲学主题课程进程所获得的印象。

书，从今天开始制作，分若干天完成！

今天的任务，就是取好书名，请老师帮忙在封面和书名页书写书名，然后对封面和书名页进行装饰！当然我提醒孩子们，如果我这里写书名的人比较多，那就可以先装饰，看人少了再来！就如同去教室外面玩一样，本来想要用表格安排控制人数的我们，最终还是放弃了，期待孩子有自主的能力去主动观察和选择！这是一种隐性的能力！

需要思考的就是"我是一个怎样的我？"

"不一样的我。"浦发立即说道！

"特别的我！"那边又有孩子抢着说。对于这个话题，我知道孩子们都各有主见，我不想让孩子们在集体面前各自表达，免得影响他人的思考和决定！有好一些孩子还是很容易受别人暗示影响的！

或许是孩子们感受到了"我塑造我自己"这个主题课程的某种核心，更多的孩子取名"最特别的我""最最特别的我""不一样的我""与众不同的我""搞笑的我""好笑的我"……

做书的过程，就是犟龟淘淘决不放弃的过程。每个人心底里都藏着一颗力量的种子，只有你自己才能使得它发芽、生长。

（二）

在漫长的课程历程中，孩子们自生出一种力量！就像《点》中的小葳那样，你只要开始画了，你就会在画的过程中，发现点什么；发现点什么，变化就从此开始了！

"小葳，到底有没人教他绘画？"我问孩子们！

"没有！"孩子们齐声答！

"那他自己怎么就会画画了呢？"

"他的老师叫他随便画一下！"天佑说！

"是因为他看到他画小的点都被展示了出来，他就画大一点的点！"子钰说。

"本来画的小点点，就想到了很大的点点。"薛天说。

"他看见他画的点点，他就想，回家试试看……"稼禾说。

孩子们呐，都知道那样的感觉，只是还无法用语言表达出来！为什么小葳没有人教就会了呢？我希望孩子们懂得，在每个人的心里都蕴藏着一种神奇力量，就像我们认识的故事中的那些主角！

"其实啊，在我们大三班，不管是子轩还是尚宸，不管是丁爽还是珠峰，每个人都有画画的潜能，只要愿意去画，他就能够画出漂亮的画来！有一种神奇力量，在你的心中蕴藏，它给你勇气的翅膀……"言说连接着有力的歌唱！

"你很想画画，你就会努力，你就会画画；你想讲故事，你就会努力，你就会讲故事；你想像贝琳达跳芭蕾，你就会努力，你就会跳芭蕾……"说着说着，我们就开始哼唱《相信自己》。

旋律、歌词本身的那种力量，引导着孩子们跟随着钢琴哼唱，居然一遍又一遍，我不忍破掉孩子们这种因歌曲本身激发起来的气场，就这样一直弹奏着、演唱着。不断地感受，不断地吟唱，不断地去体会来自我们内心深处的力量之源，让它通过声音去释放出来，迸发力量。

在这个世界里，我相信实实在在踏入旅程的我自己、我的同伴和我的孩子们！

■ 从"点"到"味儿"是每个人成长的必经之路

（一）故事前的唠叨

照旧的晨谈，我从班上的小朋友在晨间的活动状态，说到这几天孩子们在自主活动时的样子，又由某个具体的孩子，说到他身上的潜能要如何才能显现！很多时候和每个孩子的相处细节、情感细节就在每天这样的细细的对话和絮叨之中！那种情绪状态、姿态表情无法一一记录下来！可很多时候这些才是人与人之间关系建立的根本！

我们就从某个具体孩子的潜能，说到一个人的潜能要想星光闪耀，不是一件容易的事情，就像小葳，是不是小葳办了一次点点个人画展他就完全成功了？他就不会再遇到烦恼了？会画点点就会画其他所有东西吗？他还会不会遇到困难？会不会像贝琳达在学跳舞的时候，潜能表现出来，可是想去跳给评审委员看的时候，却又因没有机会跳而无法显现？又或者他会不会说"我只会画点啊，我不会画其他的东西啊"？今天我们要继续小葳的故事！就这样，在我一连串的疑问下，我们开始了今天的故事之旅！

（二）环衬和书名页的存疑

"今天小葳是不是像我们大三班的小朋友不管什么都会画？"讲故事当然不忘记把孩子们激励一番。

"小葳办了个人画展之后又怎么样了呢？环衬一片紫色，是不是就像他的心情一样呢？"

"奇怪，书名页上的这幅画，是谁画的？画的什么？"

浦发:"杯子"

竣童:"花!"

(三)体味小葳走出自我怀疑的感觉

"你看我,就像卢珣,就像子钰一样,喜欢画画,我在家里,我在幼儿园里,任何地方,任何时候,我都在画画。"孩子们感觉到,被激励而兴奋的小葳,一直在兴奋之中,一直画着画。这是不是跟我们的人生也有些类似? 一切都还没遭遇必然的否定。因为一切都来自外在的评价,内在的"我"之主感还没有建立! 而一切外在的评价都是流动的。无论是思想,还是观念,都是琳琅各异的。

从"点"到"味儿"是每个人成长的必经之路。

"太喜欢画画了!"其睿说。

"就像你们昨天在玩得不可开交的时候,卢珣一个人坐在自己的位置上,那样投入地、专注地装饰她的书!"这样融合生活的举例是必不可少的! 故事自然过渡,得以继续!

小葳正如同卢珣那样坐在桌子边画他前面的花瓶,没想到遭到哥哥其实也就是同伴的嘲笑:"你这画的什么东西!"

"小葳听了这句话,心里——"在讲述故事的时候,我通过暗示、停顿让孩子们来表达自己的领会和理解,产生一种接应式的对话!

"非常的难过!"孩子们自然跟着!

接下来我开始描述小葳一系列的动作:他把自己的画揉成一团扔到了房间的另一头;他试着让自己画起来像一点,可怎么也画不好,怎么也画不像;画了一张揉掉扔了,心里——

"不好!"孩子们如此表达!

"几个月过去了! 小葳揉皱了无数张画纸,'完了,我再也——'"以小葳的口吻,暗示孩子们自居式的理解和回应!

"不会画画了!"哦! 语气低沉,带着难过,这里孩子有充分的理解,所以才能够有如此呼应小葳心情的表达!

所以当小葳看到妹妹一直看着他的时候,没好气地说"你想干吗",表达自己的不耐烦！当妹妹甜甜告知，"哥哥，我在看你画画呢"，他更是大声地说："我没画画！走开！"

"他的心情很糟糕，他的心情像谁？"我本想贯通主题课程故事里的一些人，比如克丽桑丝美美，当孩子们没有反应时，我突然意识到他们进入了故事，无法出来！

可妹妹却拿着小葳刚刚扔掉的画跑了，任凭小葳喊着："喂，你还给我，我不要的画你拿了干吗？"

在这里，故事还没开始讲，书却翻到了小葳妹妹房间的那一页，我突然感觉到下面的孩子们被震住了，我停顿了会儿，才开始讲述故事："小葳追到妹妹的房间，啊！小葳就像你们一样都被震住了！这儿简直就像一个——"

"天堂！"有孩子居然这样接！

浦发："博物馆！"

竣童："画画的地方！"

家瑞："就像上一次那个个人画展！"

"对啊，这儿简直就像一个个人画展，仿佛一个画廊！"当然小葳无话可说了！这里的情感转折，孩子们是有浅浅的感觉的！不过，只是浅浅的！

小葳开始温柔地回应妹妹的话。妹妹指着墙上的一幅画告诉哥哥这是她最喜欢的，小葳却说："这应该是一瓶花，可看起来一点也不像！"

"可我不觉得啊，我觉得看起来它很有花瓶味儿。"妹妹的回答让小葳发现了一个全新的视角！当说到"视角"的时候，我感受到孩子们的疑惑，但我没有解释，这无法解释，这需要在事实中去领会，但我当时没有合适的例子！

（四）欣赏小葳有味儿的图画本

接下来的故事，的确有些抽象了："他一想到味儿，他的创意自然地流出来了。他按照自己的感觉画画，那些自由自在的线条就像泉水一样从小葳的笔头流出来了，小葳又开始不停地画他周围的世界，就像竣童说的外面的世界。"不过，我知道孩子们对"他按照自己的感觉画画"这句话是有经验体会的！

我们开始欣赏小葳有味儿的图画本：树、房子、鱼……

"什么是树味儿？"

卢珣："是树的味道！"

禹季："我补充一下，大自然清新的味道。"哇！

"什么是房子味儿？"

秋儒："就是他涂了油漆的味道。"

家瑞："就是生活的味道。"

"什么是船味儿？"

子钰："就是海的味道。"

我感慨："好像诗的感觉啊！"

其睿说下午味儿就是面包的味道；和平味儿就是尚宸和珠峰一起玩游戏的感觉；洪博说兴奋味儿就是那种兴奋的感觉，他理解这种感觉……哦！一幅一幅画地感受过去，体悟味儿是什么，获得那种朦胧、浪漫的浑然之感。

（五）欣赏小葳有味儿的诗

"就像陈奕，就像唐语一样喜欢思考，我的诗的名字叫思考。"我开始朗诵小葳有诗味儿的句子。孩子们情不自禁："哇噻！"

"有一天早晨，春天的早晨，小葳有了一种奇妙的感觉，他躺在小河边石头上的时候，有味儿的句子啊，有味儿的图画啊，要抓住好难哦！"小葳意识到了，画画就是一种感觉，他不再去捕捉它了，而是去感受它！这是一种什么样的感觉，大概是我们大部分的成人都无法悟到的生命感觉！但所有悟是不分年龄的，我们都可以去体会到这样的当下！我尝试描述小葳那怡然自得背依在石头上的感觉：轻轻地闭上眼睛，感受感受，微微的风在脸庞轻轻地滑过……

从此小葳就过上了一种有味儿的生活！哦！这味儿到底是什么呢？真是难以捕捉，需要去感受，再感受！

"开放了！"瑞阳这样说，很有意思的表达。

小葳把这本书送给他的美术老师，因为他说是美术老师激励了他为自己画画，找到了自己的味儿。这里是我们无法一下子就通透理解的，这需要在天长日久中慢慢地领会！

（六）味儿到底是什么

稀贝："因为他每次画的画全部是有味道的。"

明哲："因为他心里的感觉就是味儿。"

浦发："因为他画的画有味道。"

淑媛："因为他画的画来自自己的想象，有自己的味道。"

卢珣："味儿就是洒满阳光的爱。"

孩子们主动排队来言说自己对味儿的感受；更多的孩子去继续做自己的小书了！给没有主意的孩子建议，在上次做封面、环衬和书名页的基础上，可以在正文尝试"画出自己的名字画"，尝试"画出自己的特别之处抑或潜能"。

走吧，如犟龟，如贝琳达，如小葳，这可能是一辈子的事情。

■ 你真的相信自己吗

和同事聊到一种感觉，就是把某一种事物放在你面前，就仅仅是感受它，慢慢地就滋生了情感，慢慢地就有了相应的领会和理解。我们说到现象学，呈现老师本来的样子，呈现文本本来的样子，不去解释，不试图教导，就是和孩子们一起去感受，找到心灵中最本真的感受，就会出现你从来没有看到过的、感受到过的东西，恍惚中开始呈现亮光，路就在脚下！

所以，学习不是搬来他人教学上的技能技巧，而是在别人的启发下，投入自身，用自己的方式获得那个感悟的结果！每个人用自己不同的方式，但最后会获得有可能同样价值趋向的领会和感悟！

我相信，这就是《相信自己》歌曲中我们每个人心中蕴藏的一种神奇力量！

小蕾就是，今晨送她来的婆婆说了她昨天回家补"我的小书"的内容的过程，让我非常感慨她沉默之下生长起来的力量！她小书里的内容还少一页"名字的由来"，睡在婆婆家的她那样仔细地口述给外公听并记录！那诉说的"名字的由来"就是"我塑造我自己"主题课程第一周历程中我曾经讲述给她听的关于她的内容！

自主活动时，竣童、芊羽、丽静、淑媛几个人坐在地上，前面铺着各自的"我的小书"，一边制作，一边商量，一边聊天……

看看图书馆里，断断续续地有人来。孙燃不在图书馆里，居然到娃娃家的床上坐着看书去了！

子钰和瑞阳说到将来会做什么，他们听了克丽桑丝美美、贝琳达和小葳的故事，有了对"将来做什么"的思索，真是不简单的事情。我们自然说到，喜欢搭建的将来可能是建筑师，喜欢画画的可能是画家，那么喜欢思考"将来做什么"、思考"人从哪里来，到哪里去"、思考"人生长的道理"、思考"人的问题"的人叫什么呢？哲学家。

真是一个有着哲学味儿的早晨。

收到俪静的一幅画，我们说她的画有一种梦的味道，梦就是这样五彩缤纷的。她的画还有一种幸福的味道，卢珣说因为上面她在笑着。

学习似乎不再是课堂里的事情，不再是老师在才做的事情。孩子们知道自己的书中想要表现什么，身上体现出一种自主的力量！

于是《相信自己》的歌声响起！

亦歌亦思！载歌载思！

"梦想的翅膀是什么？"

"就是他的画！"

"梦想对于小葳来说，是他的画；对于克丽桑丝美美来说——"

"她的名字！"

"对于贝琳达来说——"

"她的跳舞！"

"在这首歌曲中，梦想的翅膀是什么？"

"他的心里的翅膀。"

"是他的心。"

"是他的梦想。"

"梦想的翅膀，就是月亮在他的心里。"

"唱歌吧，因为在一直唱歌。"

"就是相信你自己。"

哦！你能说孩子们没有找到感觉吗？我们再次有力地歌唱《相信自己》，仿佛内心的那股力量借由着我们的歌声日益生长。

"在我们认识的克丽桑丝美美、贝琳达、小葳、乌龟淘淘、勇敢的克兰西之中，最最相信自己的是谁？"

家瑞："犟龟。"

高昀："小葳。"

其睿："乌龟。"

瑞阳："克兰西。"

禹季："乌龟淘淘。"

明哲："克丽桑丝美美。"

"每个人都有不同的想法啊，那么想要说服别人，我们就需要说出理由，到底是谁？为什么？"

禹季："乌龟，因为他遇到那么多的人，他都没有放弃。"

家瑞："乌龟淘淘，有困难也要克服，狮王死了，也要相信也要前进。"

稚轩："贝琳达，一开始那些人认为她跳不好，后来认为她跳得很好。"

"我要反对你，她不是放弃了吗？不是把舞裙挂在墙上了吗？"

稚轩："一直看跳舞的书，没放弃。"

姊赟补充："还偷偷地练跳舞。"

"哦！你们两个人合起来说服我了。"我认输！

馨匀："乌龟淘淘，因为人家叫他回去吧回去吧，他还偏偏往前走。"

"因为他——"

"相信自己。"孩子们一起说！我们说起乌龟淘淘惯说的两句话："我相信我能够准时到达！我的决定是不会改变的！"

家瑞："乌龟淘淘，因为婚礼已经取消了，他还拼命地去。"

石泽堃："小葳，因为他相信自己的力量。"

卢珣："乌龟淘淘，相信自己，他还非要去。"

芊羽："小葳，因为小葳一直画画，画不同的点点。"

朱浩："跑那么远都没有放弃，乌龟淘淘。"

大家都感觉到了乌龟淘淘爬得慢还坚持的感觉。很多感觉在反问、回答、补充之中厘清。

丁诣："乌龟淘淘，因为他遇到很多人，最后都没有放弃，一直走到狮子洞，真正的狮子洞。"

家瑞："乌龟淘淘，因为别人说婚礼已经没有了，他不相信别人，相信自己，还是往前走。"

禹季补充："他遇到乌鸦，却没有放弃，乌鸦说狮王已经死了，但他还是相信自己。"

在众多的故事人物中，孩子们还是感觉到了犟龟朝向美好百折不挠、决不放弃的力量。这种力量不正在滋生孩子们相信自己的力量吗？

■ 我有我的味儿

（一）

孩子们感受的方式往往是不断地重复。《味儿》的故事有一种说不清道不明的味道，需要我们一次又一次地在聆听中感受。

辨析一：小葳是什么时候开始喜欢画画的？

天佑："他是从画点点的时候开始的。"

"谁能再补充一下，他什么时候开始喜欢画画的？从来不喜欢画画的他怎么就喜欢画画了呢？"

稼禾："他画点点的时候喜欢画画的。"

嘉妮："他第一次画的时候，老师说，你随便画，他就会画了，他就喜欢画了。"啊！嘉妮感受到了小葳是从老师的一次鼓励开始喜欢上画画的！而且体会到那个细微的细节——老师说随便画，这就说明谁都会画画，人生下来就会画画，就像我们上次跟宇鑫说的一样。

于是，这样的辨析让我们更加深入理解了小葳后来"任何时候、任何地方"都画画的那种喜欢。

辨析二：体会小葳为什么不肯把画给妹妹的矛盾心理。

当小葳和妹妹在走廊里追逐时，我的语速也仿佛这追的速度一般。我希望孩子们在这里更加深深地体会小葳的心理，以促进对文本的理解！

"他为什么不好意思（也就是不肯把画给妹妹的意思）？"

稚轩："因为他没画好！"孩子们理解我的问题，仿佛都到了这个心灵之境里。"哦，就像我们大三班小朋友一样，没画好就不给人看，有时候我想看，你就会说我还没画好呢！"

鸿楠："他觉得没画好，揉得乱七八糟的，然后扔到地上去了。"

秋儒："他扔到地上去了！"

瑞阳："他怕他妹妹看见他的画说，哥哥这是什么？"

哦，又一阵惊奇，促使我重复瑞阳的话来作为欣赏，抑或作为强调："瑞阳，你太了解小葳的心了，他就怕她妹妹拿到他的画也像他的哥哥一样问'你这画的是什么'，以此来嘲笑他。"

辨析三：体会小葳有味儿的画，有味儿的诗。

将上一次讲述故事时孩子们对味儿的表达，一一朗诵出来，让孩子们感受自己有诗味儿的句子。

秋儒补充："和平味儿就是好朋友好的时候的味儿。"

孩子们找到感觉的那种舒畅影响了我，我发现这一次朗诵小葳有诗味儿的句子比上一次有所感觉了！停顿、重音等节奏把握得更自然了些，仿佛渗入了更多理解。"这是一首什么样的诗歌？你听了这首诗感觉怎么样？"

家瑞："用毛笔写的诗！"

瑞阳："很爽快！"

孙燃："很开心！"

顺着孩子们说的，我自然地继续朗诵，情绪更进了一层！

其睿："在流淌！"

明哲："有点像李白写的诗！"

点到哪里吟哪里，孩子们朗诵起李白的那两句"桃花潭水深千尺，不及汪伦送我情"。颇有那么一点点感觉，不就是诗味儿嘛！这是一个意外的珍贵的连接："那让我们来试一试，朗诵小葳的诗，看看能不能朗诵出那种美好的感觉！"

（二）

孩子们在继续做着自己的小书。

家瑞跑来："子钰的画有爱心的味儿。"

稚轩："其睿的画有学校的味儿！"

秋儒："我觉得俪静的画有花味儿！"

高昀："卢询的有彩虹味儿！"

仿佛陷入某种把握直觉的奇妙状态当中！

孩子们表达得虽然还有些幼稚，却能够从中找到味儿的那种浅浅的感觉了！

那么，孩子们是否能够说说对自己的感觉呢？比如就像小蕾就有花的味儿，在那里静静地开放着！就像卢珣那天说自己的味儿是洒满阳光的爱。

我请小朋友闭起眼睛来静静地感受自己！

高昀："我觉得我有阳光味儿！"真好！

秭赟："我觉得我的画有城堡的味儿！"

瑞阳："我觉得我有龙的味儿！"

禹季："我觉得我有下雨过后的味道！"这说得真浪漫啊！

孙燃："我有草的味道！"

家瑞："我有海浪的味道！"

薛天："下雪的味道！"

知鑫："一家人的味道！"

稀贝："我画的画有高楼的味道！"

珠峰："我有游龙侠的味道！"

秋儒："我有团聚的味道！"

明哲："我有彩虹的味道！"

……

真是非常的奇妙啊，只可意会不可言传的奇妙！

■ 我们的有诗味儿的句子

如何在大班阶段来诠释那样一个具有"我的味儿"的自我？一直想找一首优美的儿童诗，利用它的结构来让孩子们诠释！但又如何融合我们这三周来的"我塑造我自己"课程历程的精髓呢？翻阅了家里的好多本儿童诗，并没有找到合适的！思考关键词并搜索，最终觅到一首《其实，我是……》，根据课程历程，我作了一些变动。

（一）欣赏小葳有诗味儿的句子

"小葳，他认为自己？"

卢珣："他认为自己画画很好。"

瑞阳："他认为他有能力去画画。"

唐语："他认为他自己的画很漂亮！"

"他觉得自己是个怎样的人？"

天佑："他是画不像的人！"

俪静："小葳觉得自己的画有味道！"

瑞阳："他觉得他找到了自己，自己不断地练习画画，现在可以画出属于自己的希望，而且能画出味道，画出下午味儿、船味儿、房子味儿、树味儿。"啊！教室里，由衷地响起了掌声。

"小葳觉得画出了自己有味儿的画，就像石炎说的那样找到了自己的希望，原来他都放弃了，可后来——他觉得自己画得越来越有味道，他找到了自己的味道，所以他画出了自己有味儿的画，他还找到自己有味儿的句子，他写了一首——"

孩子们："诗。"

稀贝："有诗的味道！"

朗诵小葳的诗《思考》后，接着讲述："写了关于池塘的诗以后，小葳的灵感迸发了，我能写关于池塘的诗，我也能写关于自己的诗。他说——"

其实，我是……

作者：小葳

其实，我 是 一 只 小 鸟
我 要 飞 上 蓝 天
感 受 云 在 身 边 飘 过
我想这样告诉你
我有我的梦想
我相信相信我自己
这就是梦想的翅膀

"小葳说自己是什么？"

"小鸟！"

"他为什么要做小鸟呢？"

洪博："小鸟能够自由地飞！"孩子们真的有感觉呢！

明哲："因为他想感受天上的云朵！"我们顿了好一会儿，表示对明哲的欣赏！

家瑞："他想自由地飞上蓝天，看看白白亮亮的云朵，尝尝云朵的味道，吃吃云朵棉花糖！"这一次，孩子们情不自禁地拍起手来，我也忍不住感慨："啊！和小葳一样灵感迸发了，要变成一个厉害的诗人了！"

"小葳说，其实，我是……"我们在有所理解下再次朗诵小葳的诗歌！

（二）如同贝琳达之舞的口口相传，诗也开始了传递的旅程

"你知道，小葳的歌，小葳的诗，小葳的故事，居然一个传一个，被许多人知道了，不仅告诉了俪静，不仅告诉了洪博，不仅……你看，他还被——"

孩子们看到了图片里的菊花，一个个说着："克丽桑丝美美知道了！"朗诵自然就开始了——

其实，我是……

作者： 克丽桑丝美美

其实，我 是 <u>一 朵 菊 花</u>

我 要 开 出 最 美 的 花 瓣

打 扮 一 个 多 彩 的 秋 天

我想这样告诉你

我有我的梦想

我相信相信我自己

这就是梦想的翅膀

"天啊，克丽桑丝美美，因为小葳，也迸发了自己的灵感。"正说着，子钰应声道："贝琳达知道了吗？"哦！心中惊异这种关联能力。

"我们来看看！"孩子们一下子发现了图片中的那张跳芭蕾的图。

"正如子钰说的那样，贝琳达也知道了。其实，我是——"

孩子们居然看着诗歌回应道："天鹅！"

其实，我是……

作者： <u>贝 琳 达</u>

其实，我 是 <u>一 只 天 鹅</u>

我 要 舞 出 最 美 的 自 己

从此可以跳舞、跳舞、一直跳舞

我想这样告诉你

我有我的梦想

我相信相信我自己

这就是梦想的翅膀

"这就是贝琳达啊？"是瑞阳！而我的朗诵，越来越有节奏，越来越有力！的确，看到跳着芭蕾的真人，孩子们毫不怀疑她就是贝琳达，而贝琳达就是天鹅！明哲还说："她永远永远都要跳舞！"他理解贝琳达的心！

"我发现每次都有梦想的翅膀！"其睿！

"她们在学谁？"我顺势问！

"小葳。"

"贝琳达听了克丽桑丝美美的，也记起了她自己的诗！"瑞阳很能意会传递的感觉！

"乌龟淘淘知道了吗？"因子钰的启发，小朋友这次问。

"我们来看看——"在图中寻找，我知道我并没有准备啊。真是意料之外的惊喜。

好阳还说："他是有背壳的，这里没有这样的。"

"既然你们说到了乌龟淘淘，嗯，那如果乌龟淘淘知道了，他会怎么说？"现场来作诗吧！

"其实，我是——"我先起个头。

子钰："我只是一个普通的乌龟。"

"他要——"

子钰："我要坚持去参加狮王二十八世的婚礼。"

"然后——"感受之前朗诵的有诗味儿的句子的句式，体会之。

子钰："从此我可以一直幸福快乐。"

哇！让我来单独郑重朗诵子钰为乌龟淘淘写的有诗味儿的句子吧！

其实，我是——

作者：乌龟淘淘

其实，我是一只普通的乌龟

我要坚持去参加狮王二十八世的婚礼

从此我可以一直幸福快乐

我想这样告诉你

我有我的梦想

我相信相信我自己

这就是梦想的翅膀

当孩子们滋生一丝丝的主动性和创造力，又怎能不激动？

"我们看看还有谁知道了。"就当我想要继续去说我自己的时候，子钰又灵感迸发似的说道："克兰西。"哦，来自孩子们在图书馆里看的书，我太欠考虑了。

"如果你是克兰西，你会怎说？"

丁诣："其实我是普普通通的白腰牛，没有那个白色的腰也没关系的，但是我们总有一天会赢的。"很是完整，肯定。

朱浩："我最爱白腰牛群的白腰带，我可以在晚上偷草吃，他们不知道我在他们的草地上吃东西，最后养得胖胖的，赢了比赛。"

"我又高兴，又有些遗憾，高兴的是她讲了一个故事，遗憾的是故事还不能算是诗。诗是很简洁的——"孩子们有所意会。

禹季："如果我是克兰西的话，我会这样说：'其实我是一头勇敢的牛，我希望在武赛上赢得冠军，我想在——'"他在思索。

"没事，"孩子们需要即时鼓劲儿，我试探，"我想为我的白腰牛群赢得——"

"胜利。"禹季接应。

哦！不错，我们两个合作完成了。

我要来郑重朗诵：

其实，我是——

作者：克兰西

其实，我是一头勇敢的牛
我希望在武赛上赢得冠军
我想为我的白腰牛群赢得胜利
我想这样告诉你
我有我的梦想
我相信相信我自己
这就是梦想的翅膀

小米也想尝试："其实我一头普通的牛，我没有白腰也没事，我晚上可以偷偷去吃草，所以我才没有腰带的。"

啊！我当然也想在这里绽放我自己，我强烈地想要孩子们来感受和他们一起生活着的这个我——

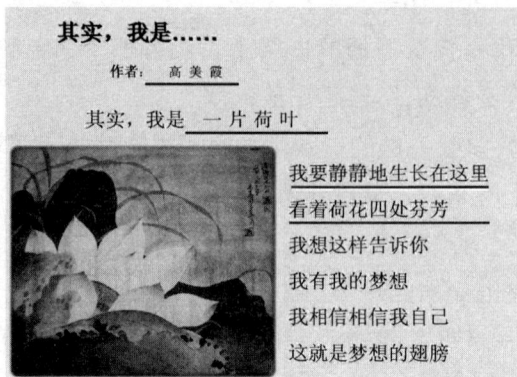

其实，我是……

作者：高美霞

其实，我是 一片荷叶

我要静静地生长在这里
看着荷花四处芬芳
我想这样告诉你
我有我的梦想
我相信相信我自己
这就是梦想的翅膀

最后我们还欣赏了家瑞妈妈写的——

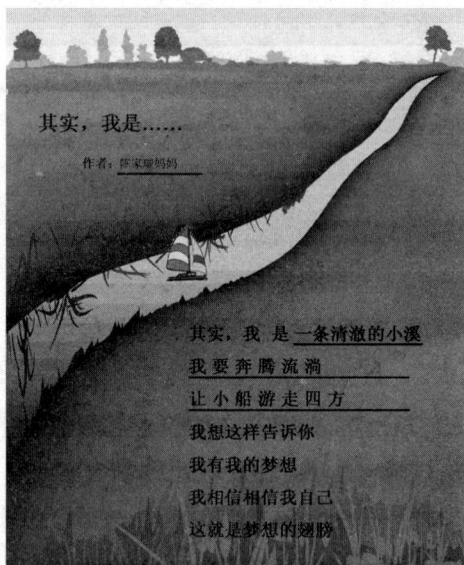

其实，我是……

作者：陈家瑞妈妈

其实，我 是一条清澈的小溪
我要奔腾流淌
让小船游走四方
我想这样告诉你
我有我的梦想
我相信相信我自己
这就是梦想的翅膀

（三）欣赏自己有诗味儿的句子

"高老师说，其实，我是一片荷叶；家瑞妈妈说，其实，我是一条清澈的小溪；克丽桑丝美美说，其实我是一朵菊花；贝琳达说，其实，我是一只天鹅；小葳说，其实，我是一只小鸟；克兰西说，其实，我是一头勇敢的牛；乌龟淘淘说，其实，我是一只普通的乌龟。那么请问，稚轩，其实，你是什么？"我开始一对一地以诗句的方式问询。

稚轩："我是生长的小草！"

明哲："我是猿猴！"

高昀："其实我是一个太阳！"

秋儒："我是漂来漂去的海浪。"

家瑞："我是一座长在草地上的房子，看着四周的小草，仰望着天空，我想这样告诉你，我有我的梦想，我相信相信我自己，这就是梦想的翅膀！"

哦！孩子们禁不住"哇！哇！"起来，一个个热烈鼓起掌来！

卢询："我是一只美丽的蝴蝶，在花丛中采花蜜！"

薛天："其实我是一朵玫瑰，对着太阳笑！"

沙远："我是会吃草的牛。"

姊赟："我想是美人鱼，想要晒太阳！"

瑞阳："其实我是一棵小草，四望着天空，看望着太阳，温暖的太阳给我了拥抱！"孩子们又是一阵情不自禁地拍手！嗯！孩子们总是能够感觉到好的东西！

鸿楠："我感觉我是很硬的楠木，在阳光下晒太阳！"

珠峰："我是一个侠，在太阳下打怪兽！"嗯，他有感觉，还运用到自身的理解中！

禹季："我是一朵小蒲公英，风儿带我去四处游逛。"这个"小科学家"最近好浪漫啊！

好阳："其实我是大太阳，我要照亮整个世界，让世界变得更漂亮，更美好。"

丁诣居然接："让世界变得五彩缤纷。"

"哇！我们的灵感迸发啦！轻轻地闭上你的眼睛，感受感受，其实，你是什么，你要怎么样，去干什么？"来吧，让我们记录下自己有诗味儿的句子！

是的，家瑞妈妈、丁诣妈妈、鸿楠妈妈主动请缨来帮我们记录啦！

部分孩子的诗：

其实，我是——

其实，我是一条美人鱼
我要到深海里去看海里的世界
从此可以过上开心的生活
我想这样告诉你
我有我的梦想
我相信相信我自己
这就是梦想的翅膀

其实，我是——

其实，我是一只金丝猴
我要爬上整个树林
看到更美丽的世界
我想这样告诉你
我有我的梦想
我相信相信我自己
这就是梦想的翅膀

其实，我是——

其实，我是一朵小小花
我要张开我的花瓣
让世界变得更美丽
我想这样告诉你
我有我的梦想
我相信相信我自己
这就是梦想的翅膀

其实，我是——

其实，我只是一个普通的大禹
我会想尽办法去治水
让世界变得平静
我想这样告诉你
我有我的梦想
我相信相信我自己
这就是梦想的翅膀

其实，我是——

其实，我是一道彩虹
我照亮着四方
我让整个世界更加美好
我想这样告诉你
我有我的梦想
我相信相信我自己
这就是梦想的翅膀

其实，我是——

其实，我是一个勇敢的男子汉
我要飞上太空，到星球上面去
我要看外面的世界
我想这样告诉你
我有我的梦想
我相信相信我自己
这就是梦想的翅膀

（四）开始日常的读"我"生活

孩子们关于我的小书的最后一页就是自己有诗味儿的句子。当记录完之后，孩子们就开始装饰剪贴自己书的最后一页了。那也将是有着每一个孩子不同味儿的装饰！

我们约定，我们以后的日子里，每天阅读五本书。

今天首先阅读了陈奕、秭赟、沙远、家瑞和高昀的！真是不错呢！尤其让人惊讶的是沙远，用家瑞的话来说，是进步最大的了！真是没想到他自己做的书，结构那样的明朗和清晰！这是需要记住的重要的一笔啊！

课程就是一条路
——大班哲学启蒙课程小结

　　"我塑造我自己"主题课程历经三周，终于要告一段落了！之所以这样说，是因为我想到，如果在一年级、二年级以至整个小学阶段，甚至到初中、高中，都不断进行这样的主题课程，难度和层次不断递增，那将会是怎样的呢？

　　我不太容易被俗物俗世感动，但每每遇到别人描述的对生活的某个细微的洞察和体悟时，就会非常的激动并心怀一种莫名的感恩！那天，家瑞妈妈在描述家瑞在家如何和大人谈心的那种成熟和冷静时，我感觉到了其中家瑞于教室生活中熏染的某种带着洞察和辨析的哲气，一种一脉相承的思辨气息，心突生满盈胸腔的激动和感恩！包括开学之前看到薛天妈妈微博里说到薛天开学前的状态，亦是如此！我时常更愿意倾听更多的对孩子们细微的描述，不管是在家庭里的还是在幼儿园里的！它们能让我更了解我的孩子们，也会让我生活在教室里的这一部分变得更从容和美好！

课程结束后的一天，芊羽居然做了一本自己的书，专门送给老师！面对热情，面对课程对孩子们生活的影响，心就突然生了羞涩之感，却又饱含着激动！

家瑞居然也自制了一本迷宫书，还说是有着自己味儿的书！

这些都是"我塑造我自己"主题课程点点滴滴的痕迹！包括在业余时间我们几个人文本共读和解读研讨中的体悟，同事经历课程之后的感慨。不仅仅是孩子们通过课程不断认识了自己，就是老师自己也是在课程历程中不断辨识自己！打动人的是话语中饱含的生命真实！

回顾整个"我塑造我自己"的主题课程历程，第一周我们从绘本故事《我的名字克丽桑丝美美菊花》开始，感受她因自己的名字而烦恼！当然，这个主题课程由此切入，也融合了中班"我和别人不一样"主题课程中认识的那些个已然非常熟悉的名字——宝儿、皮皮菲莉比和小兔子奇奇。

从某个角度看来，名字就仿佛这个社会先定的文化，仿佛一个人出生以后被命定的那个部分！虽然这是社会文化的一部分，却是人出生时自身无法抗拒而变成自身的那部分，如何认识它，如何接纳它，克丽桑丝美美同样经历了一波三折，最终因为大家喜欢的音乐老师的认可而重新认识了自己，并接纳了这个自己！在这个地方，文本中的故事因我们得到了拓展，文本也同时走进了我们的生活！怎么说呢？故事之后，音乐老师把克丽桑丝美美的名字谱曲唱了出来！藉此，我们也开始去了解自己名字的由来，也把自己的名字唱出来！克丽桑丝美美认可了自己，也同时暗示着深入这个文本故事的孩子们也了解了自己，认可了自己！

课程历程中一个小小的插曲：我们阅读故事时遭遇的老师的名字画引起了孩子们的关注，或许就如同克丽桑丝美美和她的同学们对音乐老师的关注那样，我们也来尝试作一幅自己的名字画！

到了第二周，我们从绘本故事《大脚丫跳芭蕾》来体会一双比名字更与生俱来无法改变的大脚的烦恼，而这个烦恼却比名字的烦恼又递进了一层！不再是因为别人的嘲笑而烦恼，而是因生命需要的超越而烦恼！孩子们在故事中感受到大脚丫贝琳达在舞蹈学校的勤奋练舞，体会到因大脚被评审委员拒绝跳舞的难过，最终体会到了因自我坚持而能够实现梦想的滋味！贝琳达如此的自我超越通过歌曲《我很特别》而表达了出来！而孩子们在倾听老师和爸爸妈妈表达在他们眼中的特别时，再唱《我很特别》就体现出一股自信和自豪来！

第三周结合绘本《点》和《味儿》我们讲述了小男孩小葳的故事！不仅仅是自我认可，不仅仅是去追求自己的梦想，并且还要找寻自己的风格，承认自己的味儿，有可能不受认可、不太完美的自我的味儿！强调的是每个人个性化的东西，而我们要认可和接纳这个性化的自我的味儿，歌曲《相信自己》也恰恰表达出了这一点，与绘本故事的表达相得益彰。我们通过延续中班制作"我的小书"来制作大班理解水平之上的"我的小书"，体现三周以来的课程历程，像小葳一样画一幅有味儿的画，像小葳一样作一首有诗味儿的诗，并将自己名字的由来和自己的特别，合起来制作一本完整的"我的小书"，以供阅读来结束整个主题课程！

就课程实施的历程来看，比以往更游刃有余，更能够超越原来的预设课程，形成课程自身要走的路！所谓课程自身要走的路，当然是在其中的老师和孩子自身思和行的走向！抑或就像一幅作品的创作过程一样，踏上了形成之路，就由不得创造的那个人了！它应该是融合了创作者和自身，最终形成了自己的路！

不过在这个主题课程历程中，第三周的课程行走还显得有些生涩，主题核心价值的体现还没能那样的饱满和充分！真是想和孩子们——对话，感受他们在制作"我的小书"中的身心姿态，对他们作出情感、理智上的应对和引导！"我塑造我自己"的课程最大的魅力就是要保持这样的一对一的交流和对话，才会对过程中每个人的自我有所促进，当然包括我自己！就如同同事所说的，在这个课程历程中，我也时常感觉到对自我认识的痕迹！在内心，我时常用这样一种方式来衡量自己，那就是在意象中再现课程的实施实景，让自己身处其中，看自己如何实际应对！在意象中，我自身应对的实际镜像越来越清晰和明朗了！我也突然意识到了什么是自由和界限，或者说孔子所说的心安！即使包括自身能力抑或环境制度等各方面条件不足够的时候，内心也是可以自由的！

心有所向，却不期许！课程历程中，总想着期许更多，因期许常要抱怨各种牵绊，必定不能如期所愿！深感课程于生活，如同细细之水滴、潺潺之流水，需得一些时日，如同犟龟，只是朝前！

心有所向，持之所向！甚至消极说来，自身的能力和环境是某种对应和匹配的关系，安于，不是消极放弃，而是静静地生长自己，当自己舒展得足够，它周围的土壤也随之发生了悄然的变化！安于，内心就有了自由！就如同和孩子的相处一样，彼此安于，才会有自由！

心有所向，滋生定力！大班"我塑造我自己"的主题课程历程看似结束了，不过恰如唐语提醒的一样——"每天要读五本的呢（读孩子们自制的'我的小书')"，就在这可见的课程点滴中，坚持一件小小的事务，展示欣赏每个小朋友的"我的小书"，也是对这第三周课程历程不够饱满的一种延续和补充吧，更是对每个孩子自我认识的一种确定和明晰！

主题课程后的一天，我们读了嘉妮、唐语、卢珣、秋儒、淑媛的书！记录是一种督促和保证！让我们继续上路吧！